뉴욕의 한국어 선생님들
Korean-Language Teachers in New York

뉴욕의 한국어 선생님들
Korean-Language Teachers in New York

2016년 6월 15일 초판 인쇄
2016년 6월 20일 초판 발행

편저자 민병갑 · 임세정 | **펴낸이** 이찬규 | **펴낸곳** 북코리아
등록번호 제03-01240호 | **전화** 02-704-7840 | **팩스** 02-704-7848
이메일 sunhaksa@korea.com | **홈페이지** www.북코리아.kr
주소 13209 경기도 성남시 중원구 사기막골로 45번길 14
　　　우림라이온스밸리 2차 A동 1007호
ISBN 978-89-6324-479-2(03300)

값 18,000원

* 본서의 무단복제를 금하며, 잘못된 책은 바꾸어 드립니다.

북미한인 도서 시리즈 III

뉴욕의 한국어 선생님들
Korean-Language Teachers in New York

민병갑 · 임세정 편저

북코리아

북미한인 도서 시리즈

1965년 새 이민법이 발효된 이래 한국인의 대량 미국 이민이 시작된 지도 벌써 50여 년이 흘렀다. 재미동포의 수는 1970년 약 7만 명에서 2016년 현재 약 200만 이상으로 증가했다. 200만 재미동포의 약 45%는 13세 미만의 어린 나이에 미국에 온 1.5세이거나 미국에서 출생한 2세 또는 그 이후 세대에 해당된다. 상당수의 이들 젊은 세대 한인들은 미국에서 교육을 마치고 미국 직장에서 일하고 있으며, 이들 중에는 다양한 한인단체의 직원 및 이사로 근무하고 있는 이들도 많다. 또한 가정을 이루어 3세 아이들을 키우고 있는 이들도 적지 않다. 한국인의 캐나다로의 이민은 미국보다 약간 늦은 1970년대 말부터 본격적으로 시작되었으나, 캐나다에 거주하는 한국인의 수도 이제 20만을 육박하고 있다.

처음 한국 이민자에 대해 연구를 시작한 학자들은 대부분 1세 이민자들이었으나, 최근에는 1.5세 및 미국 출생 한인 연구학자들도 늘어나고 있다. 1세 이민자와 젊은 세대로 구성된 학자들은 벌써 35년 가까이 재미 한인의 경험에 대해 활발히 연구해왔다. 현재 재미 한인과 관련된 연구로는 150여 권의 서적과 수백 편의 학술지 논문, 그리고 편저서의 장(Book chapter)에 포함된 글들이 출판된 바 있다. 캐나다 거주 한인에 관한 연구는 재미 한인 연구보다 10여 년 정도 늦은 1980년대 후반부터 시작되었지만, 지금은 캐나다에서도 연구가 활발히 진행되고 있다. 북미한인에 대한 연구는 앞으로 두 나라의 한인 커뮤니티가 커짐에 따라 더욱 활성화될 것으로 예상된다.

    북미에 정착한 한인들은 세계 다른 어느 지역에 정착한 한인들보다 모국과 밀접한 관계를 유지해왔다. 그뿐만 아니라 다른 지역에 비해 북미의 한인들은 외교적 · 경제적 · 문화적 · 교육적으로 그리고 한국상품의 수요자로서 모국을 더 잘 도울 수 있는 위치에 있다. 이에 따라 한국의 정부기관이나 해외동포를 연구하는 학자들은 북미한인들의 경험과 한인 커뮤니티에 대해 크나큰 관심을 보여왔다. 그동안 재미 한인에 관한 수백 개의 학술논문이 한국의 사회과학 학술지에 발표되었다. 그러나 이렇게 한국 학술지에 발표된 한국어 논문들은 대부분 미국과 유럽의 영어 학술지에 발표된 영어논문보다 학술적 깊이가 다소 얕은 경향이 있다. 더욱이 한국에서는 재미 한인의 경험을 심도 있게 다룬 도서도 쉽게 찾기 어려운 반면, 미국에서 영어로 출판된 재미 한인에 관한 150여 권의 도서 중에는 상당한 수가 미국학계에서 우수도서로 인정받은 것들이다.

    인터넷의 발달로 이제는 한국의 연구자들도 미국과 유럽에서 발행되는 영어 학술지의 논문을 쉽게 읽을 수 있다. 그러나 일반적으로는 미국과 유럽에서 출판된 북미한인에 관한 책까지 접하기는 쉽지 않다. 이는 한국의 대학 도서관에 북미한인에 관한 영어도서가 많이 구비되어 있지 않기 때문이다. 가능한 한 많은 사람들에게 사회학적 지식이 유용하게 쓰일 수 있도록 상당한 노력을 해온 열렬한 '대중 사회학자'로서 필자는 북미한인에 관한 정보와 자료가 한국에 충분하게 전달되지 못한 것이 늘 안타까웠다. 이에 북미 거주 학자가 미국이나 캐나다에 거주하는 한인에 관해 쓴 책을 한국에 보급시키는 한 가지 방법은 북미한인의 경험에 관한 책을 전문적으로 출판하는 '북미한인 도서 시리즈'를 한국의 출판사를 통해 만드는 것이라는 결론에 이르렀다. 따라서 해외동포의 경험에 관한 책을 주로 출판해온 북코리아 이찬규 사장님과 이러한 가망성을 3년 전에 타진하였고, 이 사장님은 필자의 제안을 흔쾌히 받아들였음을 이 책을 통해 알린다. 북미한인의 경험에 큰 관심을 보여주고 필자의 '북미한인 도서 시리즈'에 관한 제안을 주저 없이 받아준 데 감사의 마음을 전한다.

'북미한인 도서 시리즈'의 편집자로서 이 도서 시리즈가 주로 어떠한 종류의 책을 출판할지에 대해 설명하고자 한다. 먼저, 이 시리즈는 북미 거주 한인의 경험을 검토하거나 조명하는 사회과학 분야의 학술서적이나 적어도 반(半)학술적 서적을 출판할 것이다. 이 시리즈 도서는 한국의 대학 도서관에 보급하고, 일반 연구자와 정부의 해외동포 정책집행자 및 일반 지성인들에게 보급하는 것을 주목적으로 한다. 그동안 북미의 많은 한인단체는 자기 단체의 역사와 활동을 알리는 보고서를 출판해왔는데, 이러한 보고서 형식의 도서는 사회과학 분야 도서의 구성 및 저술형식으로 바꾸어야만 이 시리즈를 통해 출판할 수 있다. 그러나 미국과 캐나다 거주 한인들의 경험을 각 개인의 자전적 서술을 통해 알리기 위해 만들어진 사회과학적 가치가 있는 편저는 이 도서 시리즈에 들어갈 수 있다. 예를 들면, '북미한인 도서 시리즈'의 첫 도서로 출판된 책은 정치인 또는 공공분야에서 일해온 18명의 재미한인의 자전적 에세이를 담고 있다. 이 도서는 완전한 학술적 도서는 아니지만 재미 한인사회를 이해하는 데 중요한 사회과학적 가치가 있는 반학술 서적이다. 필자는 본 시리즈가 북미한인들의 자전적 이야기를 담은 편저서를 많이 출판하는 것은 아주 중요하다고 생각하는데, 그 이유는 이러한 편저서는 한인사회 주인공들의 여러 목소리를 그대로 담고 있기 때문이다.

한국 출판사는 학술서적의 대부분을 한국의 독자에게 보급하기 위해 출판하기 때문에 본 도서 시리즈 또한 대부분 한국어로 출판할 것이다. 그러나 북미에 거주하는 저자 또는 편저자는 본 도서 시리즈로 출판된 책 200~300권을 현지 북미한인 커뮤니티와 학자들에게 공급할 수 있을 것이다. 이 시리즈에는 북미에서 영어로 출판된 아주 우수한 도서의 한국어 번역판도 포함될 수 있을 것이며, 내용상 중요한 도서는 영어와 한국어로 모두 출판해 미국의 한인사회와 한국 양쪽에 모두 보급할 수 있도록 할 것이다. '북미한인 도서 시리즈' 1호로 출판된 『재미 한인사회에 힘을 실어준 한인들』 또한 재미 정치인 및 다른 공공분야에 근무하는 개인들의 이야기로, 한국에서뿐만 아니라 재미 한인사회의 2세를 포함한 한인 독자들과 한국의 독자들에게 모두 큰 관심사가 될 것 같아 한국어와 영어로 출판했다. 미국에서 재미한인의 경험에 관한 영어로 된 박사논문의 일부는 한국어로 번역하지 않은 채 영어 그대로 출판할 수도 있다. 한국어로 번역하기 위해서는 경비가 많이 들기 때문에 영어로 된 책을 출판하는 것이 불가피하다고 생각하기 때문이다.

2015년에 시리즈 2호로 출판된 『뉴욕·뉴저지 지역의 한국학교: 역사 및 현황』은 재미한국학교 동북부협의회에서 준비한 것으로, 뉴욕·뉴저지 지역 한국학교의 역사와 현황을 자세히 소개하고 있다. 이번에 시리즈 3호로 출판되는 『뉴욕의 한국어 선생님들』은 본인과 재외한인사회연구소의 임세정 연구원이 함께 편집한 책으로, 뉴욕 지역의 주말 한국학교와 미국학교에서 한국어를 가르치고 있는 교사들의 에세이 14편과 이 지역에서 한국어를 보급하는 데 크게 공헌한 김영덕 박사 및 이선근 박사의 자전적 에세이를 담고 있다.

미국이나 캐나다에서 '북미한인 도서 시리즈'를 통해 한국에서 책을 출판하기를 원하는 이들은 시리즈 편집인의 이메일(pyonggap.min@qc.cuny.edu) 또는 사무실(미국 718-997-2810)로 연락하기 바란다.

북미한인 도서 시리즈
편집자 민병갑

축사

먼저 한국어교육과 보급에 힘쓰시는 분들의 글을 모아 출간하게 되었음에 진심으로 축하의 말을 전하고 싶다. 본인도 30여 년 전 교회 내에 한국어반을 개설해 교장으로 다년간 봉사한 경험이 있어 미국에서의 한국어교육과 보급이 얼마나 힘들고 어려운 일인지 잘 알고 있다. 때문에 현재 활동하고 계시는 분들의 생생한 경험이 담긴 이 자전적 에세이가 같은 일을 하는 다른 선생님들에게 큰 힘을 주고 귀한 자료로 활용될 수 있을 것이라 확신한다.

이민 초기의 한국어교육은 단순히 부모와 자식 간의 원활한 의사소통에 큰 비중을 두었지만, 이제는 언어소통뿐 아니라 한국의 역사, 문화, 전통(예의범절), 음식, 한류 등을 효과적으로 교육하는 것으로까지 그 폭이 넓고 다양해졌음을 알 수 있다. 또한 한인 1.5세, 2세, 3세뿐 아니라 외국인(비한국계 민족)들에게까지 한국어 보급이 확장되고 있음을 실감하고 있다. 이에 이 책에 글을 써주신 분들뿐 아니라 미국 땅에서, 아니 전 세계 어느 나라에서나 한국어교육을 위하여 힘쓰고 계신 모든 분들에게 감사와 격려의 박수를 보내고 싶다.

본인이 활동하고 있는 재외한인사회연구재단은 그동안 퀸즈칼리지 재외한인사회연구소가 재미 한인사회에 관한 다양한 연구를 수행하고 관련 서적을 출판할 수 있도록 재정적인 지원을 해오고 있다. 뉴욕의 한국어 선생님들의 이야기가 담긴 이

축사

책으로 벌써 세 번째 '북미한인 도서 시리즈'를 출판하게 되었음을 진심으로 축하하며, 책의 편집을 위해 수고하신 민병갑 소장님과 공동 편저자인 임세정 연구원에게 고마움을 표하고 싶다. 아울러, 본 재단의 재정을 감당하고 계신 모든 이사님들께도 심심한 사의(謝意)를 전한다.

재외한인사회연구재단
회장 정해민

감사의 말

필자는 뉴욕·뉴저지 지역 한국 이민자들의 한국문화 활동에 관한 책을 쓰는 과정에서 이 지역의 주말 한국학교와 미국학교에서 한국어를 가르치는 교사들이 놀라운 열정을 가지고 한국어 교육에 밤낮으로 수고하고 있다는 사실을 알게 되었다. 또한, 김영덕 박사님과 이선근 박사님께서 한국어정규과목추진회(2016년 1월부로 '미주한국어재단'으로 명칭이 바뀜)를 세워 미국 학교에서 한국어 보급을 위해 오랫동안 수고해왔다는 사실도 새롭게 알게 되었다. 이에 이러한 분들의 자서전적 이야기를 책으로 엮어 한국과 이 지역의 동포사회에 알려야겠다는 생각을 하게 되었다. 이 책을 본격적으로 준비하기 시작한 것이 2014년도 초였는데 벌써 1년 반이 흘러갔다.

밤낮으로 한국어 교육에 헌신하느라 매우 바쁜 일정에도 불구하고 시간을 내어 자전적 에세이를 써준 모든 저자들에게 깊은 감사를 드린다. 저자들에게 조금이라도 원고료를 드리고자 한국의 관련 기관에 지원금을 신청해보았지만, 결국 받지 못해 더 미안한 마음이 든다. 그러나 많은 독자들이 이 책을 통해 한국어를 가르치고 보급하기 위해 오랫동안 애써온 15명의 저자들의 이야기에 감동받을 수 있다면, 원고를 쓰기 위해 저자들이 바친 시간과 정성은 결코 헛되지 않을 것이다.

공동 편저자인 임세정 씨는 시작부터 끝까지 이 책의 출판에 관한 모든 일을 맡았다. 저자들과 여러 차례 연락해가며 그들이 원고를 잘 마무리할 수 있도록 도왔으며, 저자들로부터 받은 원고를 모두 검토하고 편집하였다. 또한, 책이 나오기까지 북코리아 출판사와 수시로 연락하며 교정본 원고의 수정 작업도 대부분 도맡아 했다. 임세정 씨의 헌신적인 노력과 효과적인 편집 활동이 없었다면 이 책 프로젝트를 마무리하기 힘들었을 것이다.

다시 한 번 바쁜 와중에도 틈틈이 글을 써서 보내주고 책이 나오기까지 인내심을 가지고 기다려준 15명의 저자들과 공동 편저자인 임세정 씨, 그리고 북코리아의 이찬규 사장님과 곽하늘 씨에게 큰 고마움을 전한다.

편저자를 대표하여
민병갑

머리말

민병갑 · 임세정

    1990년대 말부터 한국 TV 드라마와 한국 가요를 중심으로 시작된 한류가 아시아 인근 국가에서 시작해 이제는 전 세계로 확장되었다. 이제 한국문화의 세계적 영향은 한국 TV 드라마와 한국 가요뿐 아니라 한국 음식과 한국어 등 한국문화 전반에 걸쳐 확장되고 있다. 한국의 국민과 정부 정책 책임자들은 한국의 경제성장과 스포츠 강국의 이미지와 더불어 세계로 확산되는 한국문화의 영향력에 무척 고무되어 있다. 그들은 한국문화의 우수성에 대해 다소 자신만만한 태도를 가지는 것도 같다. 하지만 한국에서 최근 한국문화의 세계적 확산의 요인에 대해서 한 가지 중요한 사실을 모르고 있는 것 같다. 그것은 세계의 여러 나라에 정착해 있는 재외동포들의 한국문화를 홍보하고 현지에 보급하기 위한 헌신적 노력과 희생이다. 한국어는 물론이고 음식, 전통, 축제, 음악 등 어느 것 하나도 정착 국가에서의 우리 동포들의 피나는 노력 없이는 현지 보급이 불가능하다. 특히 1960년대 이후 한국인의 대량 이민으로 이루어진 북미, 남미, 호주와 유럽에 거주하는 동포는 한국에서 성장해서 외국에 거주하기 때문에 사실상 한국에 거주하는 동포보다 한국에 대한 애착심이 더 강하다.

    재외동포가 정착국가에서 한국문화를 보급하는 효과는 그 정착국가가 얼마나 영향력 있는 나라인지에 따라 다르고, 또 정착국가의 이민민족 및 소수민족 정책이

머리말

다문화주의(Multiculturalism)를 어느 정도 받아들이는가에 따라 다르다. 오늘의 미국은 국가의 영향력 면에서도 막강하고 또 다문화 정책에서도 다른 어느 나라보다 열려있기 때문에 미국에 거주하는 동포는 오늘날 한국의 문화를 미국에 보급할 수 있는 최적의 위치에 있다. 미국의 대도시 자체가 인종적, 민족적 다양성이 아주 높으므로, 한국의 문화를 미국 대도시에 보급한다는 것은 곧 한국문화의 세계화를 의미한다. 문화는 음식, 음악, 관습, 가치관, 사고방식 등 여러 요소를 가지고 있는데, 그중에서도 가장 핵심이 되는 것은 '언어'이다. 한국어를 미국에 보급함으로써 우리는 한국의 음식, 예절, 축제 등 한국의 다른 문화요소들도 미국인들에게 알릴 수 있다.

뉴욕·뉴저지 지역은 현재 동포 수가 25만 명 정도 되어서 미국에서 로스앤젤레스 다음으로 두 번째로 큰 한인집중 거주지역이다. 뉴욕은 미국에서 가장 다양한 인종이 거주하고, 음악, 영화, 미술, 패션이 고도로 발달한 문화의 도시이기도 하다. 또한, 뉴욕 시는 미국에서 국제 관광객이 제일 많아서 세계 여러 나라에서 온 관광객을 통해서 한국문화를 효과적으로 소개할 수 있다. 따라서 뉴욕의 우리 동포는 미국 어느 대도시에 거주하는 동포보다도 더 효과적으로 한국문화를 세계화할 수 있는 위치에 있는 것이다.

이 책의 제1 편저자인 민병갑은 뉴욕 동포의 한국문화 세계화에 관한 책을 쓰기 시작한 2010년부터 동포지도자들과 동포단체가 한국문화의 여러 면을 미국인들에게 소개하려는 노력에 크게 감동을 받았다. 이분들의 헌신적 노력의 결과로 오늘날 세계에서 가장 문화 다양성이 높은 뉴욕 지역에서 한국 음식, 한국 축제, 한국어, 한국 음악 등 한국문화의 여러 장르가 미국에 크게 알려지게 되었다.

하지만 한국에서 뉴욕을 방문하는 많은 정치인이나 일반인 중 이곳 뉴욕에서 볼 수 있는 여러 한국문화의 이면에 숨은 동포 이민자들의 노력과 헌신에 대해 잘 아는 사람은 거의 없을 것이다. 사실상 이곳에서 생업에 바쁜 대부분의 동포 이민자들도 이러한 사실을 정확히 모르고 있다고 생각한다. 왜냐하면, 제1 편저자 자신도 한국문화에 관한 이 책을 쓰기 전에는 여러 방면에서 한국문화를 2세들에게 전수하고 미국인들에게 알리기 위해서 노력하는 우리 문화 전도사들의 노고와 그들의 중요한 역할을 잘 인식하지 못했기 때문이다.

현재 제1 편저자인 민병갑이 진행하고 있는 '뉴욕에서의 한국문화 세계화'에 관한 저서는 영어로 미국에서 출판될 것이기 때문에 이곳 동포 이민자들이나 한국의 재외동포 정책 책임자와 일반인이 읽을 기회는 거의 없을 것이다. 따라서 제1 편저자는 이곳 뉴욕 지역에서 한국문화 전수를 위해 큰 공헌을 하고 있지만, 그들의 이야기가 알려지지 않는 사람들의 자서전적 글을 모아 한국말로 책을 출판해 한국과 동포 사회의 독자들에게 알리고 싶었다.

이곳에서 한국문화 전수에 큰 공헌을 하는 사람들은 문화 분야 곳곳에서 많이 발견된다. 그중에서도 제1 편저자는 특히 주말 한국학교를 세워서 젊은 한인 세대(1.5세 및 2세)에게 한국어를 전수하거나 또 미국학교에서 한국어를 가르치고 있는 동포교사들의 뜨거운 열정과 헌신적 노력에 크나큰 감동을 받았다. 언어는 문화의 중심이 되기 때문에 한국의 언어를 가르치기 위해서는 한국문화의 다방면에 대해서 가르치는 것이 필요하다. 한인 2세에게 한국어를 가르치는 주말 한국학교 교사와 미국학교에서 한인 학생과 미국 학생을 대상으로 한국어를 가르치는 이곳 공립학교의 한국어 교사는 2~3시간의 강의를 위해서 여러 시간 동안 집에서 한국문화를 가르치기 위한 활동(가령 한국인들이 즐겨 먹는 간식인 떡볶이를 만드는 것 등)을 준비하고 있다는 사실을 제1 편저자는 알게 되었다. 또한, 미국학교에서 한국어를 가르치는 한인교사들은(대부분 한국에서 이민 온 여자 선생님) 방과 후에도 한국문화와 관련된 여러 개의 특별활동팀을 돕기 위해서 사물놀이, K-pop, 서예반 등에서 2시간 이상 수고하고 있다. 그뿐만 아니라 이들 교사의 반 정도는 토요일에도 주말 한국학교에서 한국어와 한국문화 과목을 가르치고 있다. 이분들이 이렇게 바쁘게 일하면서도 보람을 느끼고 의욕적으로 일하는 동기는 봉급이 아니고 한국어 교사로서 동포 2세 학생들과 미국 학생들에게 한국어와 한국문화를 더 효과적으로 가르치고자 하는 사명감이다. 이 사명감이 그들을 밤낮 바쁘게 움직이게 하는 원동력이 된다고 생각한다. 이분들에게 미국학교 내에서 한국어 강의를 하면서 겪은 일이나 느낀 점 등을 자전적 에세이로 써 줄 것을 부탁했다.

　미국학교에서 한국어를 가르치는 한국 이민자 교사들은 다른 교사들보다 훨씬 더 많이 일하기는 하지만, 주말 한국학교에서 수고하는 교장이나 교사들에 비해 봉급은 정식으로 받는다는 유리한 점이 있다. 주말 한국학교를 이끄는 교장이나 교사들은 토요일 오전 강의를 위해 주중에도 강의 준비를 하는 등 매주 많은 시간을 수고하지만, 최저임금의 수고비를 받거나 심지어 무료로 봉사하는 경우도 있다. 이들도 동포 2세 청소년들에게 우리말과 우리 문화를 가르친다는 사명감과 보람에서 수고를 기쁘게 받아들이는 것이다. 이분들도 많은 어려움을 겪어서 세상에 할 말이 많으리라 생각한다. 따라서 이분들에게도 자서전적 에세이를 부탁했다.

　세 번째로 이 책을 위해서 자서전적 글을 쓴 분들은 한국어를 2세들에게 가르치고, 한국어 교재를 만들고, 또 재미한국학교협의회를 조직해 발전시키고, 미국학교에 한국어를 보급하기 위해서 교육구의 책임자와 학교 교장을 만나 로비 활동을 하는 등, 한국어 교육에 일생을 바친 분들이다. 뉴욕 지역에서 한국어 교육을 위해 일생을 헌신한 분으로 허병렬, 이선근, 이광호 선생님을 꼽을 수 있는데, 허병렬 선생님과 이선근 박사님께서는 이 책을 위해 글을 써주셨다. 또한 이선근 박사님과 함께 한국어정규과목추진위원회(2016년 1월부로 '미주한국어재단'으로 명칭이 바뀜)를 세워 한국어를 미국학교에 보급하기 위해 중추적인 역할을 해오신 김영덕 박사님께도 한정추의 역할에 대해 글을 써주실 것을 부탁했다.

　이 책 프로젝트는 2014년 초에 본격적으로 시작했는데, 책을 위해 자서전적 글을 쓰기에 적합한 22명을 선별하여 A4용지 10장 분량의 에세이를 써달라고 요청했다. 초기의 계획과는 달리 최종적으로 15명의 선생님들께만 완성된 에세이를 받을 수 있었으나, 선생님들의 원고 외에 주말 한국학교에 다녔던 학생이나 공립학교에서 한국어를 배우는 학생들의 소감, 선생님과의 추억 등이 담긴 글을 추가로 의뢰해 함께 편집했다.

　15명의 선생님들에게 요청한 에세이의 내용은 그들이 한국에서 어떤 교육을 받았고, 미국에는 무슨 목적으로 오게 되었는지, 또 처음부터 한국어 교사가 될 것을 계획하지 않았다면 어떻게 해서 한국어 교사 역할을 하게 되었는지에 관해서 자세히 설명해 주기를 부탁했다. 또한, 그들이 한국어를 가르치는 데 있어 특별히 어려웠던 점이나, 크게 보람을 느꼈던 순간에 대해서도 자세히 언급해 주기를 요청했다. 이들 에세이를 통해 미국에 있는 주말 한국학교가 어떻게 운영되고 있는지, 또 공립학교에 개설한 한국어반이 미국 학생들에게 어느 정도 호응을 받고 있는지에 관한 윤곽을 알게 되는 것은 중요하다. 하지만 에세이 내용을 너무 사실 중심으로만 기술하는 것보다는 각 필자가 그동안 하고 싶었던 이야기를 책을 통해 말할 수 있도록, 필자의 감정을 되도록 많이 넣을 것을 권장했다.

　1차 원고가 마무리된 후에는 제출된 원고를 검토 후, 원고 완성에 필요한 지침을 따르지 않았거나 필요한 정보가 부족한 원고에 대해 수정 및 정보 보완을 요청했다. 이후 지속적인 피드백을 거쳐 총 15편의 자전적 에세이가 완성되었다.

　제1 편저자가 소장으로 있는 뉴욕시립대학교 퀸즈칼리지 소속 재외한인사회 연구소는 뉴욕 지역의 한인 이민자들의 경험을 반영하는 저서를 한국에서 한국어로 출판하기 위해서 서울에 있는 북코리아(Bookorea) 출판사와 '북미한인 도서 시리즈'를 출판하기로 2014년 봄에 협약을 맺었다. 그 결과 2014년 8월에는『재미 한인 사회에 힘을 실어준 한인들(Korean-Americans Who Have Empowered the Korean American Community)』이 첫번째 도서 시리즈로 출판되었다. '북미한인 도서 시리즈'의 2호로 나온 책은 '재미한국학교 동북부지역협의회'가 중심이 되어 편집한『뉴욕·뉴저지 지역의 한국학교: 역사 및 현황』이다. 뉴욕 지역의 한국어 교사와 한국어 교육 공로

자들의 글을 담은 이 책은 '북미한인 도서 시리즈' 3호가 될 것이다.

    동북부 지역의 한국학교 역사와 현황을 다룬 편저서와 본 편저서는 뉴욕 지역의 한국 이민자들이 한국어를 2세들에게 전수해 주고 또 미국학교에 보급하기 위해 어떠한 노력을 하고 있는가를 한국 정부의 정책 책임자, 학자 및 일반 국민들에게 잘 알릴 수 있는 좋은 자료가 될 것으로 생각한다.

목차

북미한인 도서 시리즈 / 005

축사 / 009

감사의 말 / 011

머리말 / 013

미국 중·고등학교 한국어 과목 채택운동의 기적 _ 김영덕·이선근	021
사과씨 _ 이정진	042
허드슨 강을 건넌 한국어 _ 황정숙	058
학생 소감문 My Korean class _ Megan Fong	071
I love Korea! _ Michelle Axelsson	073
한국어는 나의 긍지 _ 이정혜	075
학생 소감문 The Beauty of Korean Language and Culture	
_ Hasani Arnold	091
Korean Language Learning Experience _ Silvia Zhang	094
How Korea Fascinates Me _ Vincent Tse	096

목차

1.5세의 뿌리내리기 _ 황현주	099
학생 소감문 한국학교를 그리워하며 _ 신다윤	114
뉴저지한국학교에서 한국 대학교까지 _ 이현주	116
Coming Full Circle: The Value of Korean Language Education in the U.S. _ Peter Bae	120
한국어와 나 _ 김근순	124
한국어를 사랑하기에 _ 이선근	151
한국학교, 미국에서 교육실험을 하다 _ 허병렬	172
새벽을 가르는 한국학교 이야기 _ 심운섭	185
한국어 교육과 함께 한 30년 _ 최경미	197
학생 소감문 Korean Class changed my life style _ Jnai Girven	218
단 하나······. _ 고은자	220
너희 모든 쓸 것을 채우시리라 _ 홍태명	228
학생 소감문 또 다른 세대에게 _ 홍상아	247
지금처럼 앞으로도 _ 김경욱	251
학생 소감문 따뜻한 선생님의 배려 _ 송서윤	264
원광한국학교에서 _ 박진은	266
지켜야 할 약속, 잠들기 전에 가야 할 길 _ 허낭자	280
편저자 소개	289

미국 중·고등학교 한국어 과목 채택운동의 기적

김영덕 미주한국어재단* 공동회장 · **이선근** 미주한국어재단 공동회장

들어가며

　　미국 공립고등학교에서 한국어를 정규 과목으로 가르치게 하자는 운동이 8년 만에 기적과 같이 놀라운 성장을 보게 되었다. 2007년 10월 20일에 설립된 한국어정규과목추진회(2016년 1월부로 '미주한국어재단'으로 명칭이 바뀜)가 각고의 노력 끝에 2010년에 개설한 뉴저지 펠리세이즈파크 고등학교 한국어반의 학생 수가 3년 만에 27명에서 115명(8~12학년, 6개 학급)으로 증가했고, 2011년에 개설한 뉴저지 릿지필드 메모리얼 고등학교 한국어반의 학생들은 2년 만에 36명에서 117명(7~12학년, 9개 학급)으로 늘어났다. 또 2014년 9월 학기부터는 릿지필드 중학교 7, 8학년 학생들을 위해 한국어 시간강사를 채용했다는 기쁜 소식도 듣게 되었다. 덕분에 이제 한인 2세뿐만 아니라 많은 미국 학생들도 외국어 과목으로 한국어를 배우게 된다는 사실이 믿어지지 않는다.

　　이러한 놀라운 성장은 재미 한인들의 관심과 재정적 후원 및 한국 정부의 지원

---

* 편집자 주: 2016년 1월부로 '한국어정규과목추진회'는 '미주한국어재단'으로 명칭이 바뀌었다. 현재 '미주한국어재단'의 공동회장을 맡고 있는 김영덕과 이선근은 2015년 이 글을 쓸 당시 각각 '한국어정규과목추진회'의 회장과 사무총장을 지내고 있었다. 따라서 본문에서는 변경되기 이전의 명칭인 '한국어정규과목추진회'를 그대로 사용한다.

이 없었다면 불가능한 일이었을 것이다. 한국어정규과목추진회는 동포들로부터 모금운동을 통하여 2008년부터 2009년까지 5만 5천 달러를 후원받아 한국어 교사 양성과정 프로그램을 이수하는 다섯 명의 교사들에게 장학금을 지원하였고, 2010년에는 뉴저지 팰리세이즈파크 고등학교에 한국어반을 개설하기 위하여 6만 5천 달러를 모금하였으며, 2011년에는 럿지필드 메모리얼 고등학교에 한국어반 신설을 위해 2만 5천 달러를 모금하였다. 그리고 2012년에는 기금 모금 만찬을 통해 4만 달러를 모금하였다. 수년간의 경제 침체로 인해 후원금 모금운동이 어려울 것이라 걱정했음에도 그간 정성 어린 동포들의 도움으로 재정적 어려움을 극복할 수 있었다.

한국어정규과목추진회는 예산 부족으로 한국어반을 선뜻 개설하지 못해온 팰리세이즈파크 고교와 럿지필드 메모리얼 고교에 한국 정부와 함께 2년간의 한국어반 교사 봉급을 지원해주는 조건으로 비로소 한국어반을 개설시킬 수 있었다. 한국어반 신설을 돕기 위해 한 학교당 2년간 10만 달러씩 지원하는 것은 결코 적은 액수가 아니다. 그렇지만 초기 지원을 바탕으로 몇 년 뒤에는 학교가 자체적으로 예산을 마련해 한국어반을 운영해나갈 수 있으리란 가능성이 있기에 용단을 내렸다. 우수한 교사가 한국어와 한국문화를 재미있게 잘 가르쳐 준다면 한국어반 학생들은 한국어 수업을 좋아하게 되고 성적도 좋아지게 될 것이다. 그러면 한국어를 수강하지 않는 다른 학생들에게도 긍정적인 영향을 줄 수 있을 것이라는 생각이 들었다. 그리고 이 변화를 다른 학교에서도 알게 된다면 더 많은 한국어반이 개설될 수 있을 것이 분명하다. 최근 들어 동북아시아에 대한 세계의 관심이 집중되고 있는 것도 희망적인 흐름이다.

많은 미래학자들이 가까운 장래에 동북아시아가 전 세계의 중심지가 될 것이라는 주장을 하고 있다. 이러한 예측을 뒷받침하듯 2000년대에 들어서면서 한국, 중국, 일본 세 나라는 미국 안에서 보이지 않는 경쟁을 벌이고 있다. 중국은 지난 10년 동안 1천여 개의 고등학교에 중국어반을 개설하고 일본은 750여 개의 일본어반을 개설시켰다. 두 나라에 비해 시작은 다소 늦었지만 한국 역시 미국 전역에 한국어반을 개설시키는 데에 박차를 가하기 시작했다. 비록 출발은 조금 늦었으나 한국은 이 경쟁에서 분명히 승산이 있다. 그 어느 때보다 한국 드라마, K-pop, 태권도 등 한국문화에 대한 대중적인 관심이 높아지고 있기 때문이다. 이러한 흐름 가운데 재미 한인사회와 한국 정부의 적극적인 관심과 지원이 지속된다면 더 많은 우수한 한국어 교사를 양성할 수 있고, 정규 과목으로 한국어반을 개설할 수 있는 학교의 수 또한 크게 늘어날 것이다.

한국어정규과목추진회가 설립되기까지

미국 고등학교에 한국어를 정규 과목으로 채택시키기 위한 운동은 추진회의 설립 취지와도 밀접한 관계가 있다. 이는 기본적으로 미국에서의 한국어 보급은 고등학교에서 시작되어야 한다는 생각에서 비롯되었다. 1997년 미국 대학교 입학시험인 SAT II 외국어 과목으로 한국어가 채택되었을 때, 우리 재미 한인들은 말할 것도 없고 한국에서도 온 국민이 한국어가 미국에서 아홉 번째 외국어가 되었다고 하면서 기뻐했다. 그러나 채택 초기부터 SAT II 외국어 과목에서 한국어를 선택한 이들의 대부분은 한국계 학생들이었다. 미국 중·고등학교에서 정규 외국어 과목으로 한국어를 가르치지 않는 이상 한국어를 배우고 SAT II 외국어 과목으로 고려하는 학생들은 한국계 학생들로 제한될 수밖에 없었다.

한국어 교육 및 보급에 관심을 가지고 있던 이들은 이러한 사실을 인지하고 미국 중·고등학교에 한국어를 정규 외국어 과목으로 채택시켜야만 진정한 한국어의 세계화가 가능하다고 보았다. 때마침 한국문화연구재단이 주최한 故 이광규 박사 초청 강연회에서 한·중·일 세 나라가 미국에서 현재 문화전쟁을 하고 있다는 이 박사의 강연을 듣고 같은 뜻을 가진 사람들이 모여 회의 끝에 미국 중·고등학교에 한국어반을 개설하기로 의견을 모았다. 그 후 수차례의 모임 끝에 2007년 10

한국어반 개설 운동에 중심 역할을 했던 (왼쪽부터 시계 방향으로) 이선근 한국어교육원 원장(한정추 사무총장), 이정혜 동서국제학교 교사, 故 이광규 박사, 서진형 한국문화연구재단 이사장

월 20일에 한국문화원 갤러리에서 모임을 갖고 새로운 단체를 세웠으니 바로 이 단체가 한국어정규과목추진회이다.

이 모임에서 한국어정규과목추진회(이후부터는 한정추라 함)는 故 이광규 박사를 고문으로, 코리아 소사이어티의 김영덕 이사, 재미한국학교협의회의 이광호 회장, 뉴욕한인회 이세목 회장 세 분을 공동회장으로 선출하고, 서진형 한국문화연구재단 이사장을 후원회장으로, 한국문화연구재단 한국어교육원 이선근 원장을 사무총장으로 각각 선출하였다.

중・고등학생들을 위해 마련한 특별 강연회

한정추가 설립된 후 처음으로 시작한 일은 중・고등학생들을 대상으로 한 강연회였다. 한인 2, 3세들에게 한국인의 정체성을 심어주고 한국인으로서 자긍심을 갖고 살도록 하기 위하여 현재 미국사회에서 존경을 받으며 활약하고 있는 다양한 분야의 한인 전문가를 강사로 초청하였다. 강연을 통해 그들이 어떻게 자기 전공을 택하였고, 대학교와 사회에 나가서 어려움을 겪을 때마다 어떻게 슬기롭게 그 어려움을 이겨낼 수 있었는지 학생들에게 들려주는 자리를 마련한 것이다. 총 다섯 차례의 강연을 개최하였는데, 이 강연은 우리 2, 3세들이 자신의 진로를 결정하고 정체성을 찾는 데에 큰 도움을 주었다.

이 강연회는 플러싱에 소재하고 있는 '열린공간'*에서 개최하였다. 1회 강연회의 강사로는 뉴욕 고등법원 대니 전(Danny K. Chun) 판사, 2회는 뉴저지 에디슨(Edison) 시 최준희(Jun Choi) 전 시장, 3회는 한인커뮤니티재단(Korean American Community Foundation)의 초대 회장 홍성철 변호사, 4회는 타이거 아시아(Tiger Asia) 빌 황(Bill Hwang) 사장, 5회는 ABC 방송국 앵커우먼인 장현주(Juju Chang)를 초청하여 강연회를 개최했다. 강연회에는 80명에서 100여 명의 고등학생들과 성인들이 참석하였으며 350명의 고등학생들이 회원으로 등록하였다.

제1회 한국어 교사 양성 프로그램 장학생을 선발하다

한정추의 두 번째 사업은 한국어 교사 양성에 초점을 맞춘 것이었다. 미국의 중·고등학교에서 한국어 교사 자격증은 없지만 ESL 및 타 과목 교사 자격증을 가지고 한국어를 가르치고 있는 교사들과 사범대학교에서 ESL 학과에 재학 중인 학생들을 떠올리며 한국어 교사 양성 프로그램 장학생 선발 공고를 낸 후 학생을 모집하였다.

대학교 강사 한 명, 고등학교 교사 두 명, 초등학교 교사 한 명 그리고 사범학교 재학생 한 명 이렇게 한국인 다섯 명이 장학생으로 선발되어 2008년 9월 학기부터 럿거스대학(Rutgers University)에 개설된 단기 한국어 교사 자격 프로그램 과정에 입학해 2년 동안 모든 과정을 이수하였다. 그들은 이화여자대학교에서 여름 계절학기를 이용해 수업을 듣고 오기도 하였다. 그리고 마침내 2010년에 뉴저지 주 교육청을 통해 황정숙 선생님이 제1호 한국어 교사 자격증을 발급받았고, 원지영 선생

---

* '플러싱 열린공간'은 플러싱 150가 노던블러바드에 위치한 코리아빌리지 건물 지하에 있던 곳으로, 2011년까지 지역 한인들을 위한 쉼터 및 각종 문화공간으로서의 역할을 해왔다. 현재는 건물 소유주가 중국계로 바뀌어 더 이상 운영되고 있지 않다.

제1차 한국어 교사 양성 프로그램 장학생들, 왼쪽부터 황정숙, 조미경, 이지선, 김지선, 원지영 선생님

님이 제2호 자격증을 발급받았다. 김지선, 이지선, 조미경 선생님은 뉴욕 주 교육청에 한국어 교사 자격증 수속을 하였으나 아직도 자격증을 받지 못하고 있다.

한국어 교육자 연수회 개최

뉴욕과 뉴저지 주에 있는 초·중·고등학교 및 대학교의 한국어 교육자들을 위해 유능한 한국어 전문 강사들을 초빙하여 연수회를 개최한 것이 한정추의 세 번째 사업이었다. 새로운 언어 교수법, 효과적인 학습지도, 한국어 교육을 위한 문법 이론 습득 등을 주제로 하여 제1회 한국어 교육자 연수회를 2008년 11월 28일 개최하였다. 이 행사는 한정추가 주최하고 한국문화연구재단이 주관하며 뉴욕 총영사관과 뉴욕 문화원이 후원을 하였다. 강의는 이화여자대학교 이종숙 교수의 '헷갈리기 쉬운 한글 맞춤법 공부', 컬럼비아대학교 이현규 전임강사의 '한국어 교육 자료 개발', 프린스턴대학교 서윤정 박사의 '한국 문화와 풍습 교육', 뉴욕한국어교육원 이선근 원장의 '효과적인 한글 자모 교육', 동서국제학교(East-West School of International Studies) 이정혜 교사, 스타이브센트 고등학교(Stuyvesant High School) 이지선 교사, 펠햄 고등학교(Pelham High School for Language and Innovation) 조미경 교사의 '효과적인 학습지도 발표'로 이루어졌고, 수강자는 총 48명이었다.

모든 강의가 실제 학교 수업에 바로 적용할 수 있는 매우 실용적인 내용들로 구성되었기에 미국 고등학교에서 한국어를 가르치고 있는 교육자들과 사범대학원에 재학 중인 한국어 교사 희망자들에게 많은 도움을 줄 수 있었다. 한국어 교육자 연수회는 현재는 개최되고 있지 않다.

한국어정규과목채택추진회 임원 한국 방문

우리는 2009년 12월 7일 한국을 방문해 故 이광규 고문과 함께 국가브랜드위원회, 교육과학기술부(현 교육부)의 재외동포교육과, 문화체육관광부를 방문하여 실무 관계자들에게 미국 고등학교에서 한국어를 정규 외국어 과목으로 가르칠 필요성을 설명하고 한국어반 개설을 위한 한국 정부의 지원을 요청하였다.

우리의 한국 방문이 얼마나 도움을 주었는지는 잘 모르겠지만, 2010년에 처음으로 한국 정부가 미국 중·고등학교에서의 한국어 교육을 위한 지원을 시작하였다. 그때까지 한국 정부에는 미국 중·고등학교에 개설된 한국어반을 지원해 주는 담당 부서가 없었는데, 2010년에 처음으로 교육과학기술부 재외동포교육과 내에 전담 부서가 생기면서 담당 사무관과 과장이 미국 중·고등학교 한국어 교육에 관한 업무를 맡게 되었다.

마침내 정규 외국어 과목으로 한국어반을 개설시키다

2010년 3월, 한정추는 뉴저지에 위치한 팰리세이즈파크 고등학교에서 한국어반을 개설하고 싶지만 예산 부족으로 실행하지 못한다는 소식을 팰리세이즈파크 교육위원회(Board of Educatrion) 제이슨 김(Jason Kim) 교육위원으로부터 듣게 되었다. 팰리세이즈파크 학군에 연락을 해보니 마크 해이스(Dr. Mark Hayes) 학군장이 한국어 교사 자격증을 소지한 교사를 찾을 수도 없고 한국어 교사를 위한 예산도 없지만 그래도 한국어반을 개설하고 싶다고 하면서 한정추에 도움을 요청하였다.

한국어 교사를 소개해줄 수는 있지만 교사의 봉급을 우리가 지원하면서까지 한국어반을 개설시키는 것이 과연 바람직한 일인지 처음에는 확신이 서지 않았다. 그러나 아직은 미국학교들이 한국어를 새로 예산을 들여서까지 개설할 언어로 여기지 않을 것이란 생각을 하며, 한국어반이 우선 개설될 수 있도록 우리가 초기 지원을 한 뒤 서서히 학교가 자체 예산으로 한국어반을 개설하도록 하는 것이 현명할 것이란 결론을 내렸다. 이후 팰리세이즈파크 학군에 연락을 하여 협의한 끝에 뉴저지 주 교육청에서 제1호 한국어 교사 자격증을 받은 황정숙 교사의 첫 2년 봉급을 한국 정부와 한국어정규과목추진회에서 지원하는 조건으로 2010년 9월에 팰리세이즈파크 고등학교에 한국어반을 개설시킬 수 있었다.

이듬해 팰리세이즈파크 고등학교의 한국어반이 성공적으로 운영되는 것을 1년 동안 지켜보던 릿지필드 교육위원회 로버트 잭(Dr. Robert Jack) 학군장이 한정추에 연락을 하여 한국어반 개설을 위한 지원을 요청하였다. 한정추가 팰리세이즈파크 고등학교에 지원해 준 것과 똑같은 조건으로 도와달라고 하였다. 이에 2011년 9월 학기부터 제2호 한국어 교사 자격증을 받은 원지영 교사의 첫 2년 봉급을 지원해주는 조건으로 릿지필드 메모리얼 고등학교에도 정규 한국어반이 개설되었다.

이렇게 두 학교에 한국어반이 개설된 지 3년이 지난 후, 두 학교로부터 한국어반이 성공적으로 운영되고 있다는 기쁜 소식을 전해 듣게 되었다. 첫 학기에 26명이었던 팰리세이즈파크 고등학교의 한국어반 수강생은 2년 후 115명으로 늘어났고, 릿지필드 메모리얼 고등학교도 36명에 불과하던 한국어반 학생 수가 2년 뒤 80명이 되었으며, 2012년 가을 학기부터는 릿지필드 중학교에도 정규 한국어반이 개설되고, 심지어 릿지필드 초등학교 4, 5학년 전 학생 240명도 1주일에 1시간씩 한국어 수업을 받고 있다는 소식이었다. 이는 기적과 같은 놀라운 발전이었다. 이 모든 것은 한국어반 개설을 위한 한정추의 모금운동에 적극적으로 후원을 해준 재미한인들과 한국 정부의 지원 없이는 불가능했을 것이다. 우리 한인 2세들뿐만 아니라 미국 학생들도 정식으로 학교에서 한국어를 배울 수 있게 된 모습을 보면서 우리 한국 국민들과 재미 한인들이 바라는 한국어의 세계화가 이루어지는 날이 성큼 다가오는 것을 느낄 수 있었다.

한국어반 개설을 위한 모금운동

한정추는 한국어반 개설을 위해 팰리세이즈파크 학군 교육위원회와 협의 후 다음과 같은 합의를 이끌어냈다. 첫째, 팰리세이즈파크 고등학교는 뉴저지 주 제1호 한국어 교사 자격증을 취득한 황정숙 교사를 한국어 교사로 채용하도록 한다. 둘째, 한정추는 2년 동안 교사의 봉급인 10만 달러를 지원해 준다. 셋째, 첫해의 지원금인 5만 달러를 2010년 5월 20일까지 전달한다.

당시 지원금 전달 예정일까지는 단 10일밖에 남지 않은 상황이었다. 이렇게 짧은 기간에 후원금 모금을 한다는 것은 거의 불가능한 것이지만, 우선 한국 언론에 도움을 요청하기로 하고 언론사를 모두 방문하였다. 후원금 모금 만찬회를 하기에는 시간이 너무나 부족했다. 제일 먼저 방문한 곳은 뉴욕라디오코리아였다. 김영덕, 이광호 두 공동회장과 이선근 사무총장 세 사람이 권영대 뉴욕라디오코리아 사장을 직접 만나 미국 고등학교에 정규 외국어로 한국어반을 개설하게 되었음을 알리고 앞으로 2년 동안 후원금 6만 5천 달러가 필요하니 모금을 위한 적극적인 지원을 요청하였다. 다행히 권 사장님께서는 기꺼이 도와주겠다고 하시며 당장 그날 오후 5시 뉴스 시간부터 이 소식을 방송으로 내보내겠다고 하셨다. 바로 이어 중앙일보 및 한국일보와 한국 TV 방송국인 TKC(The Korean Channel TV), MKTV(미디어코리아), KBN(Korean Broadcasting Network)을 두루 예방하여 언론의 적극적인 지원을 요청하였다.

고맙게도 중앙일보가 다음 날 아침 제1면 주요기사로 '드디어 정규 외국어 과목으로 고등학교 한국어반 개설'이라는 제목으로 크게 기사를 게재해 주어 뉴욕 한인 모두가 한국어반 개설 소식을 듣게 되었다. 그날 아침 9시 반쯤이 되었던 것 같다. 셰이크앤고(Sake-N-Go)라는 미용재료 제조 유통 회사로부터 1만 달러를 지원하겠다는 전화를 받고 너무 기쁜 마음에 뉴욕라디오코리아에 이 소식을 전하니 바로 방송으로 보도해 주겠다고 하였다. 기쁜 소식은 곧 또 들려왔다. 한국으로 출장을 다녀오던 한인 한 분이 뉴욕에 도착하여 택시를 타고 집으로 가던 중 라디오방송을 통해 한국어반 개설 소식을 들었다며 후원금으로 2,500달러를 쾌척하였다고 방송국 직원 한 분이 연락을 해 온 것이다.

    단 하루 만에 첫해에 필요한 2만 5천 달러의 절반이 조금 넘는 1만 5천 달러가 모금되었다. 신문사와 라디오 방송국뿐만 아니라 세 군데의 한국어 TV 방송국에서도 동시에 후원금 모금운동 소식을 보도하자 한인 비영리단체인 지스카(GSKA: The Golbal Society of Korea and America)에서 1만 달러, 일식뷔페 전문점인 이찌우미(IchiUmi)에서 1만 달러, 남성 전문 의류업체인 지오스(Xios)에서 9,800달러 등 여러 단체로부터의 후원이 이어졌다. 게다가 팰리세이즈파크 한인 학부모들은 직접 거리의 상점들을 돌아다니며 후원금 모금활동을 해주었는데, 덕분에 열흘 만에 자그마치 6만 5천 달러가 모금되었다. 이렇게 하여 2010년 5월 18일 드디어 한정추 김영덕 공동회

왼쪽 사진은 팰리세이즈 파크 마크 해이스(Dr. Mark Hayes) 학군장에게, 오른쪽 사진은 릿지필드 메모리얼 학군 로버트 잭(Dr. Robert Jack) 학군장에게 한정추 김영덕 회장이 한국어반 개설을 위한 지원금 2만 5천 달러를 전달하는 모습

장이 팰리세이즈파크 교육위원회 마크 해이스 학군장에게 2만 5천 달러의 지원금을 전달하는 전달식을 가질 수 있었다. 이틀 후인 20일에는 한국 정부에서 지원하는 2만 5천 달러를 박상화 한국교육원장이 전달해 주었다.

이듬해 팰리세이즈파크 고등학교에 개설한 한국어반이 순조롭게 자리 잡아가는 것을 눈여겨본 이웃 학군 릿지필드에서도 한정추에 연락을 해 왔다. 한정추와 학교측이 2011년에 한국어반을 개설하기로 결정을 보자 릿지필드 메모리얼 고등학교 한국어반 개설을 위한 모금도 시작해야 했다. 팰리세이즈파크 고등학교 한국어반 개설을 위한 후원금을 모금할 당시 미국 내 한국 언론에서 크게 도움을 주었기에 이번에도 언론기관에 도움을 요청하였다. 특히 교육 관련 기사 담당 기자들이 자기 일처럼 열심히 도와주곤 했었기 때문이다. 그러나 한인사회의 반응은 지난해에 비해 많이 열기가 많이 식은 것 같았다. 반응이 별로 좋지 않았다.

신문사에서 기사를 내고 여러 차례 방송으로 보도를 해도 좀처럼 새로운 열기가 나오지 않는 것 같았는데, 때마침 지스카(GSKA)에서 매칭펀드로 1만 달러를 후원하겠다는 연락이 와서 이를 바로 언론에 보도하였다. 이 소식을 접한 한인 한 분이 무명으로 7,500달러를 후원해 오자마자 다시 후원의 열기가 불붙기 시작하였다. 많은 교회와 종교단체에서도 후원을 해주고 소규모의 모임 및 단체에서도 도움을 준 덕분에 4만 1천 달러를 모금할 수 있었다. 이 모금으로 릿지필드 메모리얼 고등학교에 한국어반 개설 지원금 2만 5천 달러를 전달하고, 팰리세이즈파크 고등학교에 2차 지원금으로 4만 달러도 어렵게 마련해 지원해 줄 수 있었다. 한국 정부도 릿지필드 메모리얼 고등학교에 2만 5천 달러를, 팰리세이즈파크 고등학교에 2차 지원금 1만 달러와 교과서 구입 및 특별활동비로 5천 달러를 지원해 주었다.

그 다음해는 릿지필드 메모리얼 고등학교에만 2차 지원금 4만 달러를 지원하면 되었기에 기금모금 운동을 전처럼 언론을 중심으로 하지 않고 기금모금 만찬회를 개최하기로 하였다. 2012년 8월 30일, 뉴저지 포트리(Fort Lee) 풍림연회장에서 150

2012년 8월 30일에 개최된
한국어정규과목추진 및
교사양성기금모금 만찬을
마치고

명을 초청하여 기금모금 만찬회를 개최하였다. 이 만찬회에는 그동안 한국어반 개설을 위해 큰 도움을 준 모든 언론사 사장 및 국장들뿐만 아니라 팰리세이즈파크 시장, 교육감, 고등학교 교장 그리고 릿지필드 교육감, 고등학교 교장 등을 초청하였다. 그리고 구 교육감에게 감사패를 전달하기도 하였다.

특별히 기금만찬에 참석한 버겐카운티(Bergen County) 행정관은 축사를 하며 자신의 카운티 안에 있는 두 고등학교에 한국어반을 개설해 준 한인사회에 감사를 표하고, 한국어반 개설에 크게 도움을 준 한인 후원자 두 분에게 감사패를 주어 만찬회에 참석한 모든 사람들로부터 뜨거운 박수를 받았다. 이 만찬회에서는 2만 달러가 모금되었다. 릿지필드 메모리얼 고등학교의 한국어반 개설을 위한 제2차 지원금 5만 달러는 한정추가 4만 달러를, 한국 정부가 1만 달러를 모아 성공적으로 지원해 주었다.

한인 후원 감사 만찬회를 열다

한정추는 2007년에 설립되어 2011년까지 한국어 교사 양성사업, 두 고등학교 한국어반 개설과 모금운동, 뉴욕 청소년을 위한 강연회, 한국어 교육자 연수회, 한국 정부 관계 부처 방문 등 한국어반 개설을 위한 제반 사업을 추진하면서 여러가

지 어려움도 겪었다. 그러나 어려운 시기를 거칠 때마다 한인사회로부터 더할 나위 없이 큰 도움을 받곤 하였다. 특별히 후원금 모금운동을 할 때 언론사에서 보여준 관심과 도움은 정말로 컸다. 5년 동안 기쁜 마음으로 모금활동에 참여해준 한인들의 후원금이 자그마치 17만 달러가 넘었다. 무엇보다도 존경하는 재미 한인들의 큰 관심과 정성 어린 후원은 감히 말로 표현할 수도 없다. 감사하고 감사할 뿐이다.

한정추는 경제 사정이 어려운 때였는데도 기꺼이 도와주신 후원자들과 모금 운동에 큰 도움을 준 언론사 책임자들을 초청하여 감사 만찬회를 개최하기로 하였다. 이는 우리가 반드시 해야 할 도리였기 때문이다. 감사 만찬회는 2011년 12월 5일 뉴저지 포트리 풍림연회장에서 개최되었다. 마음은 후원해준 모든 분들을 초청하고 싶었지만 장소와 예산이 한정되어 있었기에 부득불 후원자 20명, 언론사 대표 7명, 한정추 임원 11명, 한국어 교사 2명, 취재기자 10명만을 초청하였다. 후원자 20명에게 감사패 전달식과 특별 공연 그리고 김영덕 회장의 감사 인사로 즐거운 시간을 가질 수 있었다.

한국어 교사 양성 프로그램 장학생 선발은 계속되다

한정추가 크게 중점을 두는 사업 중의 하나는 단연 우수한 한국어 교사 양성이다. 우수한 교사를 발굴하여야 학생들이 한국어와 한국문화를 잘 배울 수 있고 한국어 교육도 빨리 성장할 수 있다. 한국어는 미국에서 정규 외국어 과목으로 채택된 지 얼마 안 되어 자리 잡기가 쉽지 않은데 중국어와 일본어도 정규 외국어 과목 안에 포함되어 있기 때문에 항상 그 언어들과 경쟁을 해야 한다. 그러기 위해서는 우수한 한국어 교사 발굴이 절대적으로 필요하다. 제1차 한국어 교사 양성 프로그램 장학생 다섯 분은 아주 훌륭한 교사들이었다. 이에 한정추는 제2차 장학생 선발에서도 우수한 교사를 후보자로 찾기 위해 많은 신경을 썼다.

2013년 9월 5일에 한국어 교사 양성 프로그램 장학생 선발 광고를 신문에 내고 관련 단체에도 홍보를 하였다. 여덟 명의 후보자 가운데 김명진, 박찬미, 이명진 선생님을 최종 장학생으로 선발하였다. 한 후보는 뉴욕시립대학교 헌터칼리지(Hunter College) 사범학교 졸업반 학생이었고, 한 후보는 한국 S대학교 국문학과 학사 및 석사 학위 취득자, 또 한 후보는 한국 E대학교 한국어교육과 학사 학위 취득자였다. 그중 S대학교 출신 장학생과 E대학교 출신 장학생만 럿거스대학교(Rutgers University) 월드랭귀지 인스티튜트(World Language Institute)에 입학하여 2년 동안 소정의 학점을 이수하고 이명진 장학생이 2015년 3월 21일에 뉴저지 주 교육청에서 제5호 한국어 교사 자격증을 발급받았다. 박찬미 장학생은 5월 초에 마지막 과목만 끝내면 한국어 교사 자격증을 신청할 수 있다. 제6호 자격증이 6월이 되면 발급될 것이다.

제3차 한국어 교사 양성 프로그램 장학생 모집 광고는 2015년 1월 12일에 신문에 게재했다. 이번 모집에는 12명이 신청하였는데, 1차 면접에서 일곱 명이 선발되었다. 금년부터 뉴저지 주 교육청은 사범대학원 외국어 과목 입학 자격 규정을 전보다 더 어렵게 만들어 입학 자격으로 미국 대학원 입학 자격시험(GRE) 310점 이상과 영어회화능력시험(OPI)에서 상급 레벨을 받도록 요구하고 있다. 때문에 1차 면접에서 선발된 일곱 명의 후보는 이 두 시험에서 요구하는 조건을 충족시켜야만 2차 면접을 보게 된다.

기금모금을 위한 한정추의 노력

한국어 교사 양성을 위하여 제2회 기금모금 만찬회를 2013년 11월 9일에 뉴저지 버겐카운티 티넥(Teaneck)에 위치한 나비박물관 연회장에서 개최하였다. 이 만찬회에서는 팰리세이즈파크 교육위원회의 조셉 시릴로(Joseph Cirillo) 학군장의 주제 강연이 있었고, 팰리세이즈파크 고등학교와 릿지필드 메모리얼 고등학교의 한국어반 학생들의 특별 공연도 있었다. 또한 뉴욕한국문화원과 뉴욕한국어교육원이 공동주최한 제1회 외국인 백일장·말하기 대회 성인부 글짓기 부문에서 장원을 수상한 조지 부데리스(George Vourderis) 학생과 제3회 대회 말하기 부문에서 장원한 줄리아나 쿠쉬너(Juliana Kushner) 학생이 특별 참석해 수상작을 낭독하며 큰 박수를 받기도 했다. 만찬회 참석자는 총 150명이었고, 3만 175달러가 모금되었다.

제3회 기금 만찬회도 2014년 5월 1일에 전 만찬회 장소와 같은 뉴저지 티넥 나비박물관 연회장에서 개최하였다. 이 만찬회에서는 뉴저지 에디슨 시 최준희(Jun Choi) 전 시장이 주제 강연을 하였고, 특별 공연으로 한국에서 온 관현맹인예술단의 공연이 참석자 모두를 감동시켰으며, 제3회 외국인 백일장·말하기 대회 글짓기 부문 고등부 장원을 수상한 쉬화 장(Shihua Sylvia Zhang) 학생과 말하기 부문 수상자 칼 루이스(Karl Lewis)가 특별 출연하여 수상작을 낭독하였다. 170명이 참석하였고, 3만 1,970달러가 모금되었다.

한국어 교사 양성이 무엇보다도 중요하기에 올해도 기금모금을 위해 기금 만찬회를 개최하였다. 제4회 기금 만찬회도 예년과 같이 나비박물관에서 2015년 5월 7일에 개최하였다. 이 만찬회에서는 뉴욕시립대학교 퀸즈칼리지 사회학과 석좌교수로 계신 민병갑 교수가 주제 강연을 하였고, 특별 공연으로 재미나이의 공연도 있었다. 이번에도 한정추가 주관한 제4회 외국인 백일장과 말하기 대회 성인부 수상자 조슈아 랩(Joshua Rapp)과 고등부 수상자 링 천(Ling Chen)이 특별 출연하여 수상작을 낭독하여 큰 박수를 받았다. 그리고 고등학교 한국어반에서 한국어를 공부하는 우수 학생들에게 뉴욕 총영사와 한정추 회장의 상장 수여식도 있었다. 160명이 만찬회에 참석하였고, 3만 7,100달러가 모금되었다.

사물놀이 세트 지원과 한국 전통차 소개 및 시음회

한정추는 2010년부터 개설된 한국어반을 더욱 활성화시키고 학생들에게 우수한 한국의 음악을 알리기 위해 정부와 기업체의 도움을 받아 사물놀이 세트 지원사업을 시작하였다. 뉴저지에 위치한 한양문화재단(한혜진 이사장)과 재외동포재단에서 기증한 사물놀이 세트를 팰리세이즈파크 고등학교, 릿지필드 메모리얼 고등학교, 펠햄 고등학교(Pelham High School of Language and Innovation), 국제리더십차터 고등학교(International Leadership Charter High School) 4개교의 한국어반에 기증하였다.

그리고 한국의 우수한 전통 녹차를 한국어반 학생들에게 소개하고 한국어반 활성화에 도움을 주기 위하여 2008년부터 한국어반이 개설되어 있는 중·고등학교들을 방문해 한국 전통차의 특징과 중국 및 일본 차와의 차이점을 소개하고 한국의 전통 다도를 학생들이 직접 체험하는 시음회도 열었다. 2015년 3월까지 6개 학교를 방문해 450여 명의 한국어반 학생들과 각 학교 교장 및 교사들에게 한국의 전통 녹차를 소개하였다. 한국 전통 녹차 소개 및 시음회를 개최한 학교는 브롱스에 있는 존 필립 수사 중학교(John Philip Sousa Junior High School), 포담 리더십 아카데미(Fordham Leadership Academy for Business and Technology), 펠햄 고등학교(Pelham High School of Language and Innovation), 퀸즈의 동서국제학학교(East West School for International Studies), 팰리세이즈파크 고등학교, 릿지필드 메모리얼 고등학교이다.

외국인을 위한 백일장 대회 개최

세종대왕의 한글 창제 568돌을 기리고 한국어를 배우고 있는 외국인에게 한국어의 우수성과 자랑스러운 한국문화를 널리 알리기 위하여 비한국계 성인들을 대상으로 한글날 기념 한국어 백일장 대회를 2014년 10월 11일(토요일)에 뉴욕상공회의소 회의실에서 개최하였다. 뉴욕한국문화원과 한국문화연구재단(뉴욕한국어교육원)이 주최하고, 국립국어원, 세종학당재단, 경희대학교 국제교육원이 후원을 하였으며, 한국어정규과목추진회가 주관을 하였다.

제4회 백일장 대회에는 성인이나 고등학교 학생들을 대상으로 글짓기와 말하기 대회를 가졌으며, 참석자는 총 22명이었다. 비록 참석자는 많지 않았지만, 전보다 한국어 글솜씨나 말하기 수준이 많이 나아진 것을 알 수 있었다.

제4회 외국인 백일장 말하기 대회를 마치고 수상자, 심사위원, 주최 및 주관 대표들과 함께

한국어의 세계화를 위한 발걸음

한국어의 세계화를 위해서 우리 한국 정부가 간과해서는 안 될 것이 하나 있다. 미국의 외국어 교육 정책과 중국 및 일본의 자국어 세계화 정책이 바로 그것이다. 이러한 정책에 대한 충분한 이해가 바탕이 되어야만 한국어의 세계화를 성공적으로 이뤄낼 수 있기 때문이다.

미국은 2000년에 국가안보교육 프로그램(National Security Education Program)의 언어 플래그십 프로그램(The Language Flagship)을 발표하면서 9개 외국어 안에 한국어를 포함시켰고, 2004년 부시 재단(Bush Foundation)의 외국어 지원 프로그램도 6개 외국어 안에 한국어를 넣었으며, 2008년에는 국가안보언어교육 프로그램(National Security Language Initiative) 10개 언어에도 한국어를 포함시켰다. 이는 미국 정부가 한국어를 미국에서 배워야 할 중요한 언어 중 하나로 여긴 것으로 볼 수 있다.

이처럼 미국이 한국어의 중요성에 주목하고 있음에도 재미 한인들과 한국 정부는 그동안 특별한 조치를 취하지 않고 있었다. 그러나 그사이 일본과 중국은 엄청난 재정 지원과 외교 활동으로 미국 정부와 접촉을 해가며 지난 10년 사이에 미국 학교에 중국어반 1천 개, 일본어반 750개를 개설하는 놀라운 성과를 얻어냈다. 이러한 사실을 알게 된 뉴욕 인근 한인 학자들이 모임을 갖고 한국어를 중·고등학교에 정규 외국어 과목으로 채택시키도록 노력하자고 합의한 후 바로 추진회를 발족시켰던 것이다.

캘리포니아 주 로스앤젤레스에 있는 일본재단(The Japan Foundation Los Angeles)은 해외 일본어 세계화 진흥을 전담하는 기구로 일본어를 미국학교 교육과정의 핵심 외국어로 정착시키는 일에 전념하고 있다. 또한 뉴욕에 있는 일본재단 지부(The Japan Foundation New York)는 일본문화 세계 진흥 전담 기구로 미국에 일본문화를 소개하고 자리매김하는 일을 하고 있다. 로스앤젤레스 일본재단은 일본이 세계 경제 강대국인 것을 주장하면서 중·고등학교 정규 외국어 과목의 가장 중요한 언어로 자리 잡게 하는 일에 많은 투자를 하여 좋은 성과를 거두고 있다. 그 결과, 현재 고등학교 일본어 수강생의 다수가 미국 학생들이며 대학 진학 후에도 계속 일본어를 배우고 일본에 관심을 갖고 있는 학생들이 많다.

공자학원(Hanban)은 중국어의 세계화 진흥을 전담하는 기구로 언어 보급 진흥 사업을 중심 사업으로 하고 있다. 교사 양성, 중국어반 개설, SAT 주관 기관인 칼리지보드(College Board) 재정 지원, 미국 주 교육청 외교 접촉 및 중국어 개설 협조 요청 등을 통하여 중·고등학교에 중국어를 정규 외국어 과목으로 채택시키는 데에 획기적인 성공을 거두고 있다. 한 통계에 의하면, 공자학원은 지난 10년 사이에 1천 개 학교에 중국어반을 개설하였고, 7만 명 이상의 학생들이 현재 중국어를 수강하고 있다고 한다. 지난 2007년 말에도 중국어가 AP과목(미국 고등학교에 설치된 대학 수준의 강의)에 채택된 것에 대한 감사의 표시로 칼리지보드에 1천만 달러를 지원해 주었고, 중국어 교사와 교수들을 대거 중국으로 초청해 연수를 시키는 사업도 하고 있다. 2011년 말에는 워싱턴 DC에서 열린 중국어 교사 연수회에 5천 명이 참가했다고 하니 중국 정부가 중국어의 세계화에 얼마나 많은 관심을 갖고 투자에도 심혈을 기울이고 있는지 잘 알 수 있다.

한국은 3개의 정부 부처에서 해외 한국어 보급 진흥 사업을 관장해오고 있다. 현재 교육부는 재외동포교육담당관실을 통해 미국 초·중·고등학교 한국어반 개설 및 활성화 지원을, 그리고 국립국제교육원을 통해 한국어 교과서와 재외한국학교 교사 연수회를, 문화체육관광부는 세종학당재단, 국립국어원, 한글학회, 재외동포교육진흥재단, LA에 위치한 한국어진흥재단을 통해 교재 편찬과 교사 연수 사업 및 재외 한국학교를 지원하여 왔다. 외교부는 국제교류재단과 재외동포재단을 통해 세계 대학교 한국학 지원과 한국학교 지원 및 한국어반 개설을 위한 교장 초청 연수회를 개최하는 사업을 관장해 오고 있다. 2010년부터 교육부에 미국 중·고등학교 한국어반을 담당하는 전담부서가 새로 생겨 한국어반 지원금을 직접 받을 수 있게 되었는데, 앞으로 한국어반 개설 사업을 위한 지원이 더욱 활발해지기를 기대한다.

나오며

한정추는 2007년부터 지금까지 우수한 한국어 교사 양성, 미국 중·고등학교에 한국어반 개설, 후원금 모금 운동, 한국어 교육자 연수회 개최, 한국문화 교육을 위한 사물놀이 세트 지원, 한국 전통차 소개와 시음회 개최 등 학생들이 한국어를 재미있게 배울 수 있도록 도움을 주는 일 등에 많은 노력을 하였다.

한정추 임원들이 열심히 노력해서 얻은 결실이 드디어 나오는 것 같다. 이 글을 준비하고 있던 어느 날, 뉴저지에 있는 4개의 학교에서 기쁜 소식을 알려 주는 연락이 왔다. 한정추가 처음으로 2010년에 정규 한국어반을 개설한 팰리세이즈파크 고등학교에서 한국어 교사 한 명이 더 필요하니 한정추 임원과 만나자는 연락이었다. 두 번째 소식은 2011년에 한국어반을 개설한 릿지필드 메모리얼 고등학교에서 같은 학군에 있는 초등학교에 한국어반을 만들어 초·중·고등학교에서 모두 한국어를 가르칠 계획을 세웠으니 약간의 지원금이 필요하다는 소식이었다. 한 학군에서 초등학교, 중학교, 고등학교 모두가 한국어반을 만드는 역사적인 놀라운 기적이 일어난 것이다.

그리고 또 다른 소식은 위의 두 고등학교의 한국어반이 잘 운영되어 오는 것을 눈여겨본 뉴저지의 새로운 두 학교가 자체 예산으로 한국어반을 개설한 뒤 한국어 교사가 필요하니 지원해 달라는 연락이었다. 드마레스트 고등학교(Northern Valley Regional High School at Demarest)와 올드타판 고등학교(Northern Valley Regional High School at Old Tappan)는 뉴저지 주에서 가장 우수한 학교로 알려진 학교들이다. 2010년과 2011년에 팰리세이즈파크 고등학교와 릿지필드 메모리얼 고등학교에 한국어반을 개설하기 위하여 2년 동안 두 학교에 10만 달러를 지원했는데, 이제는 한정추와 한국 정부가 지원을 안 해도 미국 고등학교가 자체 예산으로 한국어반을 개설한다는 또 하나의 기적의 소식을 듣게 되었다. 이 소식이야말로 지금까지 한정추의 사업을 꾸준히 도와주신 고마운 동포들께 하루빨리 알려 드리고 싶은 소식이다. 동포들께 감사를 드린다.

김영덕

1958년 서울대학교 토목공학과를 졸업한 후, 1970년 캐나다 웨스턴온타리오대학교(University of Western Ontario)에서 토목공학 박사학위를 취득하였다. 그는 1976년 현대그룹에 입사하여 현대종합기술개발, 현대중공업, 미주 현대종합상사를 거쳐 1997년에 은퇴한 후, 뉴욕-뉴저지 지역에 있는 다양한 단체의 이사 및 이사장직을 수행해 오고 있다. 현재 김영덕은 코리아 소사이어티(The Korea Society) 이사, 코리안아메리칸시민활동연대(Korean American League for Civic Action) 이사, 재외한인사회연구재단 이사장, 미주한국어재단 공동회장 등으로 활발히 활동 중이다.

ydkim0677@gmail.com

이선근

현재 한국문화연구재단 뉴욕한국어교육원에서 원장으로 있으며 미주한국어재단 공동회장으로도 일하고 있다. 1975년 미국에 온 이후, 40년 가까이 오로지 한국어에 대한 사랑으로 한인 2세 및 미국인을 대상으로 한 한국어 교육에 매진해온 그는 미국 고등학교에 한국어를 도입시키는 데에도 앞장서 왔으며, 회화 중심의 차별화된 한국어 교재와 SAT II 한국어 교재 개발에도 참여하였다. 이선근은 연세대학교에서 국어국문학으로 학사 및 석사학위를 취득하고, 1973년에 터키의 앙카라대학교(Ankara University)에서 언어학 박사학위를 받았다.

leeklc@hotmail.com

사과씨

이정진 뉴욕 할렘 데모크라시 프렙 공립학교 교사

사과씨는 사과맛이 나지 않는다.
사과씨는 사과와 닮지 않았다.
하지만
그 씨앗은 분명 사과가 된다.
씨앗이 열매가 되는 논리를 이해해라.

유니타스 브랜드(UnitasBRAND)의 '브랜딩 임계지식 명언' 중

새벽 벨 소리

밤새 얼어붙었던 차가운 벨을 울린다. 학교 빌딩 문 뒤에서는 아직 인기척이 없다. 짧게 다시 한 번 미안한 마음을 담아 벨을 누른다. 두꺼운 이중문 뒤에서 인기척이 나는 듯하다. 편치 않은 표정의 빌딩 관리인이 느릿느릿 몸을 끌고 나와 학교 문을 열어준다. "굿모닝! 하우 아 유" 새벽 6시 반의 이른 시간치고는 너무 밝은 나의 인사말에 관리인도 굿모닝을 어물어물 마지못해 내뱉는다. 지난 5년간 교내에서 제일 먼저 이 못마땅한 표정의 관리인과 눈 맞춰가며 굿모닝을 외쳤던 나. 아무도 모르는 빌딩 관리인의 약점을 알고 있다. 관리인에게 초코파이 한 상자를 건네며 "단 거 좋아하죠? 스태프들하고 나눠 드세요" 하며 한국의 정이 듬뿍 담긴 초코

파이를 건네면 관리인의 얼굴에는 멋쩍은 웃음이 핀다. 이 세상 어디에도 초코파이가 안 통하는 곳은 없는 것 같다. 등에는 배낭 한가득 채점을 마친 학생들의 숙제가, 어깨엔 아침과 점심 도시락이 들어있는 보조가방이 메어져 있다. 터벅터벅 3층까지 가쁜 숨을 내쉬며 계단을 올라간다. "아……. 이제 진짜 운동 좀 해야지. 체력이 너무 달린다." 작심한 지 벌써 5년이 지났지만 매일 되새기는 메아리일 뿐이다. 교사실에 있는 내 책상 앞에 드디어 도착! 밤새 잠들어 있던 교사실 복사기를 깨우고 커피 한 잔을 내려 교사실을 커피 향으로 가득 채운다. 또 이렇게 나의 하루가 시작된다.

나는 한국어 선생님이다. 지금은 한국어과 과장, 리더 유 펠로우(Leader U Fellow) 등의 직책이 선생님이라는 직책 이외에 붙어 있지만, 할렘의 학생들과 학부모들 사이에서 나는 여지없이 한국어 선생님이고 그들의 인생에 예고 없이 끼어든 최초의 동양인이자 오리지널 한국인으로 통한다. 아직 내 수업을 들은 적이 없는 신입생들에게 내 학생들은 "우리 한국 엄마한테 버릇없게 굴지 마!"라며 귀엽게 군기를 잡기도 한다. 그렇다. 난 우리 할렘 학생들에겐 한국 엄마이기도 하다.

이렇게 뉴욕 할렘의 학생들과 내 삶을 나눈 지도 5년째이다. 짧게 생각하면 짧고, 길다고 치면 긴 시간이다. 그동안 난 많은 성장의 아픔을 겪었고, 씨앗에서 싹이 나는 기적도 맛보았으며, 작은 싹 하나가 나무로 성장하는 과정을 지켜보았으며, 열매가 열리는 것 또한 보았다.

나의 새로운 이름: 외국인

난 원래 교사의 길을 가고 있던 사람이 아니었다. 고등학교 학생 시절 연극배우의 열정적인 눈빛에 매료되어 연극 공부를 하고자 드라마 센터나 서울예전으로 더 잘 알려진 서울예술대학교 연극과에 진학하였다. 2년간의 연극 연기 및 연출 공부를 하는 동안 나는 사람의 캐릭터를 분석하고 그들의 표정과 몸짓을 읽는 법을 배웠다. 또한 사람과 사람 사이의 관계의 다이내믹함을 읽고 연출하는 법도 공부하였다. 그러던 중 한국에서는 아직 자리 잡지 않은 무대감독이라는 직책에 대해 알게 되었고, 연극의 메카로 여겨지는 뉴욕으로 유학의 길을 떠났다. 그리고 브로드웨이에 서는 꿈을 꾸며 영화에서 봄 직한 넓은 잔디밭이 있는 캠퍼스에서 외국학생으로서의 생활을 시작하였다.

한국에 있었을 당시 나는 한국인으로서의 정체성에 대해 깊게 생각해볼 기회도 또 그럴 필요도 없었다. 그저 가끔 길에서 마주치는 금발에 파란 눈을 가진 사람을 보며 나와는 다른 외국인으로 인식했을 뿐이었다. 그러나 타국에 발을 내딛음과 동시에 나에게는 외국인, 동양인, 소수민, 한국인이라는 다양한 타이틀이 내 여권과 내 얼굴 그리고 내 이름에 붙여짐을 발견했다.

이름 '이정진' 세 글자를 한번 소개할 때에도 여러 번 반복해야만 상대방이 겨우 그 소리를 비슷하게 흉내낼 수 있었고, 난 내 이름이 그들에게 쉽지 않음에 괜히 미안해하며 그냥 이니셜인 '제이제이(JJ)'로 불러달라곤 하였다. 그다지 여유롭고 긴 시간이 아닌 학부 유학 생활을 하던 당시의 내 목표는 가능하면 가장 짧은 시간 안에 원어민들처럼 영어를 하며 외국인 티가 나지 않게 그들의 생활 방식을 수용하고 내 것으로 만드는 것이었다. 그렇게 유별나게 한국인 티 안 내기를 이를 악물고 해가며 학부 공부를 2년 반 만에 마친 나는 음악과 무용으로 한국에서도 잘 알려진 줄리아드 학교에 전 세계에서 모여든 지원자들을 제치고 당당히 무대감독 인턴으로 취직하였다. 1년간 공연계의 유명한 연출가들, 지휘자, 공연자, 디자이너들과 함께 일을 하면서 개성이 제각각인 사람들을 존중하면서도 같은 방향으로 이끌어가며 대화하는 법을 배웠다. 그렇게 돈으로도 사지 못할 교육을 받으며 브로드웨이로 향하는 꿈에 한발 더 다가가는 듯했다. 하지만 모든 인생이 그러하듯 마음먹은 만큼 꿈을 이루는 것은 쉽지 않았다. 경력을 쌓기 위해 적어도 10년 정도 미국 전역으로 떠돌이 생활을 하며 작품 활동을 해야 하는 공연계의 생리를 알게 되면서 나는 무대감독의 꿈을 접고 시간을 조금 갖기로 하였다. 그리고 얼마 후 새로운 꿈을 안고 대학원 진학을 결심하였다.

인생의 커브길과 교차로

나는 도서관학과에 진학하여 어린이 및 청소년 사서를 해보기로 결정하였다. 학생들에게 좋은 책을 소개하고 그들에게 세상 밖으로 나올 수 있는 문을 책으로 열어주고 싶었다. 대학원 과정 수업의 일환으로 인턴십을 하게 되었는데, 나는 뉴욕 퀸즈 보로에서 아프리카 및 카리비안계 흑인 이민자들이 가장 많이 사는 자메이카(Jamaica)의 중앙도서관 어린이 사서로 일을 시작했다.

도서관에서 일하면서 나는 갓 이민 와서 영어를 한마디도 못하는 이들뿐만 아니라 영어를 이제 막 배우기 시작한 아이들이 영어를 전혀 못 하는 부모님들의 손에 이끌려 도서관에 매일 출퇴근 도장을 찍듯이 오는 것을 보았다. 그 아이들을 위해 좋은 책을 권하는 것 이상으로 무언가를 해주고 싶었다. 그래서 담당자에게 매주 있는 스토리텔링 시간을 내가 맡아보겠다고 제안을 했고, 나의 연극 공부 시절 갈고닦았던 디자인 실력과 연기 경험을 총동원해서 책 한 권을 스토리보드를 이용해서 구연동화로 아이들에게 소개해주었다. 또한 취미 삼아 독학으로 배웠던 만돌린 실력을 발휘해 기타를 치는 다른 사서와 함께 작은 동요 콘서트를 열기도 하였다. 그때 처음 아이들과 부모님들의 눈빛과 입가에 행복이 번지는 것을 보면서 가슴속이 뜨거워지는 것을 느꼈다. 연기를 했을 때나 무대감독으로 공연을 지휘할 때의 나의 가슴은 차가운 계산기였지만, 배움의 기쁨과 행복함을 느끼는 아이들의 눈빛을 마주하자 내 가슴은 뭉클하고 따뜻해졌으며 꽉 차오르는 것 같았다.

그렇게 벅찬 감동을 받고 공공 도서관의 사서로서 새로운 길에 막 발을 내디디려는 순간 갑자기 뉴욕의 경제가 무너졌다. 신입 사서들의 채용이 금지된 것은 물론이거니와 기존의 사서들도 해고되기 일쑤였다. 그렇게 나의 인생은 또다시 커브길로 들어섰다. 그러나 그렇게 끝나버렸다고 생각했던 나눔의 기회가 그 커브길을 돌아 새로운 교차로의 시작점이 될 줄은 몰랐다.

대학원 과정의 마지막 수강 과목이었던 인턴십 수업의 종강 날, 그동안의 인턴십 경험을 발표하는 시간을 가졌다. 제일 마지막 순서로 발표하게 된 나는 아이들과 함께 나눴던 스토리텔링 시간과 콘서트를 가졌던 일화 등을 발표하며 그동안 배운 점을 이야기하였다. 발표가 끝나고 집에 가려고 강의실 문을 나서려는데 누가 내 이름을 불렀다. "제이제이, 너 제이제이 맞지?" 돌아보니 나와 청소년 문학수업을 같이 들었던 스테이시란 백인 학생이었다. "어, 맞는데" 하니, 나보고 9월부터 뭐 하냐고 묻는다. 그래서 직장을 찾고 있는 중이라고 대답하니 "잘됐다. 우리 학교에서 한국어 교사와 도서관 사서를 찾는데 너는 한국인이고 사서니까 딱인 것 같아. 인터뷰를 할 수 있게 학교 인사과로 너의 연락처를 전해줄게"라는 것이다. 깊게 생각해볼 틈도 없이 얼떨결에 나는 "그래, 고마워" 하며 연락처를 넘겨주었다. 우선 직업이 생길 수도 있다는 들뜬 마음에 어디에 있는 학교인지, 한국어를 가르친다는 것이 어떤 것인지 아무 생각 없이 그저 직업을 구할 수도 있겠다는 희망에 안도의 한숨을 쉬었다. 인터뷰 날짜가 잡혔다. 인터넷으로 학교 이름을 검색해보니 학교가 차터스쿨(Charter School)이란다. 할렘에 있다고 한다. 차터스쿨은 일반 공립학교와 뭐가 다른지, 할렘에 가면 총 맞아 죽는 것은 아닌지, 어디서부터 어떻게 준비를 해야 할지 온갖 생각에 머리가 어지러웠다. 후에 자세히 알게 되었지만 차터스쿨은 한국의 대안학교와 유사한 형태의 자율형 공립학교이다.

인터뷰를 준비하며 한국어와 한글에 대해 이런저런 자료를 뒤적이며 처음으로 공부를 해봤다. 한국에선 그저 저절로 말하고, 듣고, 읽고, 쓰기를 했기에 따로 연구를 할 필요도 없었지만, 나의 모국어를 제2외국어인 영어로 누군가에게 가르친다는 것은 전혀 다른 차원의 일이었다. 다행히 휴학 시절 다른 인종의 친구들에게 한글 읽기를 재미 삼아 가르쳐본 적이 있어서 그때 그 친구들의 반응과 질문들을 바탕으로 자료를 준비했다.

할렘에 첫발을 디딘 외국인

　동양인이 가득한 뉴욕의 7번 지하철과는 상반되게 흑인과 라틴계로 가득한 1번 지하철을 타고 맨해튼 135가 역으로 향했다. 할렘으로 향하는 그 지하철 안에서 얼마나 무서워 긴장을 했는지……. 지금껏 한국 사람들하고만 살았던 나의 한국 생활과 백인들과 대부분 함께했던 나의 유학 생활과는 상반되는 그 상황이 적응이 안되었다. 물론 학부 공부를 할 때나 줄리아드에서 인턴 생활을 할 때도 나는 언제나 눈에 띄는 동양 여자였지만 이 지하철 안에서는 물에 섞이지 않는 기름처럼 내가 너무 눈에 띄는 것 같았다. 지하철 안의 그들도 내가 길을 잃고 엉뚱한 곳을 간다고 생각을 했는지 가끔 나를 힐끔거리며 쳐다보았다. 그럴수록 난 아무렇지도 않은 척 여유로운 듯 연기를 했지만 속으로는 사실 진땀을 흘리고 있었다.
　지하철에서 내려서는 어느 출구로 나가야 할지 어리둥절했지만 지나가는 사람에게 말을 걸기도 무서웠다. 무작정 역 밖으로 나와 133가에 있는 학교를 향해 걸었다. 그 많은 다민족이 산다는 맨해튼인데 어쩜 동양인은 단 한 명도 눈에 보이지 않는지……. 온 거리의 시선이 나의 얼굴에 꽂히는 것 같았다. 델리 가게 코너에 서 있던 어떤 아저씨는 내가 앞을 지나가자 "차이니스!"라고 외쳐댔다. 또 다른 이들은 "니하오"라며 어디선가 들어본 인사말을 읊어댄다. 눈도 못 맞추고 저 멀리 시선을 둔 채 빠른 걸음으로 학교 교문으로 쏙 하고 도망치듯 들어갔다.

데모크라시 프렙 공립학교와의 첫 만남

　교문을 지나 학교 안으로 들어가자 이 학교로 나를 초대했던 대학원 친구 스테이시가 나를 맞이했다. 간단히 인사를 하자마자 복도 끝에서 노란 모자를 쓴 한 백인 남자가 다가온다. 스테이시는 그의 이름이 세스 앤드류라고 소개를 하며 이 학교의 설립자라고 했다. 그 노란 모자의 남자는 내게 대뜸 "안녕하세요"라고 한국어로 인사하며 손을 내밀었다. 그렇게 우리의 만남은 이루어졌다. 앤드류 씨는 나에게 본인은 한국에서 9개월간 원어민 교사로 있었는데, 당시에 느꼈던 학생들과 학부모들의 교육에 대한 열기, 교육의 중요성에 대한 사회 전반의 인식과 학생들이 그에게 보여주었던 존경심에 아주 깊은 인상을 받았다고 했다. 그리고 이러한 모습을 본인의 학교에 꼭 반영하리라 다짐한 후 이 세 가지를 모두 적용시켜 학교의 시스템과 커리큘럼을 구축했다고 했다. 이어서 새로 시작할 고등학교에 한국어반을 반드시 개설하고 싶다고 했다.

첫날에 참관한 수업의 모습은 놀랍고 충격적이었다. 유니폼을 단정히 입은 아이들이 깨끗한 교실에서 가지런히 놓인 책상 앞에 앉아 진지하게 수업을 듣고 있었다. 아마 나는 무의식중에 영화에서 종종 그려지는 미국 고등학교의 무섭거나 너무 자유롭다 못해 버릇없는 '고딩'들의 모습을 상상하고 있었던 것 같다. 그러나 그런 장면들은 이 할렘의 학교에서 찾아볼 수 없었다. 나를 초대했던 스테이시의 수업은 빛이 났다. 밝게 웃어가며 때론 엄격한 표정과 눈빛 하나로 아이들이 필기를 하게 하고, 수업 중에 손을 들어가며 참여하도록 하던 그 모습을 잊을 수가 없었다. 참관 이후 스테이시와 이런저런 대화를 나누고 채용담당자란 사람이 시범수업에 대해 이메일을 보내주겠노라고 했다. 그때까지도 난 스테이시가 한국어 교사 채용을 담당하는 사람이자 나에게 1년 동안 교사 훈련을 시켜줄 상관일 것이라고는 상상도 못 했다. 난 그저 같이 수업을 들은 대학원 동창이자 이 할렘에서 내가 아는 유일한 사람이라고 생각했는데, 그 친구는 나를 대학원 때부터 눈여겨보고 있었던 것이었다.

이제 나는 시범수업을 준비해야 했다. 열심히 작성한 첫 학습지도안과 수업 자료들을 스테이시에게 보내 피드백을 받고, 보내준 피드백을 수용해서 다시 보내는 등 적극적으로 준비했다. 수업 참관 당시 스테이시가 어떻게 아이들을 다루며 수업을 이끌어 나갔는지 하나하나 떠올려가며 공연 연습을 하는 것처럼 수업 시간에 할 말들을 일일이 다 적고 대사 외우듯 외웠다. 목소리 톤과 볼륨 그리고 얼굴 표정과 몸동작까지 거울을 보고 시간을 재가며 계속해서 연습하였다.

드디어 시범수업 날이 왔다. 칠판에 오늘의 수업 내용을 적고 컴퓨터를 프로젝터에 연결한 뒤 잠시 떨리는 마음을 진정시키기 위해 앉았다. 돌이켜보면, 그때만 해도 나는 내 앞에 어떤 미래가 펼쳐질지 전혀 상상도 못하고 있었다. 아이들은 처음으로 동양 여자를 가까이에서 보자 설렘과 호기심으로 가득 찬 눈을 하고 들어와 자리에 앉았다. 난 무대에서 배운 기억대로 호흡을 고르게 하고 시선을 교실 뒤쪽의 학생들에게서부터 천천히 아주 천천히 앞쪽으로 옮겨가며 아이들과 눈을 맞췄다. 그리고 차분히 가라앉았지만 자신감 있는 톤으로 첫마디를 건넸다. "Hello, my name is Jungjin Lee and you can call me Ms. Lee(안녕하세요. 내 이름은 이정진이에요)." 그렇게 시작한 시범수업을 무사히 잘 마치고 집에 돌아와 수업 시간에 아이들로부터 걷은 미니 퀴즈 결과를 분석해 스테이시에게 이메일을 보냈다. 수업 후 스테이시와 앤드류 씨로부터 받은 피드백을 바탕으로 내 나름대로 수업을 분석한 소감도 이메일에 포함시켰다. 결과에 상관없이 끝까지 최선을 다하고 싶었고, 나름대로 배운 점도 많았지만 더 많은 것을 배우고 싶은 생각이 강했기 때문이었다. 적극적으로 배우려 하고 잘 하려고 노력하는 모습이 좋게 보였는지 나는 곧 정식 교사로 채용되었다.

한국인, 그 달콤 씁쓸한 명찰을 달다

외국인이자 유일한 동양인으로서 할렘에 있는 학교에서 낯선 한국이란 나라의 언어와 문화를 가르치기 시작했다. 새로 시작한 고등학교 9학년 전체 90명 정도의 학생들이 학교의 유일한 외국어 과목으로서 매일 한국어를 배우게 되었다. 첫 한 달간은 아이들도 호기심에, 때로는 다른 과목 선생님들에게 혼이 나지 않기 위해

조심조심 수업을 잘 들어주었다. 그러나 약 한 달간의 흔히들 허니문 기간이라 불리는 이 시기가 지나자 나에 대한 친절한 호기심은 사라지고 나의 한국식 억양, 완벽하지 않은 영어, 작은 눈의 동양인 얼굴만이 아이들에게 남은 듯했다. 아이들은 수업 시간에 간혹 실수로, 때로는 의도적으로 동양인을 비하하는 말을 내뱉거나 나를 무시하는 표정을 지어 보이며 나를 간간이 얼어붙게 하기 시작했다. 이 14살의 아이들이 32살의 나를 아주 작고 어리석은 존재로 느끼게 하는 것이 너무 속상하고 수치스럽기도 했다. 어떤 학생은 내가 영어 단어를 잘못 발음하자 그 틀린 발음을 수업 중에 흉내 내며 모든 아이들 앞에서 공개적으로 망신을 주기도 하고, 어떤 학생들은 자신들의 양쪽 눈을 손가락 끝으로 가늘고 길게 쭉 잡아당겨 동양인의 작은 눈을 비하하는 행동을 하기도 했다. 중국인들을 우스꽝스럽게 비하하는 코미디 영화에서나 나오는 음악을 내가 지나갈 때마다 흥얼거리기도 하고 심지어 대학 때 영어 과목을 패스하긴 했냐며 비아냥거리는 아이들도 있었다.

학교 측은 그럴 때마다 내 편에 서서 아이들을 훈계하고 때론 징계를 내리기도 하였다. 서로에 대한 존중과 존경이 이 학교가 추구하는 모토 중의 하나이기 때문이다. 하지만 아이들로부터 받은 내 마음의 상처, 가끔씩 터져오는 이민자로서의 삶에 대한 서러움, 동료 교사들에게도 다 털어내지 못한 내 마음속의 슬픔이 한꺼번에 밀려올 때면 교사 화장실로 달려가 홀로 소리 없는 눈물을 흘린 적이 한두 번이 아니다.

아이들이 이렇게 행동하는 이유는 중학교에서 이제 막 올라와 덜 성숙한 어린 아이들이기 때문만이 아니라 선택권이 전혀 없이 들어본 적도 없을 뿐만 아니라 써먹을 데도 없어 보이는 한국어를 강제로 배워야 한다는 사실에 대한 저항이기도 했다. 아무리 여러 민족이 섞여 사는 미국이라 하지만 사실은 퀼트의 다양한 조각들처럼 각자 자신들의 민족집단별로 따로 모여 사는 모습을 쉽게 볼 수 있다.

할렘은 흑인들이 주로 모여 사는 곳인데, 그곳에 있는 동양인(특히 중국 또는 한국인)들은 주로 흑인 커뮤니티를 상대로 세탁소나 식당 등을 운영하고 있다. 그러나 이러한 소규모 비즈니스를 통해 돈을 벌면서도 정작 지역 흑인들과는 교류를 거의 하지 않아 할렘에서는 동양인에 대한 인식이 긍정적인 편이 아니다. 그런데 상대적으로 배우기도 쉽고 생활에 유용한 스페인어는 안 가르치고 난데없이 작은 동양인 여자가 나타나 영 쓸모없을 것 같은 한국어를 가르친다고 하니 밀어내기 작전에 들어간 것이다. 게다가 당시 내 머릿속을 가득 메웠던 한국인으로서의 정체성에 대한 고민이 내 얼굴에, 표정에, 목소리에 아무리 아닌 척 꾸며서 연기하려 해도 수업을 할 때면 그대로 스며 나왔기 때문일 것이다. 마음속으로 진심으로 한국어를 사랑하고 자랑스러워하며 가르치는 것과 마치 그런 체하며 거짓으로 가르치는 것은 천지 차이이기 때문이다. 그런 나의 내적 갈등과 아이들의 여러 심적인 불만은 아이들과 내 사이를 멀어지게 했지만 나는 끈질기게 버티기로 마음을 먹었다. 그동안 나름대로 근성과 끈기라고 하면 이름을 날렸던 나였기에 포기하지 않고 끈질기게 그들과 전쟁 아닌 전쟁을 한 것이다.

그렇게 눈물과 아픔의 한 해를 마무리할 무렵, 절반 정도의 학생들의 마음을 얻은 듯했다. 또한 내 개인적으로도 아이들을 가르치기 위해 한국의 문화와 전통을 공부하고 외국인의 시각으로 이를 바라보니 처음으로 한국이란 나라를 객관적이고 총체적인 시각으로 바라볼 수 있었고, 한국의 전통, 예술, 문화와 사랑에 빠질 수 있는 계기가 되었다. 한국이란 나라에 대해 설명하는 나의 수업은 더 이상 겉도는 지식이 아닌 내 심장 깊은 곳에서 우러나오는 진정한 외침이 되어가고 있었다. 아이들도 이런 나의 진심 어린 한국 문화에 대한 사랑을 느끼자 그에 대한 호기심과 부러움을 가지기 시작하였다. 그렇게 난 한국인으로서의 확고한 정체성을 할렘이란 낯선 곳에서 아이들을 통해 배웠으며, 외국인으로서 돌처럼 딱딱한 현실에 뿌리 내리는 고통을 통해 정신적 강인함을 얻었다.

2년 차의 기적, 할렘과 내 마음에 봄이 찾아오다

여태껏 지내왔던 어떤 시간들보다도 힘들었고 많이 울었던 신규 교사로서의 첫해 신고식을 호되게 마치고, 방학 동안 나는 나의 모든 지식과 경험을 총동원해서 2년 차 전쟁의 전략을 짜기 시작했다. 전쟁을 다시 해야 한다면 승리의 전쟁을 하리라 마음을 다잡았다. 1년간 가르쳤던 커리큘럼을 다듬고 첫 2주간은 한국어가 아닌 사회에서 필요한 서로에 대한 존중과 배려, 한국이란 나라에 대한 기본 역사와 지리, 한국에 대한 최근의 정보들을 토대로 전반적으로 '남과 나'에 대한 이해심과 배려심을 갖게 하는 수업을 기초 단원으로 새로 만들었다. 또한 2주 동안 서로 지켜야 할 수업 내 예의와 규율을 토론과 대화를 통해 본인들의 입으로 그 중요성을 말하게끔 하는 수업을 준비했다. 마지막으로 한국어를 배워야 하는 이유와 그 장점을 마치 세일즈맨이 열심히 마케팅 자료를 만들듯 여러 논문과 연구자료를 토대로 준비해 거울을 보며 계속해서 연습하고 또 연습했다.

1년간 눈물과 상처를 비료 삼아 자란 2년 차의 새싹은 단단했고, 난 다시 더 빠르고 힘차게 달릴 준비를 했다. 이렇게 업그레이드를 한 커리큘럼과 내 마음가짐을 알아차려서인지 아니면 많은 선생님들이 할렘에서의 교사 생활이 힘들어 1년을 마치고는 다시 돌아오지 않는데 내가 돌아오자 나에 대한 신뢰감이 쌓여서인지 나를 대하는 학생들의 눈빛은 훨씬 부드러워졌다. 새로 들어온 신입생들의 눈은 호기심에 반짝거렸으며, 이제 그들에게 한국어 억양이 섞인 나의 영어 발음은 웃음거리가 아닌 쿨한 재미로 다가감을 느낄 수 있었다.

그렇게 조금씩 숨통이 트일 것 같았던 할렘에서의 두 번째 해를 보내던 중 새로 채용된 10학년 한국어 선생님이 개인 신상의 문제로 학기 중에 갑자기 그만두게 되었다. 이렇게 되면 첫해에 한국어를 배웠던 아이들이 갑자기 한국어 수업을 듣지 못하게 될 수도 있는 것이었다. 무엇보다도 외국어는 1주일만 손을 놓아도 배운 것을 금방 잊어버리기 쉬운데, 이대로 6개월을 방치하면 한국어 프로그램의 생존 자

2014년 12학년 학생들과 '한국 문학과 문화' 수업에서 비빔밥 체험 수업을 하는 모습

체가 위태로워지는 상황이었다. 이러한 사실을 누구보다도 잘 알기에 나는 무리를 해서라도 두 학년의 한국어 수업을 모두 끌어안기로 결심하였다. 그렇게 난 전교생의 한국어 수업을 도맡아 하게 된 것이다. 새로운 선생님을 찾아보려고도 노력했지만 영어와 한국어를 모두 능숙하게 하는 인재를 찾는 것이 쉽지 않아 할 수 없이 그 해를 나 혼자 마무리할 수밖에 없었다.

모든 수업을 감당한다는 것이 체력적으로는 물론 정신적으로도 많이 힘들었지만 아이들과의 생활만은 이전에 비해 덜 힘들었다. 아이들은 어려운 환경 속에서도 자신들을 버리지 않은 나에게 도리어 마음을 열어주었다. 나를 엄마라고 따르는 아이들도 있었고, 내가 소개한 한국 드라마들을 보고 말을 걸어오는 학생들도 생겨났다. 학부모님들 중에는 집에서 아이들이 하도 학교에서 배워온 한국어를 써대서 정신이 없다면서 웃으시는 분들도 생겨났고, 가끔 만나면 "안녕하세요"라며 자식들에게서 배워온 한국어 표현들을 쓰며 반가워하시는 분들도 생겼다. 본인들 가게에 오는 한국인 손님들에게나 한국인들이 운영하는 가게에 일부러 자신의 아이를 보내 한국어로 인사해보라고 했다고 자랑하는 분들도 늘어났다. 교실에선 나랑 눈도 안 마주치고 아주 차갑게 구는 학생들도 학교 밖에선 스페인어를 배우는 다른 학교 친구들에게 자신은 한국어를 배우는데 아주 쉽고 재미있다고 자랑을 늘어놓더라는 말을 부모님들을 통해서 전해 듣자니 눈물이 핑 돌았다. '내가 뿌렸던 눈물의 씨앗들이 비록 내 눈에 보이진 않았지만 좋은 땅 속에 들어가서 나름대로 자라고 있었구나'라는 생각이 들었다.

눈물의 사과씨가 사과나무가 되어 과실을 맺다

그렇게 지나간 5년간의 시간 속에는 많은 성장이 있었다. 현재 내가 몸담고 있는 고등학교는 9학년부터 12학년까지 약 350명의 학생들이 4년 동안 매일 한국어를 배우고 있다. 교실 곳곳에는 한국 대학교들의 이름이 붙어있고, 한국어 선생님들도 이제 네 명의 풀타임 선생님들이 팀을 이루어 한국어과를 이루었다. 한국 전통 무용과 K-pop 댄스 팀도 결성되었고 시조 클럽도 만들어졌다. 태권도 또한 시작하였고, 여러 장학 프로그램을 통해 15명 정도의 학생들이 한국에 약 3주 동안 연수를 다녀오기도 했다.

작년엔 학교의 첫 한국 수학여행으로 37명의 학생들이 한국을 방문하여 일반 가정집에서 홈스테이도 하며 많은 것을 경험하고 돌아왔다. 그 여파로 인해 신입 학생들은 자기들은 언제 한국에 갈 수 있느냐고, 학교에서 말썽꾸러기로 유명한 학생들은 올해는 꼭 착실하게 잘 할 테니 한국 여행 리스트에 꼭 올려달라고 졸라대기도 한다. 학생들 사이에선 전날 본 한국 드라마 에피소드를 늘어놓으며 장근석이나 이민호가 나오는 다른 드라마를 추천해 달라는 아이들과 최신 K-pop 그룹들을 모두 섭렵하고 H.O.T 등 90년대 인기 그룹까지 찾아 듣는 K-pop 마니아들까지 생겨났다.

올해부터는 고등학교가 하나 더 생겨서 새로 합류한 선생님이 110명의 신입생 아이들에게 한국어를 매일 가르치고 있다. 고등학교뿐만 아니라 중학교들과 초등

2013년 6월 뉴욕의 할렘에 있는 아폴로 극장에서 데모크라시 프렙 공립학교 첫 졸업식을 위해 오신 반기문 유엔 사무총장님과 기념촬영을 하다. (좌측부터) 허영재 선생님(11학년 한국어) / 크리스티나 로 선생님(10학년 한국어) / 나 / 세스 앤드류 씨(데모크라시 프렙 창시자 / 전 총괄교장) / 반기문 유엔 사무총장님 / 케이티 더피(현 총괄교장) / 라나 잭(앤드류씨의 아내 / ABC 방송국 기자) / 앤드류 씨의 장모님 / 스테이시 오툴(대학원 동창 / 나의 첫 학교 상관) / 이승화 씨(데모크라시 프렙 전 한국프로그램 코디네이터, 현 데모크라시 프렙의 인터내셔널 프로그램 매니저)

학교까지 한국문화 교육을 위해 태권도와 한국 무용 수업이 들어가고 있다. 이제 학부모님들과 동료 교사들, 학생들, 그리고 학교의 다양한 행정 담당자들은 모두 한국 프로그램이 일개 언어 수업이 아닌 총체적인 프로그램이고, 이 학교 DNA의 본체이자 다른 학교들과 차별화할 수 있는 중요한 열쇠 중에 하나임을 알고 있다.

    매년 한국의 밤 행사를 통해 학생, 학부모, 동료 교사들에게 한국의 문화를 학생들의 춤, 노래, 각종 공연과 한국 음식을 통해 나름대로 열심히 알려왔다. 2014년 5월엔 꿈을 더 크게 가지고 '134가 한국 길거리 축제'를 열어 할렘 주민들과 데모크라시 프렙 네트워크 안의 모든 학교들에게 한국의 총체적인 문화를 공유할 계획이다. 처음 할렘에 발을 붙였을 땐 주눅이 들고 무서워서 사람들과 눈도 못 마주치고 걷던 그 거리에서 이젠 당당하게 눈 마주치며 그들과 웃으며 활보하고 그들과 한바탕 잔치를 벌일 생각에 몹시 마음이 설렌다.

    이렇게 우연치 않은 운명으로 할렘이란 곳에 한국이라는 사과 씨앗을 심었고 눈물과 땀으로 물을 주었다. 5년 동안의 햇살과 비와 바람 그리고 눈을 맞아가며 자란 이 씨앗은 어느새 사과나무가 되어 스스로 사과 열매를 맺고 있다. 5년 전 그 씨앗은 모양도 냄새도 맛도 사과 같지 않았고 그 모습에서 사과나무 또한 상상할 수도 없었지만 사과나무 숲이 담겨 있었던 것은 틀림없다. 앞으로 많은 시간이 흘러서 이 할렘뿐만이 아닌 뉴욕과 미국 전역에 이 사과씨가 뿌려지고 거대한 사과나무 숲이 되도록 난 오늘도 어김없이 새벽 6시 반에 차가운 겨울 공기를 들이마시며 새벽 벨을 울린다.

이정진

2009년부터 뉴욕 할렘 데모크라시 프렙 공립학교에서 한국어를 가르쳐 오고 있으며, 현재는 한국어과 과장으로서 유치원부터 12학년까지의 한국어 및 한국문화 수업 커리큘럼 개발을 총괄하고 있다. 서울에서 태어나 서울예술대학에서 연극을 전공하고 미국으로 와 롱아일랜드대학교(C.W. Post, Long Island University)에서 공연 창작 디자인을 공부해 미술 학사학위를 취득, 줄리아드 학교(The Juilliard School for Professional Stage Management)에서 무대감독으로 인턴 생활을 하기도 했다. 이후 어린이 문해교육에도 관심을 가지고 뉴욕시립대학교 퀸즈칼리지(Queens College of the CUNY)에서 도서관학 석사학위를 받았다.

jlee@democracyprep.org

허드슨 강을 건넌 한국어

황정숙 팰리세이즈파크 고교 한국어 교사, 뉴저지 사랑한국학교 교감

이야기 하나: 민들레의 고향

볕이 따사롭고 바람이 서늘해서인지 이른 아침부터 막내가 내 손을 잡아끌면서 밖에 나가자고 야단이다. 몇 해 전, 한국에서 사 온 예쁜 포메라니안 강아지도 덕분에 신이 나서 따라나선다. 모처럼 쉬는 날, 뭘 해도 예쁜 우리 집 공주 덕에 나도 오랜만에 여유를 부리며 뒷마당을 거닐어 본다. 오랜만의 한가로운 여유가 낯설지만 반갑다. 회사 일로 바쁜 남편이 정원을 자주 손질하지 못한 덕에, 올해 우리 뒷마당에는 유난히 민들레 꽃이 많이 피었다. 조용히 내려앉아 민들레 꽃 한 송이에 시선을 옮긴다. 투박한 내 손등 위에 어디서 날아온 꽃씨인지 모를 작은 씨앗 하나가 하얀 솜털에 싸여 조용히 내려앉는다. 곧 그의 영토를 갖고 뿌리내려 노란 민들레로 피어날 작은 꽃씨 하나가 손등을 간질인다. 어디에선가 뿌리내려 피어나야 할 꽃씨이기에 조용히 한 번 움켜쥐었다가는 고운 미소와 함께 바람에 실려 보낸다. 미국으로 온 후, 나는 사랑하는 할머니를 하늘나라로 보내드렸고, 몇 해 뒤 아버지까지 보내드려야 했다. 지병으로 고생하시다 고향 선산에 묻히신 두 분을 향한 그리움은 해가 갈수록 짙어만 간다.

올해로 미국에 온 지도 20여 년이 넘어간다. 열병을 앓듯 심했던 고국에 대한 그리움과 향수가 이제는 제법 나아졌다. 하지만 아직도 진한 색의 꽃들을 보거나 사

각거리는 낙엽을 밟을 때마다 향수병이 도지고 마는 것은 나도 어찌할 수가 없다. 그러면서도 어느새 하나의 민들레 꽃씨처럼 이 영토 위에 조용히 내려앉아 뿌리를 내리고 있는 자신을 본다. 그리고 다시 날아가야 할 나의 씨앗을 키우며 더 단단한 뿌리내림을 하고 있는 중년의 여인을 만난다.

이야기 둘: 낯선 나라의 이방인

나는 사범대학에서 외국어로서의 한국어 교육을 전공한 후, 한국의 중학교와 대학교에서 국어를 가르치다가 남편을 따라 23년 전에 미국으로 들어왔다. 그래서인지 그 이후로 지금까지 줄곧 주립대학이나 고등학교나 주말 한국학교에서 23년이 넘도록 한국어를 가르치는 일만 하고 있다. 처음에는 나보다 뿌리내림이 더 오랜 그들 앞에서 이방인 같은 어설픈 몸짓으로 서야 했다. 한인 2세 학생에게는 고국을 알게 해주려고 땀을 흘렸고, 외국 학생에게는 자랑스러운 우리 조국의 진면모를 보여주려고 노력했다.

1992년 결혼을 하고 미국에 들어와 중부 뉴저지 홈델(Holmdel)이라는 동네에서 시댁 식구들과 함께 고된 이민자의 생활에 동참하는 삶을 시작했다. 모든 것이 낯설기만 하고 두렵기만 했다. 한국에서는 스무 살 무렵부터 한국어 교사였음에도 불구하고 이곳에서는 미국 교사 자격증이 없었기에 정식 한국어 교사의 기회를 놓치곤 하였다. 그러던 중 1999년부터 대학에서 한국어를 가르칠 기회가 주어졌다. 그리고 10년 가까이 일하고 있던 2008년에 미동부 '한국어정규과목추진회'의 이사진으로부터 연락을 받았다. 그 당시 내가 일하고 있던 뉴저지 럿거스 주립대학의 외국어교육 과정에서 2년을 더 공부하고 정규학교 한국어 교사 자격증을 받아보라는 제안이었다. 정규 외국어 과목으로 한국어반을 신설해주기로 약속한 고등학교들이 있는데 모두 미국에서 자격증을 취득한 한국어 교사를 원했기 때문이었다. 그래서 온 가족과 의논을 한 후, 며느리와 어머니와 아내라는 이름표를 잠시 옆으로 밀어놓고 겁도 없이 마흔이 넘은 늦깎이 대학생 명찰을 달고 뒤늦은 공부를 시작했다.

이야기 셋: 마흔 넘은 대학생의 추억

　　2008년, 뉴욕과 뉴저지에서 뽑힌 다섯 명의 교사가 한국어정규과목추진회의 장학금을 받아 한국어 교원 양성 프로그램 공부를 시작하게 되었다. 나를 제외한 세 명의 교사는 뉴욕에서 수학이나 영어 등의 다른 과목을 가르치고 있던 한인 교사였고, 다른 한 명의 교사는 ESL 과목을 준비하는 교사였다. 감사하게도 나는 한국에서 공부했던 한국어 전공 학사와 석사 과정 학점을 모두 인정받아 학점 이수가 훨씬 쉬웠다. 모두 33학점 이상을 이수해야 했는데 나는 16학점 정도만 더 취득하고 관련 시험을 본 후에 과정을 마칠 수 있었다. 우리는 여름 방학에 열린 미국교육방법론 강좌도 듣고, 겨울 방학에 외국어교육 개설 강좌도 들었다. 또한, 여름에는 한국의 이화여대 기숙사에 머물면서 대학원 과정의 '외국어로서의 한국어 교육' 수업을 들어 학점을 취득해 오기도 했다. 외국의 공립학교 한국어 교육 교사를 위한 이화여대의 특별 혜택과 장학금도 받을 수 있었다. 다방면의 지원과 후원을 받으며 부지런히 공부하니 2년도 채 되기 전에 우리는 모든 과정을 마칠 수 있었다. 모두가 현직 교사이거나 대학원생이거나 강사였기 때문에 낮에는 각자의 학교 일을 하고 저녁에는 수업을 들으면서 힘겨운 과정을 이수해야 했다. 때로는 제대로 식사를 할 시간이 없어 차 안에서 간단히 샌드위치를 먹고, 야간 수업을 마치고 10시가 넘은 시간에 빈 강의실에 모여 스낵을 나누어 먹기도 한 그 시간들이 어느덧 그리운 추억이 되어 버렸다. 차가 막히는 날엔 뉴욕에서 2시간이 넘게 운전을 해서 수업에 오는 선생님도 있었는데, 그런 와중에도 함께 공부하는 우리의 시장기를 달래주기 위해 맛있는 떡볶이와 오뎅을 사 오시곤 하셨다. "우리 선생님들, 힘드시지요? 자 이거 맛있게 먹고 우리 힘냅시다!" 추운 날엔 뜨거운 커피를 함께 하고, 더운 날엔 시원한 팥빙수를 함께 나누면서 우리는 서로 힘을 불어넣어 주고 격려하고 다독이며 그 길을 함께 걸었다. 그때는 한국어가 정규 교과과정으로 편성된 학교가 뉴저지에 없던 터라 교생실습 대신에 특별(Alternate Route) 교사 프로그램 수업 240시간을 따로 더 공부하고 종신 한국어 교사 자격증을 받았다.

이야기 넷: 미국 뉴저지 정규학교에 한국어반 개설

마침내 2010년 3월에 나는 뉴저지에서 처음으로 정규학교 한국어 교사 자격증을 발부받고, 5월에 팰리세이즈파크(Palisades Park)* 교육감 및 교육위원회와 인터뷰를 하게 되었다. 일이 순조롭게 진행되어 바로 그해 9월 첫 주부터 팰리세이즈파크 고등학교의 한국어 교사로 일하게 되었다. 한국 정부 및 뉴욕과 뉴저지 한인사회의 물질적 후원과 지원 속에서 이 모든 일이 가능할 수 있었음에 감사하는 마음이다. 해마다 한국어반 운영을 위한 기금모금 만찬과 후원 행사가 있었는데 기대 이상으로 많은 기업인과 독지가와 한인들이 물질과 마음을 함께 나누어 주었다. 그래서 개설 첫해와 둘째 해에는 한국 정부와 한인사회의 물질적 후원으로 한국어반이 성공적으로 운영될 수 있었다. 그리고 계약대로 2012년 세 번째 해부터는 팰팍 교육국에서 한국어반을 지속하도록 공식 허락하면서 한국어반 운영과 교사 채용에 관한 모든 일을 맡았다. 교육감 및 교장과 교감 등 학교 측의 한국어반 지원도 적극적이었다.

---

* 미국 뉴저지주 동북부 버겐(Bergen) 카운티에 속한 자치시로, 흔히 줄여서 '팰팍'이라고도 부른다. 브로드 애비뉴(Broad Ave.)를 중심으로 한인타운이 형성되어 있으며, 전체 인구 중 한인의 비율이 약 52%(2010년 미국 센서스 기준)로 미국에서 가장 높은 곳이다.

이야기 다섯: 팰리세이즈파크 고등학교 한국어반 수업

많은 우여곡절과 감동 속에서 나는 미국 고등학교 교단에 섰고, 그 사이 달력은 벌써 다섯 해를 넘기고 있다. 3년의 모든 평가 과정을 마치고 4년째로 접어들면서 종신 한국어 교사로 일하게 되었다. 어쩌면 그렇게 힘들게 얻은 한국어 교육의 현장이었기에 남다른 애착으로 열심히 뛰었는지도 모른다. 한국 정부와 한인사회의 은혜와 기대에 보답해야 한다는 심적 부담과 사명감이 컸던 것은 사실이었지만 주위 분들의 도움으로 그리 힘들지 않게 이 일을 감당할 수 있었다. 내게 허락된 축복이었다.

2010년 9월, 고등학교에서의 첫 한국어 수업은 10년간의 주립대학에서의 한국어 지도 경력이나 20년간의 토요 한국학교에서의 지도 경력을 비웃기라도 하듯 나를 겸손케 하였다. 여러 민족으로 구성된 다양한 수준의 학생이 한국어반을 찾았다. 물론 각 학생의 수준도 달랐지만, 나이도 달랐고, 학습 태도도 달랐고, 학습 동기도 달랐다. 그러나 한국어를 잘하는 학생과 전혀 못 하는 학생으로 팀을 이루어 공부하는 방법을 시도해보니 나름대로 효과가 있었다. 매일 방과 후에 학교 도서관에 남아서 잘 따라오지 못하는 학생을 따로 지도하는 것도 큰 효과를 보았다.

이미 수강신청이 끝난 여름방학에 한국어반 신설이 결정된 터라 첫해에는 대부분의 학생이 이미 신청한 다른 과목을 바꾸면서 한국어를 들어야 하는 어려움이 있었다. 그럼에도 불구하고 30여 명의 학생이 한국어를 듣겠다고 내 교실을 찾았다. 그리고 1년 후 2011년에는 90여 명의 학생이 한국어반에 등록했고, 2012년에는 110명의 학생이 한국어반을 찾았다. 그리고 2013년과 2014년에는 120여 명의 학생이 한국어반에서 공부하고 있다. 첫해 3개 반이었던 한국어반이 다음 해에는 5개 반으로, 그리고 가을에는 8학년을 위한 Korean 8th 2개 반, 9학년부터 12학년을 위한 Korean 1, Korean 2, Korean 3, Korean 4의 총 6개 반으로 늘었다. 학교 측의 협조와 학생들의 호응으로 긍정적인 성과를 얻을 수 있었다.

이야기 여섯: 한국어반 행사와 문화 수업 활동

지난 5년 동안 나는 학생들이 한국어에 더욱 흥미를 갖게 하고자 수업 커리큘럼에 한국문화 체험 프로그램을 넣어 김밥 만들기와 호떡 만들기, 붓글씨 배우기, 전통 민화 그리기, 나전칠기 만들기, 사물놀이 배우기 수업 등을 하며 미국 고등학생들에게 한국의 다양한 문화를 알렸다. 또한, 떡국 만들기, 녹차 마시기, 부채 만들기, 윷놀이, 제기차기, 투호 등의 전통 민속놀이 배우기, 추석 대잔치 행사, 태권도 배우기, K-pop 소개 등을 시도하면서 한국어반 학생들과 소중한 우리의 것들을 나누어 보려고 밤을 새워 행사를 계획하기도 했다.

첫해 설날에는 한국어반 학생들에게 손수 떡국을 끓여주고 싶어서 8시간 우려낸 육수를 두 솥 가득 만들어 가서 직접 30명 학생에게 떡국을 나눠주었고, 불고기와 잡채도 만들어 갔다. 새벽 3시에 일어나 30인분의 떡국 떡을 삶고 서로 달라붙지 않도록 살짝 기름까지 발라갔다. 우리 팰리세이즈파크 고등학교 한인 학부모님의 도움도 많았다. 한번은 근처 한국 마켓의 후원을 받으며 한국 음식 현장 체험의 장도 계획해 보았다. 또한, 한 후원자의 도움으로 'Beautiful Korea'란 주제로 전교생을 대상으로 티셔츠 디자인 공모전을 개최해서 입상자에게는 아이패드를 선물하

나전칠기 목걸이 만들기
체험을 하고 있는 학생들,
2012년

고 한국어반 티셔츠를 만들어 모든 한국어반 학생들과 교사들에게 나누어 주기도 했다. 또한, 한국어 시 낭송 대회 및 한국 시/수필 쓰기 경연 대회 등도 실시해 우수 학생들에게는 상품과 소정의 장학금을 주었다. 이 밖에, 한국 정부(뉴욕한국교육원)의 지원을 받아 오랫동안 한국어반에 머물며 열심히 공부한 12학년 학생들을 위한 한국어반 장학금도 전달했다.

한글날 기념 한국어 글짓기 대회는 미동부한인문인협회의 도움으로 가능했다. 학기 중간에는 뉴욕의 한복 박물관으로 현장학습을 다녀오기도 했고, 뉴욕의 한국 식당에 가서 다양한 한국 음식을 직접 주문해 먹어보기도 하고, 모 식당의 주선으로 김치 담그기와 만두 만들기 체험을 해보는 시간도 가졌다. 또한, 두 차례에 걸쳐 뉴욕의 코리아 소사이어티*를 방문해 다양한 문화체험 시간을 가지기도 했다. 모든 한국어반 학생이 한국의 전통 탈을 만들어 알록달록 색칠도 한 뒤, 그 탈을 쓰고 봉산탈춤 강사로부터 탈춤을 배워보기도 했다. 투호와 제기차기 등 한국의 전통놀이도 직접 현장에서 익혀 재미있게 해보는 시간도 가졌으며, '6·25 이후 한국 사진전'을 관람하기도 했다. 또한, 한국의 전통 민화도 직접 그리고 색칠해 보는 시간도 가졌다. 작년에는 뉴욕한국문화원의 도움으로 재료와 예술 강사의 전폭적인 지원을 받아 한국어반 학생들과 전통 나전칠기를 만들어 보기도 하였다. 이러한 기회는 학생과 동료 교사에게 자연스럽게 우리의 전통문화를 알리고 나누는 소중한 시간이 되었다.

---

* 코리아 소사이어티(The Korea Society)는 1957년 창설된 뉴욕에 본부를 둔 비영리 단체로, 한·미 상호 간의 이해 및 협력 증진을 목표로 양국의 정책, 기업, 경제, 교육, 예술 등과 관련된 다양한 프로그램을 진행해오고 있다.

한국 음식점과 코리아 소사이어티에서의 현장학습, 2013년

이야기 일곱: 외국어로서의 한국어 수업

우리 집 2층의 서재는 온갖 한국어 교재와 한국어 학습 CD, 낱말 카드, 한글 자모 차트, 포스터, 게임보드 등으로 발 디딜 틈이 없다. 그래도 새로운 한국어 학습 도구 사재기를 계속한다. 학교에서 돌아올 아이들을 기다리며 간식을 만들어 주는 시간도 행복하고 베란다에 나가 차 한잔을 하는 여유의 시간도 소중하지만, 초라한 서재에 들어와 학생들의 얼굴을 떠올리며 수업을 준비할 때 내 마음은 그 어느 때보다도 엄숙해진다. '내일은 어떤 게임을 미래시제 문형 수업과 연결해볼까?', '제대로 따라오지 못하는 에릭에게는 어떤 방법으로 지도하면 더 효과적일까?', '한국어가 알렌한테 정말 그렇게 어려운 언어인가?' 등의 생각을 하면서 우리 집 아이의 학업보다 그네들의 학업에 더 열의를 보이면서 긴 한숨 섞인 염려를 하곤 한다. 그러다가 갑자기 좋은 생각이라도 나면 늦은 밤에 가게에 나가 학습 자료로 쓸 만한 소재를 구해 오기도 한다. 큰 결심을 하고 한국어반에 스스로 문을 두드리고 찾아온 고마운 학생들인 만큼, 진정한 보람을 얻고 돌아가게 해주고 싶고, 수업을 통해 그네들의 영혼과도 교통하고 싶은 마음이다. '언어'는 결국 삶을 나누는 것이 아닌

가, '언어'는 문화를 함께 익히면서 상대와 마음을 나누는 것이 아닌가! 그러기 위해서는 솔직한 나를 먼저 보이며 진솔함을 나누어야 하는지도 모른다. 그러나 그게 그리 쉽지 않기에 오늘도 깊은 고민을 한다. 오늘도 목이 곧음으로 '나는 교사, 너희는 학생일 뿐이다'라는 관념을 부수려고 내 안의 나와 치열한 싸움을 벌이고 있다. 엄숙한 자세로 독대를 하고 있다.

사랑해 달라며 일부러 반항적인 행동으로 시선을 끄는 아이들, 여기저기 상처받았다며 고집스레 시비를 거는 아이들, 험한 욕을 입에 담고도 부끄러운 줄 모르는 아이들, 귀한 집의 귀한 몸이니 함부로 대하지 말라 거드름을 피우는 아이들, 모든 행실이 바르기에 마냥 정이 가는 각양각색의 아이들을 만난다. 어떤 학생은 다른 외국어 과목에는 흥미가 없어서 그냥 외국어를 바꾸어 본다는 편한 마음으로 오는 학생도 있다. 다양한 개성의 아이들을 만나면서 어느 날은 푸근한 상담자가 되어 주기도 하고, 때론 눈물 많은 엄마가 되어 주기도 하고, 어느 날은 친한 친구가 되어 주거나 엄한 스승이 되어 주기도 한다. 그러다가도 어떤 때는 모두 실패한 능력 없는 교사로 지친 모습을 보이기도 한다. 밤새 준비한 많은 수업 활동 자료들을 펼쳐 보이지도 못한 채 그냥 안고 교실을 나오며 자신의 무능함을 탓하며 눈물 글썽이던 날이 얼마나 많았는지 모른다. 학생들의 무례함에 수업 후 화장실로 달려가 남몰래 눈물을 훔친 날은 또 얼마나 많았던가! 그러면서 나는 나 자신을 위로하는 방법을 배워갔다. '괜찮아, 괜찮아……'

그러면서도 매 학기 나는 애틋한 마음, 안타까운 마음을 노래에 싣고 시에 실어 온몸으로 전하려 애썼다. 이곳 미국에서 자라나는 우리 씨앗들에게 우리의 말과 글을 통해 고향의 내음을 맡게 하고 싶어 했고, 맘껏 뛰어놀 마음속 고향을 만들어 주고 싶었다. 바다 건너 우리 고국의 흙 내음을 잊지 않게 하고 싶었고 뿌리내림을 가르치고 싶었다. 한국 학생이든 외국 학생이든 한국어반을 찾은 아이들에게 백색의 한이 담긴 정서까지도 가르치고 싶었다. 오래전에 선대로부터 이미 많은 것을 받았

뉴욕 한복 박물관에서의
현장학습, 2012년

기에, 다음 세대에 전해야 한다는 빚진 자의 심정으로 오늘도 나는 그 빚 갚기를 계속하고 있다.

이야기 여덟: 한국어를 배우는 고마운 학생들

한국어 학습 현장에서 만난 학생 중에는 한국 문화를 전혀 접해 보지 못한 외국 학생도 많다. 한류 문화의 영향과 높아져 가는 한국의 위상 덕에 외국인의 한국어에 관한 관심이 고조되고 있다. 지금은 아시아권 학생뿐만 아니라 세계의 다양한 민족들이 한국어에 관심을 갖고 한국어 수업을 찾아 들어온다. 가족 간의 의사소통이나 친구와의 의사소통이 목적인 학생도 많다. 우리 학교는 한인 상가가 많은 지역에 있다. 지역사회에 자연스럽게 노출된 한국어는 이들한테는 흥미로운 나라의 언어임이 틀림없다. 한국어를 배우고 나서 바로 한인타운으로 나가 간판을 읽어보기도 하고, 한국 음식을 주문해 먹기도 하며 한국어가 참 재미있다고 하는 외국 학생도 많다. 또한, 배우면 배울수록 어려운 언어라고 중도에 포기하는 학생도 더러 있어 마음이 아프기도 하다. 반면, 학생 중에는 부모님의 도움 속에서 벌써 꽤 많은 우리 내음 속에 젖어 있는 한국 아이들도 많다. 지역의 한국학교에 다니면서 한국어를 익혀서 제법 쓰기와 읽기를 잘하는 학생들도 많다. 자녀들의 미래를 내다보시고 한국어 교육에 열정을 가지고 수고하신 부모님들이 맺으신 아름다운 열매들이 아닐 수 없다. 그들의 한국 사람다움이 얼마나 반갑고 고마운지 모른다.

해가 갈수록 미국에 사는 한국인으로서 미국에서의 한국어 교육에 대한 자부심이 생겨나기 시작한다. 오히려 이국에 와서 진정한 애국자가 되는 것 같다. 다방면에서 급성장하는 우리 대한민국에 대한 자부심과 과학적 언어인 한국어에 대한 자긍심은 오늘도 내 어깨를 당당하게 해 주고 내 목소리에 힘을 불어넣게 하고 있다. '자랑스럽다, 우리 조국 대한민국!'

이야기 아홉: 허드슨 강은 흐른다

나는 내일도 여전히 멈추지 않고 한국어를 가르치는 강단이라는 이국의 잔디밭 위에서 부지런한 발돋움을 시도할 것이다. 그리고 한국어를 통한 뿌리내림을 위해 여전히 학생들 앞에 다시 일어나 우뚝 설 것이다. 우둔한 욕심일지 모르지만, 늘 어가는 나이와 상관없이 이전보다 더 총명한 눈빛으로 아이들과 교통할 수 있었으면 좋겠고, 온몸으로 우리의 것을 전해줄 수 있었으면 좋겠다. 언어를 통해 그들의 마음까지도 얻어보리라 다짐을 한다. 오늘도 서재에 꽂힌 다양한 한국어 관련 책을 꺼내 책장을 넘기며 두근거림으로 새 학기를 준비하고 있다. 더 많이 준비하고 배워서 조금 더 한국어를 잘 가르치고 깨우치는 선생이 되자고 혼잣말을 되뇌면서 말이다.

그리 많은 사람과 걷는 길이 아닌 외로운 길을 걷다 보니 고단한 것도 사실이다. 그러나 혼자가 아님을 나는 안다. 우리 한국의 말과 얼을 전하고자 애쓰는 수많은 이들이 오늘도 땀을 흘리고 있음을 본다. 이국땅이지만 정치권에서도 그 땀은 흐르고, 공교육 기관에서도, 지역사회에서도 뜨거운 한국 사랑의 열정은 계속된다. 그래서 오늘도 나는 책을 덮지 않고 허드슨 강 너머의 한국어 뿌리내림을 위해 여전히 힘겨운 몇 편의 시를 읊조린다. 이전보다 조금 더 큰 소리에 마음을 담아 읊조려 보려 한다. 고국이 아닌 이국 만 리에 날아와 조용히 내려앉아 씨앗을 틔우고 꽃을 피운 우리의 샛별들, 우리의 민들레 꽃들. 그들이 머무는 영토는 한국이 아닌 낯선 땅인지는 모르지만, 모습은 여전히 노란 색깔의 민들레여야 하기에 오늘도 그들을 하얀 솜털에 싸보려고 살포시 두 손을 모아본다.

황정숙

현재 뉴저지 팰리세이즈파크 고등학교에서 한국어 교사로, 뉴저지 사랑한 국학교의 교감으로 근무해오고 있으며, 이전에는 약 10년 간 뉴저지 럿거스 주립대학교 한국어학과에서 한국어를 가르쳤다. 이밖에, 미주 초·중·고 한국어 교사협의회(KLTA) 임원, 한국어 교재 『맞춤한국어 1·2』 현지(미주지역) 집필진, 미주 한국어진흥재단 SAT 한국어 뉴저지 강사, 미주 한국어정규과목추진회 간사 및 위원 등을 역임한 바 있다. 황정숙은 상명대학교 국어교육과 및 동 대학원 국어국문학과를 졸업하고 1992년에 미국에 왔으며, 오랫동안 수필가로도 활동해왔다.

jeongcho7@gmail.com

황정숙 선생님 학생 소감문

My Korean class

Megan Fong 팰리세이즈파크 고등학교 학생

When I first signed up for the Korean language class, I have to admit, I was pretty nervous and a bit hesitant to start the curriculum. Not only was this a new and exciting language to be learning but there was the meeting of a new teacher. All these questions were flowing through my head as I walked to Korean class on the first day of school. Once I saw the teacher and saw how she greeted me, warmly and kindly, these questions disappeared.

Mrs. Cho (Jeongsook Hwang) is honestly one of the most hard working and enthusiastic teachers I have ever met. She would start the day knowing what she wanted to teach us and made it fun. Using modern textbooks and workbooks, with subjects that students our age can relate to, made learning Korean much more accommodating and interesting. Mrs. Cho is always prepared to teach the class, whether it may be vocabulary or cultural difference, everything always seemed fascinating because she speaks with enthusiasm.

Another way Mrs. Cho makes the class improve on our learning skills is to drive us through our competitive sides. To test our vocabulary, she would usually put students to compete with one another by saying a vocabulary word and tries to see who is the fastest at spelling and writing the meaning. Mrs. Cho incorporates the other students by letting them keep tally of the score and checking the spelling. She would drive our creative side by asking to draw what the class liked and can relate to. When the class was learning about homes and furniture, Mrs. Cho assigned us to draw our house and label everything we learned in the picture. Many of the students were excited to complete that assignment.

Mrs. Cho really takes teaching into a new exciting way. She works hard and spends a lot of her time painstakingly getting Korean culture icons to come to our school and teach us about the culture. Through that, we learned the traditional drums and instruments and many songs. We also learned to paint tigers on parchment paper with traditional brushes and paint. We made kimbap, which is Korean sushi. When Korean New Years was near, Mrs. Cho passionately taught us the New Year's Day traditions and greetings and food. She spent the whole night cooking delicious food for the class to eat the next day.

Korean class is sincerely fun because of what we learned and who taught us. Mrs. Cho would always delightfully tell us that she is always after school if we ever needed help. Whenever the students walk through the halls, they would see many pictures and projects the Korean class did. I would always hear how jealous they were and regretful that they did not sign up for the class. This and the whole year made me thankful and proud to be in Korean class.

I love Korea!

Michelle Axelsson 팰리세이즈파크 고등학교 학생

From a young age I have been raised, and surrounded in a Korean cultural environment. The town in which I live is comprised of many Korean people, and the presence of the Korean culture, social, and business activities are very prevalent. I was fortunate enough to be able to make many friends who are Korean, thus allowing me to become even more acquainted with Korean customs. My reason for taking Korean language class would be because of my fascination for this remarkable and enthralling culture.

I have always been captivated by Korean drama and pop music, therefore giving me the motivation for wanting to learn the language. It has always been my dream to one day go to Korea, and watch a live concert of any Korean group. I took Korean class in order to be able to appreciate, and enjoy Korean music on a deeper level; because by knowing the language I am able to value it even more.

I have always wanted to be able to talk to my Korean friends in their native language. The way they speak and interact with one another is very intriguing; by watching their relationships it persuaded me to want to learn the language, so that one day I will be able to join in on their conversations. Another reason for taking this course was because of my plans for the future. I aspire to one day study Asian Culture or become a translator, in order to do so it is imperative to know at least three languages. Therefore, I thought by taking this course it would be not only a wonderful experience, but a perfect learning opportunity to broaden my knowledge on Asian cultures and languages.

I was very fortunate to be able to participate in the first ever Korean class formed in Palisades Park High School. This class has taught me so much about the Korean language and culture. Ms. Cho, the Korean language teacher, has gone to great lengths to allow my fellow classmates and I to experience a little bit of the culture. I learned what a Hanbok (한복) is as well as how and when to wear it. I also learned how to make kimbap (김밥), and was given the chance to eat many appetizing foods such as bulgogi (불고기), Duk Gook (떡국), and even Pajeon (파전). I am now able to read Korean adequately, and understand the language to a certain extent. This experience has greatly impacted my life, and this class has inspired me to study East Asian languages during my college years.

Everything from Korean food, clothing, and customs has always mesmerized me. It has always been a significant part in my life, and though I may not be Korean it is part of my culture as well. It is because of my amazement and love for this culture that I took part in Korean Class, and I am incredibly grateful to be able to learn about such a magnificent culture.

한국어는 나의 긍지

이정혜 동서국제학교 한국어 교사

나의 한국어반 수업은 이렇게 시작한다. 1주일간 반의 대표를 맡는 한 학생이 교실 앞으로 나와 어눌한 목소리로 "일어나세요"라고 말하면 부산스레 움직이던 학생들이 멈추고 책상 옆에 선다. 앞에 나온 학생은 다음 말은 잊은 채 무안해하며 가만히 서있다. 앞자리에 앉은 한 아이가 "차렷" 하고 속삭여주니까 그제야 "차렷", "경례" 하고 구령을 부른다. 곧이어 "안녕하세요? 선생님" 하며 학급 전체가 고개 숙여 인사를 한다. 나도 답으로 "여러분, 안녕하세요? 앉으세요"라고 되도록 또박또박 천천히 말해준다. 이렇게 지극히 간단한 인사조차 비한국계 학생들과 하려면 쉽지 않다.

이민 초창기, 그리고 갑작스런 사업 실패

1982년 3월 25일 남편과 3살 갓 넘긴 딸아이와 함께 뉴욕으로 왔다. 오자마자 퀸즈의 포레스트 힐스(Forest Hills)에 있는 비교적 넓은 투 베드룸 아파트에서 시부모님과 생활을 시작했다. '아무려나 한국에서 대학을 마쳤는데, 무엇이라도 하면 되겠지. 주어진 환경에서 최선을 다하면 될 거야. 어느 정도 기반을 잡은 후엔 공부를 좀 해 보는 것도 괜찮겠지. 남들은 유학도 오는데⋯⋯.'라는 생각을 하게 된 것은 친정아버지의 영향이 컸다고 생각한다. 학구적이고 진취적이셨던 아버지께서는 나에게 "너는 젊으니 좀 더 넓은 세상에서 살아보라"고 말씀하시곤 하셨다.

시동생은 대학교에 다니면서 델리 그로서리 가게에서 파트타임으로 일하고 있었다. 시동생이 주선하여 자신이 다니던 가게를 시아버님과 합자하여 인수했다. 나는 한 달 동안 속성으로 물건 이름과 가격을 외운 후 가게를 운영하기 시작했다. 가족이 경영하는 델리 가게가 다 그렇듯이 새벽 6시 전에 식구가 함께 집을 나서서 밤 10시가 넘어서 돌아오곤 했다. 가게가 흑인 지역인 퀸즈의 자메이카(Jamaica)에 있다 보니 긴장되는 일이 많았다. 나는 계산대와 금전출납부 관리를 담당했다. 몸으로 하는 일에 익숙지 않아서인지 저녁이면 다리가 저릿저릿 아팠고, 한국이 그리워서 친정 부모에게 전화를 하게 되면 목이 메고 눈물이 나왔다. 가게에서 일하는데 영어는 그다지 어렵지 않았다. 이화여자대학에서 영어영문학을 전공했고, 졸업한 후에는 외국 회사에서 잠시 일했다. 한국에서 홍콩상하이은행(HSBC) 대표사무실에서 지점장 비서로 잠시 일했고, 스위스 수출입 회사 한국지점에서 일했던 경험이 있어서인지 의사소통하는 데 별 어려움은 없었다. 그래도 매일 틈틈이 미국 일간지를 읽으면서 현장 영어를 배우려고 노력했다. 모든 것이 신기했고, 미래에 대한 기대감에 차 있었다.

그 후에 자메이카 가게를 팔고, 롱아일랜드 지역 헌팅턴 쇼핑몰에 비교적 큰 가게를 부동산 중개인으로부터 소개받아 인수했다. 그러나 그 가게를 속아서 산 것이 드러났고, 석 달 만에 포기하고 나와야 했다. 주인이 마피아 졸개인 것과 실제 소유주는 우리만 빼고 웬만한 사람은 다 아는 마피아 보스인 것도 알게 되었다. 가게를 인수하고 보니 매상을 속인 것은 물론, 알지도 못하는 벌금 고지서가 봇물 터지듯 날아들었다. 전 주인이 불법행위를 상습적으로 일삼는 무시무시한 범죄자이니 속았다고 항의할 수도 없었고, 소송할 수는 더더욱 없었다. 자칫 잘못하다가는 신변이 위험할 수도 있었다. 설상가상으로 수출입 회사에 다녔던 남편이 "델리 그로서리를 운영해 봐서 뭐 좀 알고 있나 했는데, 도와주기는커녕 망해 놓았다"며 나를 원망했다. 남편만 바라보고 미국행을 단행했던 나는 정말로 견딜 수 없이 가슴이 쓰라리고 아팠다. '한국으로 가 버릴까?' 하고 생각도 했지만 실패한 모습으로 돌아가고 싶지는 않았다. "불이 났다고 생각하렴. 몸만 건강하면 되지"라고 하시는 시어머님의 말씀으로 다소 위로를 받으며 막막한 마음을 달랬다. 시부모님께서 분가를 원하셔서 우리 가족은 퀸즈 서니사이드(Sunnyside)에 있는 아파트로 이사를 나왔다. 취직자리를 알아보니 외환은행 브로드웨이 지점에서 나오라고 해서 수출입을 담당하는 직원으로 채용되었다. 직장을 다니던 중에 동료 후배의 인도로 교회에 나가게 되었다. 나의 사정을 알게 된 목사님과 사모님께서 상담과 기도로 많이 위로해주셨다. 몇 년 후 그 교회에서 예수님을 영접하고 세례 교인이 되었다. '하나님께서 나를 당신의 자녀로 삼으시려고, 또 우리 가족을 구원해 주시려고 극단적인 방법을 쓰셨구나! 내버려 두면 절대 하나님 앞으로 나갈 사람이 아니니까. 한순간에 거두어 가시는 하나님께서 물질을 잘 감당할 수 있는 그릇이 되면 다시 주실 수도 있겠다'는 어렴풋한 확신도 생겼다. 얼마가 지난 후, 교회에는 절대로 안 나간다고 버티던 남편이 크리스마스 전날, 온 가족이 함께 교회에 가야 된다고 떼쓰는 딸아이의 손에 이끌려 드디어 발을 들여놓았다. 비록 전 재산을 잃었지만 온 가족이 함께 신앙생활을 시작하게 된 것이 내게는 커다란 위안이 되었다.

커피숍 주인에서 공립학교 영어 교사로

한 3년 동안 다녔던 직장을 그만두고, 브루클린 공장 지역에 있는 조그만 커피숍을 맡았다. 은퇴하는 유대인 형제가 건물을 포함해 커피숍을 팔면서 개인 융자도 해준 덕에 생각지도 않게 건물 주인이 되었다. 커피숍을 운영하던 중에 교회 부속 주말 한국학교에서 교사를 하기 시작했고, 얼마 후에는 담당자가 되었다. 한국어 교수법을 배우고자 재미한국학교 동북부협의회에서 주최하는 교사 연수회에 참석해 한 교사를 만나게 되었는데, 알고 보니 고등학교와 대학 선배였다. 그 선배는 뉴욕 시 공립 고등학교에서 사회 과목 이중언어 교사로 일하고 있었다. 이중언어 교사란 학생들에게 교과목을 영어와 이민자 학생들의 언어를 함께 사용해 가르치는 교사이다. 당시에는 이민 온 한인 학생들의 수가 많았기에 한국어 이중언어반이 있었으나, 점차 이민이 줄면서 한국어 이중언어반도 사라졌다. 그 선배는 한국어도 정규 과목으로 가르치고 있었다. 선배가 재직하는 학교를 비롯하여 다른 공립학교에서도 한국어 수업을 하고 있다는 것은 신선한 충격이었다. 그 선배는 뉴욕한인교사회 초대 회장이었다. 얼마 후에 있을 '공립학교 교사자격 취득 세미나'에 초대를 받아서 가게 되었다. 그 후 뉴욕 주 교육부에 교사 신청서를 제출했더니, 몇 달 후에 임시 교사 자격증이 우편으로 배달되어 왔다. 임시 교사 자격증과 이력서를 많은 공립학교에 보냈더니 일일 대리교사로 오라고 연락이 와서 몇 군데의 학교에서 대리교사를 해보았다.

    그 후 영어구사능력시험 중 하나인 토플(TOEFL) 시험을 준비하여 1994년 9월에 뉴욕대 교육대학원 테솔(TESOL) 석사 과정에 입학했다. 테솔은 외국어로서 영어를 배우는 학습자들을 대상으로 한 영어전문교사 양성과정이다. 공부를 시작하고 한 달이 될 무렵에 퀸즈의 플러싱(Flushing) 고등학교에서 교사로 오라는 연락을 받았다. 믿을 수가 없었다. 한국에서 받은 학사학위밖에 없는 나를 왜 채용한다는 것인지 이해할 수 없었다. 그해 10월에 플러싱 고교에 ESL(English as a Second Language) 교사로 정식 채용되었다. 이곳에서 나는 영어가 모국어가 아닌 학생들에게 제2외국어로서 영어를 가르쳤다. 처음 해보는 일이라 최선을 다해야겠기에, 수업이 끝나면 학교에 남아 다음 날에 필요한 교안을 다 쓰고 나서야 집으로 향했다. 그런데 지금까지도 잊을 수 없는 고마웠던 동료들이 있었다. 이미 써 놓은 1년 치 교안 뭉치를 주면서 참고로 하라고 했다. 그분들의 도움이 없었더라면 첫 1년을 어떻게 통과할 수 있었을까? 교감 선생님께서도 새내기인 나를 도와주고자 함께 교안도 작성해 주시고, 시범 수업도 해 보여 주었다. 그때의 고마웠던 마음을 잊지 않고자 나도 새 교사가 들어오면 서슴없이 내 교안을 건네준다.

그 다음 해에는 플러싱 고교에서 ESL과 한국어 과목을 가르쳤다. 한국에서 온 지 얼마 안 되는 학생들을 만났는데, 그들을 돕는 것은 보람찼다. 한국기독학생클럽(KCF: Korean Christian Fellowship)에도 관여하게 되었다. 교회협의회 소속 청소년센터에서 전도사님 또는 목사님 한 분이 클럽에 파견되어 나왔고, 1주일에 한 번씩 모였다. 대부분 이민 온 지 얼마 안 된 학생들이었는데, 영어로 인해 힘든 학교생활을 믿음으로 이겨내려고 노력하는 모습들이 아름답고 때론 애처롭게 느껴졌다. 졸업 후에도 책방이나 슈퍼마켓에서 일하던 아이들을 우연히 만나면 무척이나 반가웠다. 그 학생들 중엔 전도사, 교사, 엔지니어나 의사가 된 학생들도 있다. 학업, 학교생활, 가정 문제나 친구 간의 갈등으로 한창 고민이 많았을 청소년 시절에 내가 그들에게 조금이나마 위안이 되었길 바란다.

뉴욕대를 다니다가 장학금을 주는 롱아일랜드대학원으로 옮기고 1년 반 만에 과에서 주는 우수성적상을 받고 테솔 석사과정을 졸업했다. 학과장님은 나에게 박사과정을 더 공부하라고 했지만 내 개인 생활과 가족의 희생이 클 것 같아 그만두었다.

뉴욕한인교사회와 함께

나에게 교사가 되는 길을 열어준 뉴욕한인교사회가 고마워서 회원 가입을 하고 열심히 교사회를 도왔다. 이 교사회는 1991년 한인 1세 교사들 몇몇이 주축이 되어 발족되었다. 초기에는 주로 세미나와 개인 상담을 통해 이민자 학부모와 학생들에게 생소한 미국 학교 조직에 대한 각종 정보를 제공하고 그들의 질문에 대답해 주었다. 이 밖에 대학 진학 지침서 및 다수의 공문 등을 한국어로 번역하는 일도 하곤 했다. 이렇게 할 수 있었던 것은 한국으로부터의 이민이 계속되어 한인 재학생이 늘어났을 뿐만 아니라, 교육청으로 근무지를 옮긴 초대 교사회 회장 권현주 박사의

뉴욕한인교사회 한국어 교사 강습회에서(앞줄 오른쪽에서 세 번째가 필자), 2013년 6월 22일

숨은 노력이 컸기 때문이다. 당시 교사회에서 학부모 강좌를 하면 200~300명 정도가 참석했다.

    나는 2004년부터 2006년까지 제8대 회장을 맡았다. 회장 임기 중에 보람을 느낀 일이 몇 가지 있었다. 그중의 하나가 퀸즈 플러싱의 초등학교 32(Public School 32)에 '한·영 이원언어 프로그램(Korean Dual Language Program)'이 개설된 것이다. 한·영 이원언어 프로그램이란 한국어권의 학생과 영어권의 학생이 각각 반씩 한 학급을 이루어서 모든 학과목의 수업을 하되, 하루는 영어로 수업하고, 그 다음 날은 연이어지는 학습 내용을 한국어로 수업하는 학습 모델을 지칭한다. 첫해 한·영 이원언어반 신설에 필요한 정원이 채워지지 않아 무산될 위기에 처하게 되자 교사회는 각종 신문에 인터뷰를 자청하여 거의 매일같이 한·영 이원반에 대한 기사가 실리도록 했지만 그것으로는 부족했다. 교사들이 직접 거리에 나가서 가슴에 띠를 두르고 전단지와 신청서를 나누어 주고, 때로는 신청서를 직접 집으로 갖다 주고 회수해 오기도 하면서, 신설에 필요한 정원 25명을 가까스로 채웠다.

    한국어를 가르칠 교사를 채용하는 문제가 생길 때도 교사회가 종종 힘을 썼다. 브롱스 과학고등학교(The Bronx High School of Science)나 스타이브센트 고등학교

(Stuyvesant High School)에서 하루에 두세 시간만 한국어 수업을 할 교사 자격증을 보유한 파트타임 교사를 구할 때도 도움을 주었다. 교사회의 한국어 분과위원회에서는 교사들의 실력 향상을 위해 한국어 교사 강습회를 1년에 두세 번 열고 있다. 서로에게 도움이 될 만한 발표를 하고 어려운 점도 토로하며 한국어반의 발전을 돕고 있다.

동서국제학학교 한국어반 개설

    2006년 봄에 한국일보 신문기사를 통하여 한국어를 가르치는 공립학교가 신설된다는 소식을 접하게 되었다. 당시 학교 구조조정 정책에 따라 소규모 학교들이 많이 설립되었는데, 동서국제학학교(East-West School of International Studies)도 그중 하나로서 아시아 교육을 특수화한 학교로 인가를 받았다. 당시 나는 1995년부터 4년 간 근무했던 플러싱 고교를 떠나 1998년부터 퀸즈 엘름허스트에 위치한 뉴타운 고등학교(Newtown High School)에서 근무하고 있었다. 이곳에서 ESL 담당 코디네이터라는 자리가 주어졌지만, 동서국제학학교에서 한국어반을 개설한다는 소식을 듣게 되어 한인 1세 교사로서 잘 감당할 수 있으리라 생각하고 전근하기로 마음을 굳혔다.

    동서국제학학교는 퀸즈 플러싱에 있고 중학교와 고등학교가 함께 있다. 각 학년마다 3개의 반이 있으며, ESL학생들과 특수교육 학생들을 합하여 약 640명이 재학하고 있다. 동서국제학학교에서는 모든 학생들이 동아시아 국가 언어를 제 2외국어로 학습해야 하기 때문에 중국어, 일본어, 한국어 중 하나를 반드시 선택해서 배워야만 한다. 이 학교에 다니는 한국인 학생의 수는 극히 적으나, 한국어, 중국어, 일본어를 배우는 학생들은 골고루 분포되어 있다. 그중에서 한국어를 수강하는 학생은 약 150명이며, 아주 소수의 학생을 제외하고는 대부분이 비한국계 학생이다. 7학년 학생은 모두가 한국어를 수강한다. 9학년이 되면 학생들은 외국어 과목 하나를 선택하여 뉴욕 주 리젠트 졸업시험(Regents Examination)을 보는 11학년까지 공부한다. 처음 2년간은 혼자서 한국어 수업을 맡아 했다. 대상 학생이 비한국계라서 수업 방법이 달라야 했다. 나는 ESL을 가르치면서 터득한 학습 방법을 한국어 수업에 접목시키려고 노력했다. 문화 수업에도 많은 비중을 두어 학생들이 한국을 잘 이해하도록 했다.

한국어반의 우여곡절

한국어반이 정착되기까지 수많은 우여곡절이 있었다. 학교가 생긴 지 3년째 되던 해에 갑자기 교장 선생님이 한국어반을 없애야겠다고 했다. 중국어와 일본어만 계속하겠다는 것이었다. 예산 삭감이 이유였으나, 사실은 프로그램을 짜는 데 문제가 많았던 것으로 보인다. 당시 한국어 교사였던 나는 위기감을 느꼈다. 가만히 있으면 한국어반이 폐지될 노릇이니, 이를 막기 위해 무엇이든지 해보아야만 했다. 교사회 고문 및 회원들과 머리를 맞대고 대책 등을 의논하였다. 뉴욕한인교사회 회장을 하면서 쌓았던 인맥 덕분에 뜻있는 한인사회 지도자들을 모아 대책위원회를 조직하였다. 김인자 전 교육위원이 대책위원회 위원장을 맡았다.

지역 정치가와 한인 정치 지망생을 만나서 상황을 설명하고 한국어반이 폐지되지 않도록 후원을 부탁했다. 그 당시 하용화 뉴욕한인회 회장을 비롯하여 몇몇 한인 정치가 지망생들이 개인적으로 혹은 공적으로 학교를 방문해서 강하게 우려를 표명하였다. 그때부터 교장 선생님과 나의 줄다리기가 시작되었다. 교장 선생님의 입장을 듣고 학교의 어려운 점을 이해하면서도, 반감이 들지 않도록 은근히 압박을 주는 전략 등을 구상하였다. 6월 초의 어느 날 저녁, 행사 때 학생들이 입었던 한복을 정리하고 있는데 교장 선생님이 내 교실로 들어왔다. 그리고는 "축하해요, 미세스 리, 오는 9월에도 한국어반을 지속하기로 했답니다"라고 말했다. 솔직히 말하면 그동안 마음고생했던 것에 은근히 화가 나서 고맙다는 말조차 나오지 않았다. 그 이후에도 한차례 조금 이상한 일이 있었다. 2010년 9월, 새 학년을 맞아 학교에 갔더니 일본어와 중국어반은 그대로 있는데, 9학년 한국어반 프로그램이 없어진 것이었다. 한 달 반 만에 다시 개설되긴 했지만, 그때 왜 그런 일이 벌어졌는지에 대해서는 아직도 의문이다.

한국어반에서 낙제는 없어야 해

학교가 설립된 첫해에는 6학년 학생 30명과 9학년 학생 약 30명이 첫 한국어 수업을 했다. 과거 1995년부터 1996년까지 플러싱 고교에서 한국어반을 가르쳤을 때는 대상 학생이 한국에서 이민 온 학생들이어서 마치 한국에서 국어 수업을 하는 분위기였는데, 동서국제학교에서의 수업은 아주 달랐다. 이곳에서는 거의 모든 학생이 비한국계 학생이고, 학년마다 수준이 다를 뿐만 아니라, 때론 주중 수업 횟수도 달라서 하루에 4~5개씩 교안을 써야 하는 일이 다반사이다. 학생 중에는 소수의 ESL 학생도 섞여 있다. 그들은 영어를 배워가는 중인데 한국어까지 배워야 한다. 단순히 영어 설명을 통해서만 한국어를 배우는 것은 매우 어렵기에 아이들에게 손짓과 몸짓, 그림과 동영상을 보여주고 보충 수업도 듣게 한다. 때론 학습 장애가 있는 특수교육 학생도 섞여 있다. 이런 학생들을 위해서는 특별히 한국어를 더욱 쉽고 재미있게 가르치려고 온 힘을 다 기울인다. 아이들이 한국어를 열심히 익혀 한국어반에서만큼은 단 한 명의 낙제생도 나오지 않기를 바라는 마음에서이다.

한국어반이 주목을 받아야 하기에…….

한국어반 교사는 중국어반과 일본어반 교사와 선의의 경쟁을 할 수 밖에 없다. 선호도로 볼 때 다수의 학생들이 일본 문화에 이끌리는 경향이 있고, 중국 정부는 자국어를 세계에 보급하기 위해 대대적인 국가정책을 세워 상당한 금액을 쏟아붓고 있다. 우리 정부도 과거에는 지원이 미약한 편이었지만, 몇 년 전부터는 공립학교를 많이 도와주고 있어서 감사하게 생각하고 있다.

한국어가 학생들에게 매력적으로 다가가기 위해서는 교사가 갑절의 노력을 해야 한다. 요즈음은 K-pop이나 한국 드라마, 영화, 또는 신예 가수나 배우들 덕분에 학생들이 한국어에 관심을 기울인다. 한국어 과목의 인기를 더하기 위해서 다른 외국어반보다 먼저 현장학습을 하고, 명절 때마다 음식을 먹이고, 여름방학 동안에는 한두 명씩 장학생을 뽑아서 한국으로 여름 캠프에 다녀오게 하고, 에세이 콘테스트에 나가서 상도 탈 수 있도록 하면서 한국어반의 내용들이 더욱 풍성해지도록 노력해오고 있다.

한국어를 배우려는 동기부여는 어떻게 하지?

비한국계 학생들이 교실을 떠나면 한국어를 사용할 기회가 거의 없을 것이란 생각에 학생들에게 과제를 내주었다. 주변에 한국인 상점들이 많으니 가서 한국어로 인사를 해보라고 했다. 한 흑인 남학생은 상점에 가서 "안녕하세요?"라고 했는데, 발음이 정확하지 않아서였는지 한국 주인이 전혀 못 알아듣더란다. "안녕하세요?"를 여러 번 반복하고 나서야 주인이 겨우 알아듣고는 반가워하면서 "네 이름이 뭐냐?" 하고 묻더란다. "저는 레이연입니다"라고 하니, 아주 좋아하면서 거저로 탄산음료 한 병을 주더란다. 선량하고 덩치도 꽤 큰 이 남학생은 그때부터 한국어뿐만 아니라, 한국과 사랑에 빠졌다.

어느 날은 머리를 짧게 깎고 나타났는데, 옆머리 부분에 자신의 한국어 이름을 문양처럼 새기곤 나머지 부분을 시원하게 밀고 왔다. 또 본인의 별명을 '까만 별'이라고 짓고, 장래 희망이 한국의 어린이를 위해 노래를 만드는 것이라고 했다. 이 학생은 고등학교를 졸업하고 나서도 가끔씩 학교에 찾아오고 내게 전화나 이메일도 한다. 내가 다니는 교회의 영어예배에 나오기도 했다. 몇 년 전 크리스마스 때는 학교로 찾아와서 예쁘게 포장된 선물을 주고 갔는데, 나중에 보니 한국 화장품 세트였다. '한국인도 아니고 게다가 남학생이 어떻게 한국 화장품을 알고 사 왔을까?'

하는 생각에 신통했고 대견스러웠다.

코리안 퍼레이드는 즐거운 축제 시간

추석 즈음에 맨해튼에서 열리는 코리안 퍼레이드에 동서국제학학교는 개교 이후 단 한 번도 빠짐없이 참석했고, 이제는 학교의 정기 행사로 자리매김했다. 이 행사에는 약 40~50명 정도의 학생들이 참가한다. 큰 태극기를 높이 든 학생과 고운 한복을 차려입은 여학생들이 양쪽에 서고, 나머지 학생들은 작은 태극기와 성조기를 양손에 들고 "안녕하세요?"를 목청껏 외치면서 맨해튼 브로드웨이 애비뉴를 누빈다. 어떤 해에는 독도 캠페인과 여수박람회 홍보에도 참여했다. 정작 한국을 열심히 홍보하는 이들은 외국인이고, 거리에서 지켜보며 환호하는 이들은 한국인이니 재미있는 풍경이다. 퍼레이드가 끝나면 장터에 가서 이것저것 먹어 보고 공예품들을 만져보느라 정신이 없다. 돌아오는 버스 안에서 계속 "이 선생님, 감사합니다!"를 연발하고, 옆자리에 앉은 짝꿍과 사진을 들여다보며 즐거워하는 모습을 보면 한국어를 가르치는 보람을 느낀다. 행사 전후에 준비하는 일들이 만만치는 않지만, 해마다 이 행사를 치르고 나면 한국어반을 선택하는 후보자가 늘기에 사서 하는 고생이다.

한국 음식 만들기는 필수야!

한국 음식을 만들어 먹는 수업은 단연 인기 만점이다. 김밥, 잡채, 만두는 물론이고 해물파전, 불고기, 돼지 삼겹살 구이, 쟁반국수, 냉면, 떡볶이도 단골 메뉴이다. 삼겹살을 구울 때면 냄새 때문에 신경을 무척 쓰고, 가끔은 요리 도중 갑자기 전원이 나가 당황하기도 하고, 덜 익은 떡볶이를 먹게 된 적도 있지만, 모두 추억거리이다. 음식을 먹기 전에는 반드시 "잘 먹겠습니다"라고 하고, 다 먹은 후에는 "잘 먹었습니다"라고 인사하도록 가르친다. 또한 음식은 연장자인 교사부터 먼저 먹어야 한다는 등의 예의범절도 알려준다. "음식을 나누어 먹으면서 정이 든다"는 말이 있듯이, 반에서 맛있는 음식을 만들어 먹으면 교사의 사랑이 느껴지나 보다. 말썽꾸러기 학생이 점잖아지는 때도 바로 이 순간이다.

한국으로 여름 캠프를 보내기 위한 노력

LA에 위치한 한국어진흥재단에서는 미국 정규 중·고등학교 한국어반에 재학 중인 우수한 학생들을 선정해 한국으로 여름 캠프를 보내주는 프로그램이 있다. 뉴욕의 경우에는 뉴욕한국교육원에서 학생들을 선발하고, 장학생으로 선발되지 못하면 자비를 내고 갈 수도 있다. 한국에 다녀온 학생들이 강당에서 전교생을 대상으로 발표를 하고 나면, 일반 학생들의 한국에 대한 관심이 부쩍 늘어난다. 2010년에는 모두 아홉 명이, 2013년에는 여섯 명이 이 여름 캠프에 다녀왔다. 한국어와 한국문화를 배우는 데 있어서 한국에 다녀오는 것만큼 효과적인 것도 없겠지만, 만만치 않은 비용이 늘 문제다. 가정 형편이 넉넉지 않은 학생들이 대부분이라서 온갖 아이디어를 동원하여 기금을 마련해 주는 것도 교사의 몫이다.

2013년에는 임신으로 거동이 불편했던 김경희 교사가 1주일에 한두 번씩 도매상에서 과자와 라면을 사 와 점심시간도 반납한 채 컵라면을 파는 '누들카페'를 열었다. 뜨거운 물을 교실 뒤편에 미리 끓여 놓고, 점심시간 42분 동안에 '누들카페'를 차렸다가 그다음 수업 시간을 위해 교실을 원상 복귀해 놓는 것은 마치 전쟁터를 방불케 했다. '누들카페'를 운영해서 모은 2천 달러와 각종 단체 및 지인들에게 도움을 요청하여 모은 기금은 모두 학생들의 캠프 비용을 보조하는 데 사용했다. 결과적으로 학생들은 항공료만 부담하고 18일 동안 한국 여름 캠프에 다녀온 셈이 되었다. 준비하는 과정에서 해야 할 일도 상당히 많고, 캠프 기간 동안 안전을 비롯하여 막중한 책임이 따르는 일이지만, 학생들이 한국에 대해 애착을 가지게 되는 것을 보면 힘들었던 생각들이 다 사라진다.

한국에서의 여름 캠프,
2013년 7월 6일

한국 여름 캠프에 관한 한 가지 일화가 있다. 2013년에 한 남학생이 캠프에 간다고 신청했는데, 이 학생은 식당에서 파트타임으로 일을 하며 1주일에 100달러 혹은 200달러씩 받은 임금을 모아 캠프 비용을 마련해왔다. '그렇게도 한국에 가고 싶어 하는구나' 하고 기특하게 생각했지만, 한편으로는 학교에서 가끔씩 돌발적인 행동을 하던 학생이라 염려도 되었다. 그러나 캠프를 통해 한국 문화의 영향을 받아서인지 미국에 돌아온 후에는 점잖아지고, 또 학교도 착실히 나오기 시작했다. 그런 그 학생을 지켜본 교장 선생님이 "미세스 리, 무엇을 어떻게 했기에 그 아이가 이렇게 변한 거죠?"라고 물은 것은 한국 문화와 그것을 가르치는 한국어 교사에 대한 간접적 고마움의 표시였으리라.

'한국의 날' 행사에서 애국가를 부르다

2011년 1월 13일 뉴욕에서 '한국의 날'을 기념하여 지역사회 대표자 1천여 명이 맨해튼에 있는 메리어트 호텔에서 모여 큰 연회를 벌였는데, 그때 동서국제학교 학생 10명이 애국가를 불렀다. 나는 학생들이 마이클 블룸버그 당시 뉴욕 시장을 비롯한 귀빈들 앞에서 한국어로 노래를 부른 것에 대해 큰 자부심을 느꼈음을 알 수 있었다. 많은 유명 인사들이 '한국의 날' 축하 연설을 하는 모습을 보며 한국의 위상을 실감하였음도 보았다. 돌아오는 지하철 안에서 경이로운 체험에 대한 얘기를 나누며 어찌나 즐거워하던지, 그들이 참으로 한국을 사랑하게 되기를 바랐다.

한국어반 자랑

지금까지 한국어반 출신 학생들 중에 두 명이나 졸업 연설을 맡았고, 한국어반에서 6년간 공부하고 한국에 장학생으로 다녀왔던 한 여학생은 개교 이후 최초로 아이비리그인 코넬대학교에 입학했다. 2010년 국제국악경연대회에서는 동서국제학교의 학생들이 정선아리랑을 부르고 부채춤을 췄는데, 부채춤은 외국인 부문에서 장려상을 받았다. 2012년에는 한국어진흥재단 주관 전국 K-pop 댄스 경연대회에서 우수상을 받았으며, 한국어반 에세이 콘테스트에서도 해마다 수상했다. 2013년에는 뉴욕한국문화원과 뉴욕한국어교육원이 주최한 외국인 대상 백일장 대회에 나가서 1등 상을 받기도 했다. 현재는 12학년 학생 두 명이 한국으로 유학갈 수 있기를 희망하고 있다.

한국어반이 더욱 풍성해질 수 있도록

동서국제학교의 한국어반은 이렇게 8년간 성장해 나가고 있다. 한국어 교사도 두 명이고, 풍물놀이를 음악 정규 수업으로도 하고 있다. 한국 정부의 지원으로 방과 후 문화 프로그램인 K-pop 댄스 클럽, 동양화 그리기반도 활발하게 진행되고 있다. 그동안 학생들은 뉴욕한국문화원에 방문하여 민화 강좌도 들었고 한국 영화도 보았다. 그 외에도 한양마트, 뉴욕 삼성관, 코리아 소사이어티, 메트로폴리탄 박물관, 맨해튼 코리아 타운 등으로 현장학습도 다녀왔다. 붓글씨 쓰기 실습, 동화구연 감상, 다도 예절 실습과 교내 인형극 공연 감상도 했다. 플러싱 고교 한국어반과 베이사이드 고교 한국어반과 더불어 어린이날 행사 발표도 했다. 본교의 교사들에

플러싱 한양마트에서의
현장학습 모습,
2013년 10월 8일

게 한국을 알리기 위해 교사 강습회도 1년에 두서너 번씩 하고 있다. 대부분은 코리아 소사이어티의 도움을 받아 전문가들을 초청할 수 있었는데, 모두 좋은 강의를 해 주셨다. 음식 실습 강의, 하회 탈춤 강연, 한미 문학 강연도 했고, 조각보 만들기도 해 보았다.

나의 바람

이민 초기에 사업이 뜻대로 되지 않아서 어려움은 겪었지만, 이제 교사로서의 길을 가게 해주신 주님께 감사하며 현재 하고 있는 일에 크게 만족한다. 공부도 더 했고, 배우고 경험한 것을 가지고 미주 한인사회에 조금이나마 기여했다고 생각한다. 앞으로도 나는 한국어를 열심히 가르쳐서 한국을 사랑하고 지원하는 미래 한국파 인사들이 나오기를 기대한다. 그러기 위해 힘이 닿는 대로 미국의 다른 공립학교에 한국어반이 개설되는 데도 노력할 것이다.

이정혜

1973년에 경기여자고등학교를 졸업하고 이화여자대학교에 진학해 영어영문학 학사학위를 취득하였다. 1982년 3월에 미국 뉴욕으로 건너와 이민 초기에는 개인 비즈니스에 종사하다 1994년부터 본격적으로 미 공립학교 교사 생활을 시작했다. 플러싱 고교와 뉴타운 고교를 거쳐 현재 동서국제학학교의 한국어 교사로 재직 중이며, 뉴욕한인교사회 8대 회장, 13대 공동 회장직을 역임했다. 끊임없는 한국어 교육에 대한 열정으로 2012년에는 대한민국 교육과학기술부 해외 한국어 보급 유공자 표창을 받기도 했다.

jounghyerhi@yahoo.com

이정혜 선생님 학생 소감문

The Beauty of Korean Language and Culture

Hasani Arnold 동서국제학교 12학년 학생

Since the 8th grade, I have devoted at least a little bit of time everyday to learning Korean. I began studying Korean because I thought of it as a very unique and interesting language that would also challenge me. The usefulness of the Korean language has exceeded my expectations, and I do not intend to stop studying Korean until I am 100% fluent in the language.

I began learning Korean in 8th grade because I believed the challenge of learning such a difficult language would be very rewarding. This, in conjunction with the fact that I have always had an affinity for the Korean culture, drove my passion for learning the language to an even higher level. When I first began studying Korean, it was extremely difficult for me mainly because the word order was very different from what I was used to in English. However, I was eventually able to overcome this challenge and my Korean then rose to a pretty conversational level. Overcoming this challenge made my affinity for the Korean language grow even more and I knew that Korean was the language for me. During the summer of my 8th grade year, I frequently took trips to the library and studied Korean for hours on end, trying to learn how to pronounce every sound correctly and really immerse myself in the culture.

The most rewarding experience that I have ever experienced whilst learning Korean was using my Korean language skills in order to help an elderly Korean woman and her husband get where they needed to be. It was an average day and I had just gotten off the bus. Suddenly, I was approached by an elderly Korean woman who seemed to need directions, but I could tell that she did not speak any English. When she handed me a small piece of paper, I noticed that there was Hangul written in what seemed to be like her handwriting. As a result, I immediately began speaking Korean to her and she was amazed and overjoyed at the same time. Not only would I now be able to help her and direct her and her husband in the direction that they should go, but she was surprised that a young man such as myself knew how to speak Korean. The lady responded back in Korean, and I was overjoyed that I had understood what she said and that I could now tell her exactly where she should go. This moment was extremely special to me because I know that if I had never started learning Korean, I probably would not have been able to help that elderly Korean woman and her husband on that day.

Similarly, traveling to Korea in the summer of 2013 was one of the most eye-opening experiences of my life. From the moment that I first set foot in Incheon International Airport all the way to my last words in Korea, I truly enjoyed my trip. While I was there, I was able to truly test my Korean language skills with native speakers and gain firsthand experience of how I should speak and adjust to the culture. I truly fell in love with the people there and I want nothing more than to return to Korea one day, possibly for college. There is such a feel in Korea that I believe cannot be replicated anywhere else on the planet.

There are a few reasons that I truly enjoy studying the Korean language and learning more about the Korean culture. One is that I believe there is no culture quite like it, which reinforces my belief that I definitely chose the right language to learn. Also, I feel more connected to this culture than I do to my own, and as a result, I truly appreciate both the Korean language and culture in their most basic states. Learning Korean has definitely been a challenging task, but I do not plan to stop any time soon, and I hope to further my Korean language skills as much as I possibly can.

이정혜 선생님 학생 소감문

Korean Language Learning Experience

Silvia Zhang 동서국제학학교 12학년 학생

Before starting to learn Korean, I always thought that it was a very challenging language and I didn't think that I'd be able to take this challenge. However, after a few lessons in Korean class, I changed my mind. Slowly, I started to discover so many interesting things about this language and its culture. Studying Korean gave me a lot of new opportunities and new experiences during my high school years. For example, I had an opportunity to participate in the annual Korean parade with my class, and it was a very memorable experience. It also helped me to develop new friendships with Korean people and students who are also studying the Korean language. The Korean language has added so much color to my life. It made my high school years much more interesting and kept me motivated. I never gave up in learning, and it made me feel good every time I learned something new. I've always enjoyed watching Korean dramas, but after I started learning the Korean language, I became even more attached to it. One day, I suddenly started to understand the words from Korean dramas. From that moment on, I became even more confident and diligent in my studies.

To be honest, I don't have a specific reason for choosing to study Korean. The

Korean language just became something that I enjoyed learning. I was also offered the opportunity to participate in the Annual Korean Language Writing and Speaking Contest. Fortunately, I won the grand prize in the Writing Contest for Non-Koreans. Through this experience, I made my family and myself proud. It was a very precious experience for me because it acknowledged my ability and effort that I had put in during my years in Korean language class. I also met many new people that had similar experiences as me in their studies of Korean language.

During the summer of 2013, I was offered by my Korean language teacher an opportunity to participate in a trip to Korea, but unfortunately I was unable to go due to my family situation. Watching other students having a good time in Korea made me a bit upset at first, but it kept me motivated to work even harder. I believe that in the future, I'll be able to get back this opportunity that I've lost when I become more prepared.

Learning Korean has helped me so much in life. It also helped me to discover and develop myself. Another thing that makes me thankful for learning the Korean language is that I was able to communicate in person with my role model, a popular celebrity in Korea. I can feel that all the years I spent in Korean language studies were really precious. I'm very glad that my school offers the opportunity for students to learn Korean language because it brings so much joy and new experiences. I'm also very thankful to my teachers who taught me well and were working so diligently in Korean class.

이정혜 선생님 학생 소감문

How Korea Fascinates Me

Vincent Tse 동서국제학학교 12학년 학생

    I began learning Korean in the 8th grade and finished with a 96 on the Korean Regents exam in 11th grade. I don't remember the exact time or date, but I became interested in Korean culture since middle school. I liked Korean music, food, and their way of life. My parents wanted me to learn my own language, Chinese, when I was given the option of Chinese, Korean, and Japanese. But since I really wanted to further my understanding of Korean culture, I decided to learn Korean.

    One of the many things that motivated me to learn Korean is the music and acting entertainment companies in Korea. I always loved listening to musicians like 에일리, 성시경, 백지영, 포맨, and 허각. Other idols I listened to are 방탄소년단, 미쓰에이, 비에이피, and 비스트. Korean music is very catchy and fits my taste. My favorites are the sad songs from 허각. There are so many amazing vocalists in Korea who are unbelievably talented. I hardly listen to American music because I'm always listening to Korean songs. But the problem is that I don't always understand what I'm listening to. Therefore, in order to understand these lyrics of the songs and watch the shows like "Let's Go Dream Team," I had to learn Korean for four years. Although I'm still not nearly close to being perfect in speaking or writing, now I have a better understanding of it. Korean is not easy to learn, but it is also not very difficult. I wish to be able to speak it fluently and to be able to live in Korea without assistance of any sort. Even as I finish college, I'd like to continue my curiosity in Korea. I had crazy thoughts of wanting to be a singer or even an actor in Korea, but that is too far-fetched. For now, I'll be focusing on my education and while I'm doing that, I'll be enhancing my knowledge of Korea through watching dramas and listening to music.

Learning Korean became a big part of my life as I became more involved in its activities. In 2011, I went to the Korean Music Festival that took place in New Jersey. I saw some of my favorite celebrities and it was a great experience. I was always very attentive in my Korean class because I had the eagerness to learn. I always wanted to be able to have conversations easily with fluent Korean speakers. In the summer of 2013, I went to Korea for 3 weeks with a few classmates. I was given the opportunity to join the summer camp with a $300 scholarship and later, a stipend of $1,300 from all sorts of fundraising activities that my two Korean language teachers put themselves in. To this day, I really appreciate my Korean language teachers for making the trip to Korea possible for me. The trip to Korea was an extraordinary experience and it made me realize how much I want to live there. It was my first overseas trip, so I was a bit homesick. Then later, I overcame it and had the best time ever. We ate variety of food like 냉면, 돈까스, and Korean BBQ. We also went to places like Caribbean Bay, Korea Independence Hall, and visited a few high schools. It was a great opportunity to experience how life is like during a vacation for Korean students.

Korean has many aspects in its culture that captivate people's attention. Its language itself even sounds like a song. Going to Korea gave me a wider perspective of how Korea is and how much I'd like to get involved in future opportunities. Most importantly, I want to be able to meet my role models and other great singers and actors I haven't been able to meet. If I could meet people like Ailee and G-Dragon in the future, that would be really great. Korea may be a small place, but their unique qualities like their fashion, music, and food makes Korea stand out. In the near future, I will revisit the beautiful country.

1.5세의 뿌리내리기

황현주 뉴저지 패터슨 르네상스 제일 공립학교 교사, 뉴저지한국학교 교장

거부하고 싶었던 나 그리고 나를 찾아서

    1983년이었다. 존에프케네디 국제공항을 출발해서 앵커리지를 경유, 김포 국제공항으로 향하던 대한항공 여객기가 사할린 상공에서 소련의 전투기에 격추되었다. 비행기에 타고 있던 269명 전원이 사망했다. 소련으로 향하는 전 세계인들의 증오와 분노가 극에 달했다. 모든 미디어는 연일 대한항공 여객기 격추사건을 보도했다. 레이건 대통령을 비롯한 미국의 정치 지도자들이 거의 매일 미디어에 나와서 비무장 민간 여객기를 격추한 소련의 만행을 규탄했다. 한국과 한국인들의 아우성이, 실종 유가족들의 아우성이 뉴스 시간마다 미국 주요 미디어에 등장했다.

    내가 막 대학을 졸업하고 첫 직장에 나갈 때였다. 당시 나는 다인종 사회인 미국에서 살아야 한다는 것을 숙명으로 받아들여야 한다고 마음먹고 있었다. 그래서 이민자, 그것이 무엇인지 이해해야만 한다고 나름대로 진지해지기 시작할 때에 대한항공 격추사건이 터진 것이다. 유엔본부 앞의 함마슐드 광장에 모여서 소련을 규탄하는 한인들의 틈바구니에 나도 모르게 끼이게 되었다. 그곳에 가야 할지 말아야 할지 생각할 틈도 없이 그냥 거기에 내가 있었다. 아, 나는 뉴욕의 한인이었다. 성인으로서 사회생활의 출발선에서 다행스럽게도 나는 '뉴욕의 한인'이란 것을 깨닫게 되었다. 대한항공 여객기 격추사건은 나에게 민족적 정체성이 무엇이고, 내가 분명

히 한 공동체에 속했다는 것을 알려주었다. 부정하고 거부하고 싶을 때가 한두 번이 아니었지만, 그것은 선택이 아니고 숙명적인 것임을 알게 되었다.

　16살 소녀에게 미국으로의 이민은 엄청난 갈등이었다. 새로운 세상에 대한 낯섦, 언어와 문화의 차이로 인한 부자연스러움 정도는 문제가 아니었다. '내가 왜 여기에?'가 해결되지 않은 상태였다. 풍부한 상상력과 예민한 감성을 마음껏 풀어내야만 했던 16살의 나는 서울을 떠나던 바로 그때 그야말로 문학소녀였다. 루이제 린저와 헤르만 헤세의 문학과 철학이 맞닿아 있다는 평론을 이해하기 시작했으며, 톨스토이가 왜 세계적인 문호인지 알 것 같은 가능성의 문턱에 있었다. 전혜린에 푹 빠졌고, 김수영의 시집을 늘 끼고 다닐 정도였으니 미국으로의 이민이 아니었으면 지금 나는 문학을 하고 있을지도 모르겠다. 뉴욕에 도착해서 브루클린의 어느 고등학교에 입학했다. 갑작스럽게 변한 환경으로 인하여 모든 것이 멈추고 말았다. '나'는 모든 것에서 예외였고, 중심에서 변두리로 밀려난 나를 바라보는 것이 힘들었다. 가장 절망적이었던 것은 우리말 문학에서 떨어져 나왔다는 박탈감이었다. 문학에 깊이 빠져있던 나에게 모국어를 떠날 수밖에 없던 상황은 내 눈으로 세상을 막 보려고 할 때의 의식을 뿌리째 뽑아놓고 말았다. 그 당시 내가 제일 견디기 힘들었던 것은 '갓 이민 온 자의 자녀'란 특별한 환경에 적응하는 일이 아니었다. 모국어를 사용할 수 없는 이곳의 현실에서 모국어 문학을 하겠다는 꿈을 접어야 했던 것이었다. 그것은 너무나도 큰 문제이고 서러움이었다. 지금도 생생하게 기억나는 것은 우리말 작품을 어떻게 해서든지 부여잡으려고 애썼던 일이다. 나의 모국어 사랑은 그러한 문학에 대한 꿈과 집착에서 지금까지 유지된다고 해도 틀린 말이 아니다.

　16살의 이민자는 1.5세이다. 그러나 한국에서 태어나 미국에서 교육받은 1.5세 중에 나는 1세에 가깝다. 한국에서 초등학교와 중학교를 마치고 왔으니, 지금 생각하면 이것도 아니고 저것도 아닌 그야말로 삶의 경쟁력에서 가장 불리한 조건이었다. 일반적으로 1.5세들은 영어도 잘하고 한국어도 잘할 거라고 기대하는데, 사실은 그렇지가 않다. 양쪽 다 서툴다는 것이 오히려 더 사실에 가깝다. 이것은 소통에 필요한 '기능적인 언어'에만 국한된 것이 아니다. 모든 생활은 언어로부터 출발하기 때문에 생활에 임하는 자신감 역시 언어에 투영된다. 두 나라의 언어에 모두 능숙하다면, 양쪽 문화권에 자신감이 있기 마련이다. 그런데 소위 1.5세들에게서 공통으로 나타나는 주저함과 망설임은 바로 양쪽 문화권에 익숙하다는 측면보다는 양쪽에 모두 서툴다는 것에 더 가깝다. 미국 초등학교 교사로 만 16년째 봉직하고 있지만, 이런 나에게도 영어는 늘 숙제다. 앞으로도 끝내 그것은 내 인생에서 숙제로 남을 것이 분명하다.

모국어 문학에 대한 나의 식지 않는 열정과 집착은 지금의 나를 2세 한국어 교육으로 이끌었다. 현재 나는 5년째 뉴저지한국학교(The Korean School of New Jersey)의 교장직을 맡아 주말이면 이곳에서 30여 명의 교사들과 350여 명의 학생들과 함께 보내고 있으며, 주중에는 미국 공립학교의 교사로 일하고 있다.

서울에서 대학을 졸업하고 뉴욕으로 온 이민 1세 남자와 결혼한 지 어느덧 30년을 눈앞에 두고 있다. 남편은 시대정신의 역할론으로 '정체성'을 규정하는 반면, 나는 훨씬 더 인간의 본질과 종교성에 가까운 '나는 누구인가?'를 주장한다. 정체성에 관한 논쟁은 이민 1세 남편, 1.5세 아내, 2세 아들이 사는 우리 집에서 언제나 현재진행형이다. 뿌리 뽑혀 옮겨 심긴 이 땅에서 나를 다독이며 살아온 지난 39년. 이제 나를 찾기 위해 더는 흔들리지 않아도 될 것 같다. 나무들이 모여 숲을 이루어 가고 있기 때문이다.

패터슨 공립학교에서 나의 뿌리를 내리다

학부에서 미술을 전공했던 내가 결혼 후 아이를 낳고 기르면서 가장 잘할 수 있다고 생각한 것은 교사였다. 아이가 만으로 3살이 넘어 유아원에 다니기 시작하면서 집에서 가까운 뉴저지의 주립대학에서 교사 과정을 수강하기 시작했다. 먼저 교사 자격 시험을 보고 필요한 과목들을 이수해 나갔다. 그리고 마지막으로 교생실습을 하게 된 곳은 학교에서 정해준 패터슨(Paterson)*이었다. 보통 교생실습은 6개월은 도시 학군(Urban District)에서, 6개월은 교외 학군(Suburban District)에서 하는 것이 보통이다. 그런데 나는 운이 좋게도 누군가의 실수로 신청도 하지 않은 교수-학습 통합(TLC: ProTeaching Learning Collaboration) 프로그램에 이름이 들어가 인터뷰를 거쳐 1년간의 교생실습을 패터슨에서 하고 곧바로 그곳에 취직이 되었다.

처음 교사를 하기로 작정했을 때는 미국의 교육 시스템에 대한 정보가 필요한 한국 학생들이나 학부모들에게 도움을 주고 싶었고, 그래서 한국 학생들이 많은 학군에서 일할 계획이었다. 그러나 패터슨 학교에서 일하면서 나의 도움이 필요한 학생들이 이곳에도 많다는 생각을 하게 되었다. 패터슨에는 초등학교만 30여 개가 넘는다. 처음 근무했던 패터슨 2 공립학교(Paterson Public School 2)에서 가르친 학생들은 다루기는 힘들었지만, 또 그만큼 나에게 많은 보람을 안겨주었다. 나는 이때 미국 교육의 어두운 그늘을 많이 보았고, 또 그곳에서 교장이었던 립탁 박사(Dr. Liptak)를 만나면서 교육자의 참모습에 반해 내가 가야 할 길도 찾게 되었다. 함께 연구하고 배우던 교사연구회(Lesson Study Group) 선생님들과 한국, 일본, 싱가포르의 수학 교과서를 주문해서 영어로 번역도 하고, 참고서도 구입해 한국식 수학 학습법도 익히고 교사들에게 소개하기도 하면서 나는 무척이나 즐거웠고 보람찬 날들을 보냈다. 당시 읽고 쓰기 능력(Literacy)을 가르치기 위해서 아동문학 도서도 추천받아 많이 읽곤 했는데, 그동안 미처 배우지 못했던 그야말로 효과적인 영어 학습 방법도 직접 익히면서 가르쳤다. 그 시기에 공립학교 교사로 경험했던 일들과 학교 시스템

---

* 미국 뉴저지 주의 북동부 퍼세이크(Passaic) 카운티에 속한 자치시로 뉴저지에서 인구가 세 번째로 많은 지역이다.

에 대해 알려주고 싶었던 내용을 모아서 2005년부터 2년 동안 중앙일보에 교단 일기라는 칼럼을 썼다. 신문에 칼럼을 쓰는 것이 쉬운 일은 아니었지만, 왠지 꼭 해야 할 일인 것 같아 열심히 매달렸던 것 같다.

립탁 박사가 패터슨 2 공립학교에서 은퇴한 뒤, 나는 곧 패터슨 르네상스 제일 공립학교(Renaissance One School of Humanities)로 옮겨 근무를 시작하였다. 패터슨 2 공립학교에서 함께 읽고 쓰는 능력 코치(Literacy Coach)로 활동하던 투미 여사(Mrs. Toomey)가 그곳의 교장으로 부임하면서 나를 자신의 학교로 불러주었기 때문이다. 패터슨 르네상스 제일 공립학교는 패터슨 학군에서 가장 작지만, 시험 성적이 우수하여 뉴저지 주의 모범학교(Star School)로 선정된 뉴저지 공립학교이다. 일종의 특수학교 형식을 갖추고 있는 이 학교는 한 학급의 학생 수가 15명 정도이다. 그래서 모든 학생들과 교사들이 한 가족같이 지낸다.

한인들이 많이 사는 버겐 카운티(Bergen County)에서 불과 차로 20분밖에 걸리지 않는 옆 동네임에도 불구하고, 이곳에서는 교사들이나 학생들이 한국에 관해 아는 것이 거의 없다. 학생들이 가끔 나에게 "미세스 김, 차이나타운에 살아요?"라고 물어볼 정도로 한국도 모르고 한국인도 모른다. 그래도 몇 년 전부터 한글을 가르쳐 달라는 학생들이 있어 숫자 세기와 요일을 가르치기 시작했다. 인사법도 가르쳐서 작년 우리 반 학생들은 지금도 나를 보면 "킴썬생님, 안녕하쎄요?" 하고 인사를 한다.

작년부터는 사회(Social Studies) 시간에 뉴저지에 사는 소수민족의 문화를 배우는 시간으로 '한국의 날'을 정해 학습지도안을 만들었다. 한국의 날(Korean Day)에는 내가 만든 잡채와 만두 그리고 불고기 등을 맛보게 하고, 한복 몇 벌을 준비해서 입히고, 한국 노래도 가르치며, 제기차기도 준비해서 학생들과 동료 교사들 모두 체험을 통해 한국을 알아갈 수 있게 한다. 아주 작은 것부터 학생들이 직접 해보며 재미있게 놀이 삼아 한국을 알아가고, 문화를 체험해나갈 수 있게 하는 것이다. 비록 1년에 하루이지만 한국을 보여주는 것이 이곳에서는 곧 나를 보여주는 것이라고 생각한다. 아이들에게는 소중한 경험이 될 것이라 믿으며 한복의 화려함만이라도, 아니 제기차기만이라도 한국 문화로 기억해주기를 바라는 것이다.

늘 함께 점심을 먹는 동료 교사들로부터 아일랜드 혹은 이탈리아 부모들의 생생한 이민 생활 체험담을 들으며 친밀감과 유대감을 느끼기도 하고, 힘든 일이 생기면 서로 걱정하고 도와주며 늘 즐겁게 일을 하고 있다. 그러나 학교 교직원 단체 사진 속에서 확연하게 눈에 띄는 내 모습은 그들 속에서 선명하게 드러나는 점(點) 같다. 이곳에서 나는 흔들리지 않고 선명한 빛을 간직한 점으로 그들과 함께 갈 것이다. 그래서 이 점은 뿌리째 뽑혀 한국으로부터 옮겨 심어진 나무 같은 나 자신이고, 나아가 이제는 이곳 미국에서 뿌리를 잘 내려 열매를 맺어야 할 나 자신인 것이다.

뉴저지한국학교의 1.5세 교장

한인이 많지 않은 동네에서 고등학교 시절을 보내면서 우연히 한인 교회를 가게 된 것이 코리안 아메리칸(Korean American)으로 나를 들여다볼 수 있는 계기가 되었다. 그곳에서 처음으로 한국학교 교사를 했다. 고급반 학생들을 가르치면서 아이들을 이해하기보다는 한국학교에 오기 싫어하는 아이들에게 왜 힘들게 한글을 가르쳐야 하는지 나 자신도 잘 이해하기 어려웠다. 그 당시에는 나도 한국학교에서 정체성 교육을 담당해야 한다는 생각을 못 했던 것 같다. 어깨너머로 한글을 배운 우리 3살배기 아들이 어느 날 남편의 서재에 꽂혀있는 책들을 보며 "어! 우리 집 한국 많다" 하면서 책 제목들을 읽기 시작했다. 그렇게 한국 책들을 읽기 시작하는 것을 보고 더 이상 한국학교는 보내지 않아도 된다고 생각했고, 나도 한국학교 교사직을 그만두었다. 그 후 공립학교 교사로 바쁘게 일하고 아이도 학교에 다니면서 집에서는 되도록 한국어를 사용했기 때문에 아이가 한국어로 의사소통이 잘 되니 꼭 한국학교에 보내야 한다는 생각을 하지 못했다. 그 후 5학년이 된 우리 아이가 한글을 쓰는 순서가 다 틀렸다는 것을 알게 되면서 다시 한국학교를 보내기로 하고, 집에서 가까운 뉴저지한국학교에 아이를 등록시켰다. 그리고 나도 이곳에서 다시 한국학교 교사로 주말에 근무하기 시작하였다.

　뉴저지한국학교는 1980년 초 버겐카운티에 한인들이 이주하기 시작하면서 한국학교의 필요성을 느낀 북부 뉴저지 한인들이 세운 비영리 단체로, 특수 종교 기관이나 단체의 소속이 아닌 순수한 교육기관이어서 많은 한인이 자녀를 보내고 있다. 처음 뉴저지한국학교에 와서 학습지도계획안을 작성하고 또 숙제를 만들면서 수업 전날인 금요일 밤을 꼬박 새운 적이 많았다. 매주 어떤 학습활동을 할까 고민하면서 수업 준비를 했다. 내가 그렇게 열정을 쏟았던 것은 물론 우리 학급의 학생들을 잘 가르치기 위한 것이었지만, 옆에서 함께 열심히 수업 준비를 하는 동료 교사들과 아이들에게 한국어를 가르치기 위해 학교 일에 열정을 가지고 후원해주시던 학부모님들이 있었기 때문에 힘든 줄도 모르고 열심히 했던 것 같다. 당시 치맛바람이 심한 학교라는 이야기를 들을 정도로 학부모님들의 뒷받침이 대단했다. 비록 주말 학교이지만 탄탄하게 운영되고 있는 공동체의 일원인 것이 나에게는 큰 힘이 되었던 것 같다.

　뉴저지한국학교는 한국어 수업뿐만 아니라 1학년부터 8학년까지 한국 문화 수업을 하는 것이 특징이다. 태권도, 한국무용, 한국 동요, 한국화, 문화예술, 사물놀이, 한국역사, 이민사가 선택과목이 아닌 필수과목이다. 꼭두각시 춤을 추고 난(蘭)을 치는 우리 학생들을 보면서 한국에서도 이런 문화 수업은 받기 쉽지 않다고 이야기한 교육원장님 생각이 난다. 뉴저지한국학교는 학교 재정을 담당하고 운영하는 이사회, 학부모를 위한 세미나와 학생들의 행사를 후원하는 학부모회, 그리고 학생들을 가르치고 학교의 교과과정을 담당하는 교사회가 함께 학교를 운영하고 있다. 처음 이곳에서 한국어를 가르치기 시작하면서부터 나는 많은 보람과 즐거움을 느꼈다. 특히, 나와 같은 시기에 이민 온 1.5세 교사와 이사들과 함께한다는 것이 내게는 많은 의미가 있었다. 1.5세의 역할이 1세와 2세 사이에서 가교 역할을 하는 것이라면 한국학교에서의 1.5세의 역할이 너무도 중요하고 가치 있는 것이라는 생각이 들었다.

2010년 학교 이사회에서 교장직을 맡아달라고 했을 때 나는 아직은 1.5세가 맡을 시기가 아니라고 생각했다. 나이와 한국학교 재직 햇수로 봐도 아직은 아니라고 생각한 것이다. 하지만 이사님들의 설득으로 2010년 2월부터 교장을 맡게 되었고, 생각하지도 못했던 여러 난관에 부딪히게 되었다. 역시 내가 우려했던 것처럼 학생들을 가르치는 일과 교사들을 통솔하고 학교를 운영하는 일은 전혀 다른 일이었다. 한국학교는 금요일에는 버겐카운티 클로스터(Closter)에 위치한 테나킬(Tenakill) 중학교를, 토요일에는 근처 테나플라이(Tenafly)의 테나플라이 중학교를 각각 임대하여 수업을 진행하고 있는 탓에 행정에 많은 시간을 할애해야 했고, 30여 명이나 되는 교사들의 수업을 참관하고 평가하는 일도 주말 한국학교에서 하기에는 참 벅찬 일이었다. 2세 부모들을 위해 학교의 모든 공지 사항은 영어와 한국어로 나가야 했고, 성적표도 입문반의 경우 영어와 한글로 제작했다. 또한, 교내 행사뿐만 아니라, 동북부협의회 행사 등 직접 참가해야 했던 행사도 너무 많아 주말이면 너무 피곤했고 일에 지쳐있었던 적이 많았다.

교사들의 학습지도안이나 숙제 또는 성적표를 나는 꽤 꼼꼼히 읽었다. 간혹 맞춤법이 틀린 것을 수정하라고 돌려주면 1.5세 교장의 한국어 실력이 못 미더워 수정하지 않고 우기는 교사도 있어서 속상한 적도 있었다. 이런저런 힘든 일을 거치면서 첫 번째 임기 2년을 무사히 마치고, 2012년 2월 연임을 하게 되었다. 그때부터 내가 하고 싶었던 일들을 하기 시작했다. 우선 개학 당일에만 받던 등록 이외에 약간의 등록금 할인을 해주는 조기 등록제를 도입했는데, 지금은 40% 정도가 조기 등록을 하고 있다. 또한, 한국사의 일부분으로 가르치던 이민사를 정체성 교육의 한 장으로 1년 교육과정으로 특과에 포함시켰다. 뉴저지한국학교의 경우, 다른 종교 기관에서 운영하는 학교들과는 달리 공립학교를 유상으로 임대하고 있는 실정이라 학교 운영비가 많이 들어가는 편이다. 학생들의 등록금만으로 운영해야 하는 어려움이 있지만, 교육의 질을 생각하여 교사의 질을 늘 첫 번째로 생각하고 교사 자격증이나 가르치는 분야의 전문성을 가진 교사들을 채용해오고 있다. 또한, 2012년부터 2013년 6월까지 뉴욕한국교육원에서 지정한 역사시범학교로 선정되어서 전체적인 역사 교육과정을 새로 구성하기 위해 학교에서 자발적으로 역사연구교사회를 만들었다. 정말 힘들었지만 보람된 일이었다. 교사들이 함께 모여서 연구하고 학습하는 일이 재미있었고, 가르치는 즐거움에 배우는 즐거움까지 함께하면서 동지애를 다져나갔다. 그때 함께 연구한 문화 수업과 역사 수업 자료들을 '뉴저지 한글방'이라는 인터넷 카페에 올리고 저녁에는 카페에 들어가 온라인으로 회의를 했다. 역사연구교사회 이름으로 동북부연수회에서 '함께하는 역사학습'이라는 강의도 했고, 하와이에서 열렸던 전국학술대회에서도 강의를 했다. 많은 자료를 동업자들(한국학교 교사들)과 함께 공유하고 싶은 마음에 한글방 카페를 모든 한국학교 교사들에게 개방하였다.

교장임기 4년이 지나고 2014년 1월 세 번째 임기를 맡게 되었다. 1.5세 교장으로 힘들게 여기까지 왔다. '망설임도 주저함도 떨쳐 버리고 바르게 하면 모든 것은 제대로 가겠지'라는 마음만 가지고 달려왔다. 가끔 이메일로 안부를 전해 오는 한국학교 제자들의 편지를 읽거나 길거리에서 꾸벅 인사하는 학생들을 만나면 가슴이 뜨거워지고 콧등도 시큰해진다. 아이들의 모습에서 봄에 핀 꽃이 떨어진 자리에 맺어지는 작은 열매들을 보는 것 같다. 이 땅에서 나의 뿌리내리기는 이렇게 한국학교와 함께하고 있다.

'한국학교'와 '한글학교'

2010년 8월 한국을 방문했다. 인천 라마다 송도호텔에서 열리는 재외동포교육 국제학술대회에 참가하기 위해서였다. 대회를 마치고 막 서울을 떠나려는데 한국

1.5세의 뿌리내리기

의 일간지 경향신문에서 인터뷰를 요청해 왔다. 재외동포 사회의 세대교체에 따른 한국어 교육의 변화 필요성을 1.5세인 나에게 한번 짚어 보려는 것이었다. 문제는 예상하지 않았던 곳에서 터졌다. 담당 기자가 인터뷰 기사를 정리하고 확인하는 과정에서 교육부와 논쟁이 붙은 것이다. 나는 '한국학교'라고 했는데 교육부에선 무조건 '한글학교'라고 해야지 '한국학교'라고 하면 안 된다는 것이다. 다시 나에게 확인하는 문의가 왔다. 교육부의 주장은 한국 정부에서 운영하는 학교만이 '한국학교'라 할 수 있고, 재외동포들의 교육기관은 반드시 '한글학교'라고 해야 한다는 것이다. 나는 기자에게 조곤조곤 설명을 했다. '한국학교'이어야만 하는 이유는 첫째로 뉴저지한국학교는 한글만 가르치는 언어 학원이 아니다. 2세나 3세들의 한민족 정체성 확립을 위해 한국어와 함께 한국사, 한국문화 등을 가르치는 종합적인 사설 교육기관이다. 둘째는 뉴저지한국학교는 정부가 재외동포 자녀들의 교육 문제에 관심을 보이기도 전에 한인 1세들이 스스로 자녀들의 뿌리 교육을 목표로 '뉴저지한국학교'라고 학교이름을 정했으니 '뉴저지한국학교'는 고유명사다. 나는 절대로 학교 이름을 고수해야 한다고 버텼다. 학교 이름에 손상이 가면 인터뷰를 사양하겠다고 했다. 그러니 내 주장이 틀리지 않고 이치에 맞는다면 언론이 그렇게 해야 하는 것이 아니냐고 다그쳤다. 서울을 떠나오기 전날 밤엔 별의별 생각이 다 들었다. 돌아오는 날 새벽에 나를 인터뷰한 기자로부터 전화가 걸려왔다. 지금 배달된 신문을 보라고 하면서 "선생님의 주장이 맞는 말입니다. 그래서 신문사가 올바른 판단을 했습니다"라고 했다. 2010년 8월 13일 자 경향신문에 인터뷰 기사가 났다. 고딕체의 아주 또렷한 글씨로 써진 '뉴저지한국학교 황현주 교장'을 발견했다.

 한국 정부는 해외의 교육기관 중에 정부가 운영하는 학교를 제외하고는 '한국학교'란 이름을 쓸 수 없다는 방침을 확고히 하고 있다. 어떻게 해외동포들의 자율적인 교육기관의 이름을 가지고서 이래라저래라 할 수가 있는가 말이다. 교육은 현장이 중심이다. 미주 내에 한인 2세들이 있으므로 뿌리 교육의 필요성이 있고, 그래서 교육자가 있고 한국학교가 있는 것이다. 교육은 현장이 중심이 되어야 성과가 난다는 것을 모르는 사람은 없다. 학교의 이름뿐만 아니라 교재도 커리큘럼도, 지도 방법도 모두 피교육생을 중심으로 좀 더 현장화되어야 할 일이다.

투자하세요

2012년 10월, 강창희 국회의장이 뉴저지한국학교를 방문했다. 국회의원 두 분과 수행원 20여 명과 함께였다. 의장님께 학교를 소개하면서 미주 한인의 자녀 교육에 대해서는 지원이란 개념이 맞지 않는다고 의견을 냈다. 자리에 있던 모든 사람의 시선이 나에게 집중되었다. 나는 2세의 정체성 교육에 대한 정부의 지원은 지원이 아니고 오히려 '투자'라고 하는 것이 맞는 개념이라고 했다. 미 주류 사회에 영향력 있는 인물로 오늘도 쑥쑥 자라나는 2세들이 한국인이란 정체성을 확고히 한다면, 그것은 곧바로 한국의 국가 경쟁력에 도움이 되는 일이다. 외교력 말고 미국에서 과연 누가 한국을 위해서 일하겠는가? 그것은 한국인이란 확고한 입장을 가지게 되는 우리의 자녀일 것이기 때문이다. 뉴욕한국교육원을 통해서 각 한국학교에 지원금이 들어온다. 물론 적지 않은 도움이 되긴 하지만 그것은 단지 지원 및 도움의 개념이지, 투자는 아니다. 투자한 만큼 결과가 있는 이치는 자본의 논리다. 충분히 영양분도 주고 물도 주어야 단단하고 실한 열매가 열릴 것이다.

정체성의 위기

매주 주말마다 한국학교로 달려가는 내 머릿속에는 언어와 정체성의 상관관계가 이런저런 그래프로 그려지곤 한다. 한국이 경제 신흥국가로 도약하면서 미국에서 한국어가 인기 외국어로 등장했다. 자본의 논리가 분명하다. 한인 2세들에게 한국어를 가르치려고 노력하지 않아도 그들 스스로가 배우려고 할 것이란 성급한 주장이 나오기도 한다. 분명한 것은 백인들이 자본 논리의 필요에 따라 한국어를 배우는 것과 한인 2세들이 한국어를 배우는 것은 엄연히 차원이 다른 문제다. 언젠가 뉴욕 한인사회에 모 목사님이 '2주 만에 한국어 읽기' 프로그램을 판매한다고 방송에서 떠들썩하게 광고가 나간 적이 있다. 전문 교사의 입장에서 정말로 걱정이 되었다. 한인 2세들의 한국어 교육에는 기능적인 언어 습득 이상의 깊고 깊은 뜻이 포함되어 있다.

내가 주말 한국학교에서 가장 소중하게 여기는 것은 아이들의 출석이다. 5일 동안의 정규 학교에서 가질 수 없는 '한국 아이들끼리의 공동체'라는 것. 이것이 얼마나 소중한 영역인가를 나는 누구보다도 잘 안다. 공립학교의 교사로서 5일 동안은 다인종의 학생들을 가르치다가 주말 한국학교의 학생들을 대하는 그런 감정과 의미의 특별함을 잘 알기 때문이다. 2세들에게 주말마다의 한국어 공동체 경험은 출석 자체가 '정체성 교육'의 진행형이다. 그리고 한국, 한국인, 한국의 문화와 역사 등에 관해선 집에서 부모가 말해주지 않는 한 우리 아이들은 어디에서도 그것을 접할 기회가 없다.

가르치는 일에 전념할수록 더욱더 분명해지는 것은 정체성의 중요함이다. 2세들에게 한국어를 가르쳐서 정체성을 가지도록 하는 나의 의지를 전제로 내가 꼭 강조하고 싶은 것은 '1세의 정체성이 더 문제다'라는 것이다. 정체성의 확고함은 자녀의 가정교육을 통해서 가장 정직하게 설명된다. 중국계나 인도계는 주류 사회에서 출세한 2세일수록 (인종적) 정체성을 명확하게 하는 데에 비해서 한국계 2세들은 왜 그렇지 않은지에 대한 대답은 바로 2세들의 문제가 아니라 자식을 그렇게 교육시킨 1세 부모들의 문제인 것이다. 이민자 부모로 가정에서 자녀를 양육하면서 정체성에 관해서 무엇을 어떻게 가르치고 있는지 진지하게 돌아보지 않고서는 2세의 정체성 확립은 요원한 일일 것이다.

제29회 뉴저지한국학교
졸업식을 마치고,
2014년 6월

한국학교 최초로 주의회에서 공로를 인정

    2013년 10월 개교 30주년을 맞아 뉴저지한국학교가 뉴저지 주 상원과 하원에서 그동안의 공로를 인정받아 공로결의안을 받았다. 뉴저지 주의회 상하 양원이 공동으로 채택한 공로결의안은 뉴저지한국학교는 그동안 한국문화와 한국어를 가르쳐 온 교육의 전당으로 특히 다문화 이민사회 발전에 크게 기여했다는 내용을 담고 있다. 뉴저지 주에는 많은 한국학교가 있다. 모두 차세대들의 정체성 교육을 위해 한국문화 교육과 한국어 교육에 최선을 다하고 있는 가운데 뉴저지한국학교가 대표로 미 주류 사회에서 인정받은 것이라 생각하니 마음이 뿌듯했다. 앞으로도 차세대들에게 '정체성 교육의 요람'이라는 수식어에 맞는 교육으로 우리 사회에 본이 되는 학교를 이끌어가야겠다는 생각을 해본다.

함께 가는 길

    2014년은 하와이 이민 111년이 되는 해다. 그렇게 이민 역사와 함께 한국학교의 역사도 시작되었다. 많은 분이 한국어 교육에 봉사하고 있다. 교육은 배움을 나누고 또 그 나눔 속에서 변화되고 또 변화되어 발전하는 과정이다. 주말 한국학교 교사로 근무한 지난 15년 동안의 내 변화가 그렇다. 그동안 한국학교를 위해 열심히 일했고, 많은 것을 나누어 주었다고 생각한다. 그런데 이 글을 쓰면서 생각하니 이민 1.5세로서의 나의 정체성도, 교사로서의 나의 정체성도 한국학교를 통해 만들어지고 있음을 알게 되었다. 이 땅에서 열매를 맺는 나무들과 함께 숲을 이루어가는 길에 끝까지 함께하고 싶다.

황현주

1974년 중학교 3학년 때 미국으로 이민 와서 뉴욕 브루클린에서 고등학교를 마치고, 미 동부의 유명한 미술대학교 중 하나인 프랫대학교(Pratt Institute)를 졸업했다. 이후, 뉴저지의 주립대학인 윌리엄 패터슨대학교(William Paterson University of New Jersey)에서 사회학과/초등교사 과정을 이수하고, 현재 뉴저지패터슨 르네상스 제일 공립학교에서 4학년 담임과 뉴저지한국학교 교장직을 맡고 있다. 이 밖에 재미한국학교 동북부협의회 부회장 그리고 재미한국학교협의회 이사로 활동 중이다.

hyunjoohwang@hotmail.com

황현주 선생님 학생 소감문

한국학교를 그리워하며

신다윤 뉴저지한국학교 졸업생, 컬럼비아대학교 재학생

    As a kid, it was often confusing to be Korean-American. Our families insisted we be proud of something that seemed to hold us back. What exactly were we meant to be proud of, when other students made fun of our parents' accents or pinched their noses at the "weird smell" emanating from our lunches? Even the kindest friends stifled giggles or remained silent at best. The more derogatory or prevalent these comments became, the more I wanted to distance myself from my Korean heritage. I traded my rice for sandwiches, copied the idioms of my friends' parents, and familiarized myself with American traditions.

    Despite my efforts, one tradition in which I could not partake was that of the suburban sports culture. While the rest of the girls in my class gossiped and grew close on the softball field every Saturday morning, I dragged my textbooks to Korean school and read about the daily activities of 바실리 and 영희. As my friends learned how to pitch, 바실리 went to the supermarket; as they adjusted their knee socks, 영희 spoke with her grandparents on the phone. When the other girls paraded into school the following Monday in matching tie-dye T-shirts emblazoned with some inside-joke catchphrase, I could only think of the Korean school homework on my desk at home and the tricky "ㄿ" 받침 in "싫다" we had just learned.

My relief upon finally graduating from Korean school was short-lived, for it was quickly followed by endless admonishments from my parents, warning against neglect of my first language. Though I dismissed what I perceived as mere 잔소리 then, here I am, as regretful as they promised. If it hadn't been for Korean school, I'd feel even farther away from my heritage than I do now.

I'm incredibly grateful for everything those Saturdays, though grueling at the time, gave me. My eighth grade history class provided the many reasons which had eluded me in elementary school to be proud of my culture, starting with the technical and historical—the 거북선, the Korean language—and ending with the beautiful and timeless—한복 and rich holiday traditions. Though they seemed archaic and pointless at the time, even the thoughts of 무용 and 서예 make me nostalgic. Moreover, some of my oldest friendships were forged in 황현주 선생님's third grade class, where she not only taught but genuinely engaged and entertained us. Participating in the unique 동화대회 likewise had a lasting impact, heightening my awareness of literary devices in books and the nuances of particularly talented actors in movies, as well as solidifying my interest in storytelling in general. And by the time I took my required public speaking class in high school, I found myself well-prepared while fellow students practiced projection and articulation, weaning themselves off of flash cards.

I'm left wondering why it ends at eighth grade—why there isn't a continuing education version (as with certain colleges) for people like me who, come nearly 20, wish there was a way to go back, to redo it with double the effort. Perhaps then I could speak on the phone with my cousins without feeling a stutter coming on. Perhaps I could have written all of this in Korean, with ease. I never was much of an athlete anyway.

황현주 선생님 학생 소감문

뉴저지한국학교에서 한국 대학교까지

이현주* 뉴저지한국학교 졸업생

2001년도 9월, 엄마 손에 이끌려 뉴저지한국학교에 입학하였다. 첫날에는 가방, 책, 연필조차 안 갖고 갔다. 무용 시간이 다 끝나갈 때 강당으로 서둘러 들어가서 2학년 1반의 줄을 섰다. 7년 동안 나는 매주 토요일 아침마다 한국의 역사, 문법, 그리고 문화를 배우러 한국학교를 다녔다. 7년 동안 나는 두 남동생과 토요일 아침마다 눈을 비비면서 엄마에게 짜증을 부렸다. "내가 왜 한국학교를 가야 돼? 내가 언제 거기서 배운 걸 쓸 거라고? 나는 미국 사람이야! 이런 거 필요 없어!" 엄마는 항상 이렇게 말씀하셨다. "맞고 갈래, 그냥 갈래?" 하시면서 "네가 Korean-American 이니까 더욱더 너의 뿌리에 대해 공부를 깊이 해야 된단다. 그리고 너는 분명히 언젠가 한국학교에서 배운 걸 쓰게 될 거다."

한국학교를 다니면서 나는 많은 사람들을 만났고, 도전도 골고루 해보았다. 고등학교에 가서 자주 볼 반 친구들, 수줍은 내가 글짓기와 한영 번역 대회에 나갈 용기를 주신 선생님들, 자랑할 게 없어서 지금까지도 내가 간직하는 대회에서 받은

---

* 이현주는 뉴저지한국학교 졸업생으로, 미국에서 고등학교까지 다니고 한국으로 유학 가서 고려대학교에 재학 중이다. 이 글은 방학을 이용해 가족이 있는 뉴저지 올드타판(Old Tappan)에 방문했을 때 쓴 것이다. 독서와 등산이 취미인 그녀는 졸업 후 미국이나 영국에서 대학원에 진학해 문학을 더욱 공부할 계획이다.

상장들…….

나는 2008년 한국학교 졸업식에서도 엄마가 토요일 아침마다 한 얘기를 믿지 않았다. 그 당시에는 머릿속에 드디어 한국학교가 끝났다는 생각과 졸업식 끝나고 나의 백인 친구들과 어느 카페에 놀러 가서 수다를 떨까라는 생각밖에 없었다.

3년 뒤 나는 고등학교 3학년 과정을 끝마치고 있었다. 다른 3학년들처럼 나도 스트레스를 엄청 받고 있는 중이었다. 나는 몇 해 동안 영문학 교수가 되는 꿈을 갖고 있었으며, 미국 대학에서 내가 제일 좋아하는 것을 가르치고 싶었다. 어느 날 잘 알고 지내는 동네 아주머니가 우리 엄마에게 이렇게 말씀하셨다. "오늘 신문에서 읽은 게 있는데, 미국에서 공부한 학생들이 한국으로 대학을 갈 수도 있대!" 나는 태어나서 단 한번도 대학을 뉴욕, 뉴저지, 코네티컷 지역(Tri-State Area) 밖에서 다닐 생각을 해본 적이 없었다. 하지만 이 말을 듣자 갑자기 호기심이 생겼다. '내가 한국에서 대학을 다녀? 말도 안 돼…….' 그러자 내 머릿속에서 한 수십 개의 질문들이 정신없이 왔다 갔다 했다. 그래서 엄마 아빠랑 그 아주머니가 말씀해주신 뉴욕에서 열리는 중앙일보가 주최하는 한국의 대학교 입학 설명회를 한번 가봤다. 가보니 내가 들어만 봤던 한국 대학 이름들이 여기저기 크게 열람되어 있었고 내가 처음 보는 이름들도 많았다. 성균관대학교, 서강대학교, 연세대학교, 한양대학교, 고려대학교, 이화여자대학교—대학마다 대표도 몇 분씩 오셔서 팸플릿도 나눠주시고 질문에 대답도 해주셨다. 그날 아주 많은 정보를 얻게 되었다. 그리고 그날은 내가 아주 중요한 사실을 깨닫게 된 날이었다. '엄마 말씀이 맞았구나.' 오늘날 글로벌 시대에 맞추어 더욱더 한국 문화와 언어를 알고 쓰며 살아야 할 중요성을 알게 되었다. 내가 18년 동안 미국에서 살며 익혀왔던 문화, 언어, 사고방식—그 모든 것들과 나의 뿌리 나라의 교육과 문화를 흡수한다면 얼마나 큰 혜택을 볼 수 있을까? 평범하게 계속 미국에서만 공부하지 않고 또한 내 부모의 나라 대한민국의 문화, 언어, 사고방식을 익힌다면 내가 이 넓은 세상에서 쓰일 곳이 많겠구나라는 결론을 얻게 되었다. 한국학교를 마칠 수 있게 집착적일 만큼 끝까지 보내주신 엄마 아빠에게 평생 감사하면서 살아야 된다는 생각도 들었다.

2012년 6월 11일, 기적처럼 고려대학교에 합격되었다. 면접 보기 전에 긴장했던 기억이 어제였던 것처럼 생생하다. 면접을 본 후 '분명히 떨어졌다'라는 생각에 몸이 밑으로 가라앉는 느낌도 기억한다. 대학 개학 첫날 나는 다시 초등학교 1학년 아이가 돼버렸다. 그곳은 나에게 신세계였고, 학교에서 아는 사람은 단 한 명도 없었다. 나의 서투른 한국말과 덤벙대는 성격도 도움이 되지 않았다. 갑자기 건물들이 다 비슷비슷하게 보이고 가방은 무겁게 느껴지고 날씨는 더 후텁지근하게 느껴졌다. 그래도 마지막 수업을 끝마치고 신기해서 캠퍼스를 돌고 또 돌았다.

한국 대학 생활을 하면서 제일 신기했던 것은 한국어를 공부하러 온 여러 인종의 학생들이 서로 한국말로 대화를 나누고 있는 모습이었다. 또 어느 날은 두 백인 학생들이 한국말로 크게 말다툼을 하고 있는 모습을 보았다. 나는 그것을 보고 그동안 우물 안 개구리 생활을 하고 지냈다는 것을 깨닫게 되었다. 독일, 프랑스, 영국, 스위스 등등 다양한 나라에서 온 교환학생들이 한곳에 모여서 내 부모의 조국의 언어에 관심을 보이고 있다는 것 자체가 아주 자랑스러웠다. 내가 만일 이 자리에서 대화에 참여를 못 하는 언어 실력을 갖고 있었다면 얼마나 창피했을까? 교포 한국인으로서 고개를 들지도 못했을 것이다.

누군가가 나에게 "한국 어떠니?"라고 물어볼 때마다 나는 1년 반 동안 한국 대학을 다니면서 많은 것을 배웠다는 말부터 나온다. 나에게 낯설기만 했던 모든 문화적 충격들을(선후배 문화부터 미국과는 완전히 다른 교육 시스템 등등) 학교 교수님들, 친구들, 그리고 선배들로부터 배웠다. 그 다음으로 하고 싶은 말은 많은 것을 얻었다는 것이다. 물론 아직도 내 앞에는 아주 많은 어려움들이 나를 기다리고 있는 것을 안다. 한국에 오기 전 나의 18년간 인생에서 단 한 번도 보지 못한 나의 모습이 입학한 후 보이기 시작했다. 한국 가서 자신감이 더 생긴 것뿐만이 아니라 열정, 독립심,

그리고 도전 정신도 생겼다. 하지만 어느 날 잘 생각해봤다. '이 자신감이 단지 내가 장소를 옮겨서 생긴 건가?' 내가 한국어 실력이 훨씬 더 부족했으면 적응이 이렇게 쉬웠을까? 단지 K-pop 아이돌들만 하루 종일 바라보고, 집에서 한국 음식을 먹고, 누워서 영어 자막 읽으며 한국 드라마를 본다고 자기 뿌리와 연결되어 있는 건가? 나는 그래도 13년 전부터 7년 동안 매주 그 3시간을 비록 억지로라도 투자해서 말하기, 글쓰기, 그리고 역사에 대해 조금이라도 안다. 그 3시간을 매주 투자했기 때문에 자기 뿌리를 찾고 공부하는 것의 중요성을 알게 되었다.

새로운 학기를 앞두며 며칠 전에 수강신청을 했다. 이제 자신 있게 한국어로 진행되는 수업들도 들을 수 있어서 매우 기쁘다. 한편으로는 이중 문화를 지금보다 더 잘 소화시켜가는 과정이 나의 과제라고 생각한다.

평범한 나를 항상 칭찬해 주시고 응원해 주신 한국학교 담임 선생님들이 보고 싶고 가끔 생각난다. 그분들이 우리에게 항상 "너희들은 미국에서 태어났으나 피는 한국 사람의 피니 지금은 귀찮아도 꼭 한국어, 역사, 문화를 배워둬라"라고 말씀하셨던 이유가 이제서야 이해돼서 부끄럽다. 아이들이 어릴 때 한국학교의 중요성을 모르는 것은 정상이라고 본다. 특히 미국에서 태어나 자란 아이들은 대부분 미국 문화에 젖어 살 수밖에 없다는 착각을 한다. 그래도 죽을 때까지 갖고 있는 것은 뿌리밖에 없으니 나도 역시 나중에 커서 나의 아이들에게도 내 엄마가 나에게 하셨듯이 반협박을 써서라도 한국학교를 반드시 보낼 것이다.

황현주 선생님 학생 소감문

Coming Full Circle: The Value of Korean Language Education in the U.S.

Peter Bae* 뉴저지한국학교 졸업생

As a graduate of the Korean School of NJ in 1989, I was asked to share a few of my childhood memories of how the NJ Korean School has impacted my life. I would like to warn you in advance that my story is not necessarily life-changing or shocking but rather my experiences :)

I started attending the Korean School of NJ back in 1984, and after a short hiatus (due to the all-too-common childhood dream of becoming a professional athlete), I graduated as part of the Class of 1989. My life was turned upside-down, I mean I started attending the NJ Korean School because my mother started teaching at the school. Honestly, I was not too happy about attending Korean school, especially on Saturday mornings. What teenager likes going to Saturday school? I still remember having many "debates" with my parents about why I should NOT have to attend Korean

---

* Peter Bae(배상도)는 1989년에 뉴저지한국학교를 졸업하고 지금은 세 남매(혜영, 대영, 선영)를 뉴저지한국학교에 보내는 학부모이다. Peter Bae의 어머니(유영열 현 뉴저지한국학교 이사)는 뉴저지한국학교 교사로 25년간 근무하였으며, 지난 2010년에 은퇴하신 후 아버지(배남순 이사)와 함께 뉴저지한국학교 이사로 봉사하고 있다.

School, especially on Saturday mornings. Reasons such as "We live in America now, we speak English, not Korean!" and "Nobody speaks Korean!!" By the way, as a father of 3 young children who all attend the NJ Korean School, these are the same "debates" I am having with them now! Ha ha. However, I try to share with them the positive impact and benefits that the NJ Korean School has had on my life.

After graduating in 1989 from the NJ Korean School, and entering high school, I was so happy because Korean classes were not offered at my high school. I was finally done with Korean classes!! Life can be funny though. While attending undergraduate college at Cornell University, guess who voluntarily signed up for Korean classes?! That's right. Me! My parents must have been so shocked remembering all those arguments we had about the irrelevance and uselessness of learning Korean. When I told them that I had signed up for Korean classes for credit, they were so happy. I would write letters to them in Korean, and being the constant teacher, they would send it back with spelling corrections in red ink of course. Funny now, but back then I was like "huh? Just read my letter don't correct it!" However, one of my fondest memories during college was my 3 years of Korean language classes and Korean culture. In college, I realized that the Korean language was not useless or irrelevant, and as a Korean-American, I felt very proud of my culture. It felt very natural to be around other Korean-speaking students, unlike my high school years, where at times, I felt a little ashamed or embarrassed. Remember this was about 25 years ago... Asian culture, especially Koreans, were not cool. Koreans were known for Hyundai Excel, Pro-specs sneakers, Seotaeji... not cool.

Today, the Korean culture and language is everywhere and more accepted. Today, non-Koreans have embraced the Korean culture and language... they drive Hyundai

Sonatas, listen to PSY and Oppa Gangnam style, talk on their Galaxy phones, and eat kalbi and gochoojang. Heck, my children tell me stories of how their non-Korean friends are bringing seaweed for lunch!! Huh? I remember my parents sent me to school with kimbap once and I was horrified and embarrassed because nobody ate rice wrapped with seaweed. However, times have sure changed and today it is cool to listen to Korean music, eat Korean food, and drive Korean cars. But some things never change. It is still just as difficult to get children to attend Korean School today. With all the traditional activities that Korean parents love, such as piano lessons, violin lessons, SAT tutors, and the advent of newer activities such as golf lessons and swimming lessons, I think it is very difficult to get children to attend Korean school today. But we must.

As I look back at my childhood and observe my children. Most children, especially mine don't want to do anything. If you ask them if they want to do this or that, the usual response is..."nah" or "no." I definitely remember my parents asking me if I wanted to do this or that, and my immediate response was same because I just didn't want to be bothered. However, due to their persistence and patience, they helped me do the things that I didn't want to do, such as attend Korean school because they knew better. They knew how important it was for me to learn my native tongue and to never forget my culture, even if it meant missing baseball practices on Saturday morning.

My parents would say things like "language is power", and I would respond with "huh?" or "okay..." But my parents were right! In college, I enrolled in Korean language classes for 3 years, as well as 2 years of Spanish, and 2 years of French, while being a biology major (not advised). In hindsight, learning all those foreign languages has opened many doors for me after graduating from college and graduate school. Due to my language skills, I have been able to seize opportunities in the workplace, which I would not have been able to do had I not spoken those languages. I have been able to go on both missions trips to countries like Korea, Mexico, and Honduras because I was able to speak their language. So today, I am a firm believer that "language is power." I now even tell my own children the same quote and the importance of learning Korean as well as other foreign languages.

I must confess, it is not always easy trying to convince my children about the importance of learning Korean, but then again, what is? Sometimes it's harder to get them ready for soccer practice or church. Nonetheless, we must try because we know it's important even if they don't.

I hope one day my children will have the same "debates" with their children about the importance of learning the Korean language and culture. Hopefully they will look back and realize that although it wasn't always fun, it was well worth it.

As I am thankful for my parents' persistence and diligence in regards to educating me about my culture, I am equally thankful to my Korean school teachers who taught me over the years. I hope to be equally if not more (ok, maybe not more) persistent in impressing upon my children the importance of their Korean language and culture. Thanks for taking time out of your busy schedule to read this excerpt.

God bless and don't be late picking your kids up from Korean school (like us) :)

한국어와 나

김근순 한국문화연구재단 부설 뉴욕한국어교육원 부원장, 코사(KOHSA) 입양인 한국학교 교장

뉴욕한국어교육원에서

　새 학기를 시작하는 첫날, 일곱 명의 학생들이 둘러앉아 인사를 나누며 자기소개를 한다. 뉴욕한국어교육원은 코리아타운이 있는 뉴욕 맨해튼 32가에 있다. 한국어를 처음 배우는 학생들이어서 아래의 대화는 물론 영어로 오고 간 말이다. "제임스 씨는 왜 한국어를 배우려고 해요?" 키가 아주 크고 머리가 노란 30대의 백인 남성이 "저는 미국 사람인데 제 약혼녀가 한국 사람이에요. 한 달 후에 결혼식을 해요. 약혼녀의 부모님께서 한국에서 오시는데 영어를 못 하세요. 그래서 제가 한국어를 배워서 대화를 하려고 합니다." 자기는 회사원이라고 한다. 또 다른 여학생에게 "아끼 씨는 왜 한국말을 배워요?"라고 하니, 자신은 일본인 작가인데 한국 친구도 많고 한국 드라마를 아주 좋아한단다.

　"이단양 씨는 한국 분이세요?", "아니요, 저는 중국 사람이고 경제학 교수입니다. 한국 TV 드라마가 정말 재미있어요. 자막을 보고 이해하는 게 불편해서 직접 듣고 이해하고 싶어서 한국어를 배우러 왔어요." "피터 씨는요?" "제 아버지는 미국 분이시고 어머니는 한국 분이세요. 어릴 때 한국어를 조금 배웠지만 지금은 다 잊어버렸어요. 다시 잘 배우고 싶어요." "Mr. 고는?" "제 이름은 Jay예요. 한국 이름은 고재일입니다. 한국 사람인데 한국말을 잘 못해요. 영화 관계 일을 해요. 바쁘지만

그래도 열심히 하겠습니다." "마리아 씨는요?" "저는 최마리아입니다. 한국 사람인데, 한국말을 잘 못해서 부끄러워요."

　한국인 두 명, 중국인 두 명, 미국인 한 명, 일본인 한 명, 혼혈인 한 명 모두 일곱 명이다. 우리 반에는 현재 남미나 아프리카 계통 사람은 없다. "저는 김근순입니다. 오늘부터 최선을 다해서 열심히 가르쳐 줄 테니까 열심히 공부하세요! 복습과 예습을 꼭 하고 숙제도 꼭 하세요!" 다짐을 받고 수업을 시작했다. 첫 시간부터 "하하, 호호" 하면서 즐거운 수업을 한다. 제임스는 자기가 다시 유치원생이 된 기분이란다. 그것도 그럴 것이 "안녕하세요, 안녕히 계세요, 안녕히 가세요"를 듣고 따라 하려니 어릴 적에 처음으로 말을 배우던 기분이 든 것 같다. 1시간 수업을 끝내고 고급반 교실에 들어갔다. 한인 2세 여섯 명과 중국인 한 명이 기다리고 있다. 이 학생들은 2~3년간 한국어를 배운 학생들인데, 지금은 중매결혼, 재혼, 이혼 등의 어려운 단어를 배우고 있다. 이 반의 구성은 의대 교수 한 명, 의대 재학생 두 명, 학원 강사 한 명, 일반 회사 직원 세 명이다. 남자 네 명과 여자 세 명으로 이루어진 이들의 나이는 20대 후반에서 30대 사이이다. 고급반이니까 당연히 모든 내용은 한국어로만 설명하고 피치 못할 경우에만 영어로 한다.

　내가 현재 몸담고 있는 뉴욕한국어교육원은 1995년 3월 6일에 설립되었으며, 지난 19년 동안 다양한 나라에서 온 수천 명의 학생들이 이곳을 거쳐갔다. 육대주 사람 모두가 여기에 와서 한국말을 배우고 있다고 해도 과언이 아니다. 초기에는 한국인의 비율이 제일 높았으나, 최근에는 비한국계 학생의 비율이 70~80%에 이르고 한국인의 수는 적어졌다. 한국, 미국, 중국, 일본을 비롯해서 영국, 프랑스, 인도, 스리랑카, 방글라데시, 인도네시아, 미얀마, 싱가포르, 이란, 베트남, 말레이시아, 태국, 과테말라, 브라질, 에콰도르, 아르헨티나, 독일, 터키, 그리스, 이집트, 몽고, 러시아, 우즈베키스탄뿐만 아니라 심지어 머리에 히잡을 쓴 아프리카의 소말리아 여학생까지 수없이 많은 나라 사람들을 만났다. 직업도 다양하다. 현직 미국인

판사를 비롯해서 변호사, 의사, 간호사, 계리사, 교수, 건축가, 사무직원, 초·중·고등학교 교사, 연예인, 가정주부, 보험인, 대학생 등 다양하기 그지없다. 연령 또한 고등학생부터 70세가 된 은퇴한 교사까지 다양하기 때문에 수업 시간이 아주 재미있다.

터키 유학

나는 연세대학교 재학 시절 4학년 2학기부터 연세대학교 부설 한국어학당에서 한국어를 가르치기 시작하였다. 졸업과 함께 미국 인디애나 주립대학교로 시청각 교육학을 공부하러 떠나려던 계획이 갑자기 방향을 틀게 된 것이다. 우연한 기회에 당시 한국어학당 학감으로 계시던 박창해 교수님으로부터 한국어학당에서 한국어를 가르쳐 보지 않겠느냐는 제의를 받고, 얼떨결에 생각조차 해보지 않았던 한국어 교사 생활을 시작하게 된 것이다.

학생들은 모두 외국인 성인이었는데 수업 시간은 아주 재미있었다. 그런데 1960년대 중반부터 당시 교제하던 지금의 남편이 터키로 유학을 떠나게 되자 나도 미국 유학 계획을 접고 또 한 번 방향을 돌려 유학 시험을 치르고 터키 정부 장학생으로 터키에 가게 되었다. 터키에 가서 박사 과정을 밟고 학위를 받게 되었는데, 터키어는 '알타이 어족'에 속하므로 어순이 한국어와 같아서 말을 빨리 배울 수 있었다.

터키에는 동양인처럼 생긴 타타르(Tatar)족이 있는데 내가 터키 말을 잘 하니까 타타르족이냐고 묻는 사람도 여럿이 있었다. 터키 군인들이 한국 전쟁 때 참전하여 한국을 많이 도와주었고 한국에서 전사한 군인들도 많았기 때문에 터키 사람들은 한국을 형제 나라라고 말하며 한국 사람들을 아주 좋아한다. 터키 사람들은 정이 많고 정의감이 강하며 굉장히 친절하다. 기원후 1299년부터 1922년까지 오스만제국을 건설하여 아시아 서부, 유럽의 일부, 북아프리카 등 주요 지역을 점령하였는데 국민성이 대범하고 마음 씀씀이나 통이 큰 편이다. 현재 터키의 면적도 남한의 8

배에 달한다. 남편(이선근 박사)은 나보다 2년 먼저 유학을 갔고 2년 먼저 학위를 받았다. 그는 내가 공부를 마칠 때까지 한국대사관에서 일을 하면서 나를 기다렸다.

뉴욕에 정착

터키에서 유학을 마치고 한국으로 가는 길에 내 여동생의 결혼식에 참석하고 어머님과 가족도 만날 겸 뉴욕에 잠시 들렀다. 그런데 또 한 번 한국으로 귀국하는 계획을 접어야 했다. 남편이 한국외국어대학교에서 강의를 하기로 학교 측과 결정이 되었는데 남편의 대학원 지도교수였던 박창해 교수님을 비롯한 어른들의 만류가 만만치 않았다. 서울의 가족들은 오지 말라고 하고 이곳 가족들은 가지 말라고 말리는 것이었다. 그때가 1975년 여름이었다. 우리는 뉴욕에서 몇 년 더 있다가 귀국하기로 결정하고 동생 집에서 두 달 있다가 아파트를 구해 나갔다. 무슨 이런 운명이 다 있나! 컬럼비아대학교와 하버드대학교 등 몇 군데에 장학금을 신청해 보았으나 연구장학금 받는 일이 그리 쉽지 않았다. 두 달 후에 할 수 없이 컬럼비아대학교에서 영어를 배우면서 아는 분의 가게에서 아르바이트를 하면서 뉴욕 생활을 시작하였다.

브루클린한인교회 한국어학교

그 당시에 나가던 브루클린한인교회에는 박창해 교수님을 비롯한 연대 동문들이 몇 분 계셨는데 주일 예배 후에 자녀들에게 한국어와 한국의 역사 및 문화를 가르치는 학교를 세우자는 의견이 나와서 주말 한국학교를 만들고 남편은 교장으로, 나와 다른 여선생 두 분은 일반교사로 한국학교를 시작하였다. 한국말을 못하는 우리 2세들에게 한국어 교육을 하기 시작하였다. 그때가 1978년이었다. 역사와 문화는 영어로 가르치고 한국어는 현대 언어 교수법을 사용하여 열심히 가르쳤다. 학생들은 대부분이 초등학교와 중학교 학생들이었다.

학기 말에 학습 발표회를 하는데 연극을 준비해서 발표한 반이 있었다. 중등반이었던 것으로 기억이 되는데 연극 대사 중에 "아이고 내 팔자야" 하는 대목이 있었다. 그런데 이 대목을 맡은 남학생이 '팔짜'라고 발음하는 대신 글자 그대로 '팔자'라고 하자 관중들이 폭소를 터뜨렸다. 그 후 학부모들과 학생들은 더욱 분발하여 학생들은 열심히 공부하고 부모들은 자기 자녀들을 잘 도와주었다. 우리 학교는 다른 학교와는 달리 모든 학생들이 11학년이 될 때까지 한국어를 공부하고 졸업을 하였다. 오랫동안 한국학교에서 공부를 하고 보니 졸업식 날이 되면 학생들도 부모들도 너무 기뻐서 만세를 불렀다. 그동안 힘도 많이 들었고 이제 졸업을 하니 기쁘기도 했기 때문이다. 이 학교는 교회가 뉴욕 롱아일랜드 지역으로 옮기게 되면서 학교 이름도 자연히 롱아일랜드 한인교회 한국어학교로 바뀌었다. 그 후에 학교만 독립하여 이제는 정부의 비영리단체로 등록이 된 롱아일랜드한국학교가 되어 여전히 한국어 교육에 힘쓰고 있다.

뉴욕브로드웨이한국학교와 나

1983년 8월의 어느 날 뉴욕판 한국신문을 넘기던 중 큰 광고를 보게 되었다. 뉴욕한인경제인협회에서 한국학교를 창설하여 학생을 모집하는 광고였다. 학교 이름은 '뉴욕브로드웨이한국학교*'였다. 나는 남편에게 "여보, 뉴욕한인경제인협회는 돈만 벌지 않고 한인사회를 위해 좋은 일도 하네요. 한국학교를 세웠대요"라며 얘기한 기억이 난다.

그 당시 뉴욕한인경제인협회는 회원 대부분이 맨해튼 브로드웨이를 중심으로 도매상을 하는 분들과 한국과 무역을 하는 분들로 구성된 단체였다. 그때에는 한인

---

* 뉴욕브로드웨이한국학교는 2010년에 맨해튼한국학교(Manhattan Korean School)로 명칭이 바뀌었다.

들의 단체가 몇 개 안 되었다. 주말 한국학교의 수도 많지 않았는데, 대부분의 학교는 2~3시간씩 수업을 하고 길어도 4시간을 넘기지 않았다. 그런데 뉴욕한인경제인협회의 한국학교는 토요일 오전 9시부터 오후 3시까지 총 6시간을 한다고 해서 '브로드웨이한국학교는 수업을 오래도 하네' 하고 생각하며 지나쳤다.

그러던 중 이듬해인 1984년 5월 초, 뉴욕한인경제인협회 6대 회장이셨던 김동빈 회장님한테서 전화가 왔다. 뉴욕브로드웨이한국학교 교장을 맡아 달라는 부탁의 말씀을 하셨다. 다음 날 만나서 자세한 이야기를 들어보니, 뉴욕브로드웨이한국학교가 서울에 있는 교육 재단인 삼산학원과 자매결연을 하고 6월 말부터 3주간 모국 방문 연수를 계획하고 이를 실천해 나아가야 하는데 초대교장이신 여금현 선생님(후에 목사가 되셨다)께서는 형편상 뉴욕을 떠날 수 없는 관계로 교장직을 사임한다는 것이었다.

여금현 교장 선생님께서 이미 신청받아 놓으신 46명의 학생을 인솔하여 한국에 갔다 와야 하고, 9월 학기부터는 다시 학생을 모집하여 주말 한국학교를 운영해야 한다는 것이다. 나는 용감한 결단을 내려 교장직을 맡기로 했다. 그래도 여금현 교장 선생님께 바로 그만두시지는 말고 한 학기를 완전히 끝마칠 때까지 계시기를 간청해서 그렇게 하기로 하고 나는 같은 주 토요일부터 무보수로 토요일마다 등교하여 한국에 갈 학생들의 명단을 놓고 이름과 얼굴을 익혀가며 오리엔테이션을 해나갔다. 한국에 갈 학생들은 7세(2학년)부터 17세(11학년)까지 다양했는데, 10명 정도는 본교 재학생이 아니었다. 여교사(이영자 선생) 한 분과 김동빈 회장님의 큰아들인 김한성 군이 도와주기로 되어 있었다. 무더운 여름날이 시작되었지만 나는 할 일이 많았다. 여행 때 쓸 비상 약을 비롯하여 한국에 가서 가르칠 교재까지 준비하는 데 일일이 내 손이 가야 했다.

우리는 드디어 밤에 출발하는 비행기를 탔다. 학생들은 쿨쿨 잠을 잘들 잤지만 선생님들은 스튜어디스의 역할까지 해야 했다. 어린 학생들은 "선생님, 목말라요"

또는 "선생님, 배가 아파요" 하며 계속해서 요구를 해 왔다. 임무를 맡았으니 책임을 져야지 별도리가 없지 않은가. 태평양을 반쯤 지나갈 무렵 입국 신청서를 써야 한다고 하면서 종이를 받았지만, 7, 8세 아이들이 어떻게 할 수 있겠는가. 나와 이영자 선생님은 아이들의 서류 작성까지 하다 보니 밤을 꼬박 새우다시피 했다. 이미 지칠 대로 지친 상태로 한국에 도착했지만 바로 이어서 서울 쌍문동에 위치한 자매결연을 할 학교로 이동해야 했다.

공항에서 나와 보니 '환영, 뉴욕브로드웨이한국학교'라고 쓴 커다란 플래카드를 붙인 버스가 우리를 기다리고 있었다. 공항에서 우리가 갈 학교까지는 꽤 멀었다. 자매결연을 할 한신초등학교, 정의여자중·고등학교에 도착하자마자 여행복 차림으로 강당에서 자매결연식, 선물 교환식 등을 했다. 학생들은 모두 같은 나이 또래의 학생 집에서 2주간 민박을 하게 되어 있었다. 그리고 마지막 3주째에는 부산에 가서 호텔에 투숙하면서 고적 답사 등 여행을 하기로 되어 있었다. 자매결연식을 마친 후, 학생들은 모두 서울에서 2주 동안 민박할 학생들의 집으로 흩어져 떠났다. 오전에는 민박집 주인 학생과 같이 등교하여 같은 교실에서 수업을 받고, 오후에는 서울 근교에 있는 고궁, 민속촌, 박물관 등을 견학하는 계획이었다. 오전에는 내가 자유 시간을 갖나 했더니 한국말을 전혀 못 하는 학생들이 몇 명 있어서 그 학생들을 따로 모아 가르쳐야 했다.

아무튼, 뉴욕브로드웨이한국학교 교장의 신고식을 참으로 호되게 치른 셈이었다. 그때만 해도 젊어서 가능했던 것 같다. 꼭 30년 전 일이었다. 7, 8세의 어린 학생들은 대부분 누나 또는 언니가 같이 갔기 때문에 약간 도움은 되었는데 사춘기 남녀 학생들을 당일 여행이 아닌 긴 여행 기간 인솔한다는 것은 정말 신경이 많이 쓰이고 힘든 일이었다. 아무런 사고 없이 여행을 마쳐야 한다는 책임감은 나를 바짝 긴장하게 하였다. 이 모국 방문 연수는 내가 부임하기 전에 경제인협회 관계자들과 한국에 있는 삼산학원에서 모든 일을 계획하여 학생들을 뽑아 놓은 것인데, 실제로 일을 맡고 보니 어려운 점이 많이 있었다.

　미국에서 간 학생들은 남학생들이 절반이었는데 한국의 한신초등학교는 남녀공학이었지만 정의여자중고등학교는 이름 그대로 여학교였다. 내가 일을 맡기 전에 이미 아이들이 한국에 가서 민박할 집들은 다 정해진 상태였다. 예를 들어 고등학교 1학년(미국 학교 10학년) 남학생은 오빠나 남동생이 있는 정의여고 1학년 여학생 집으로 배정되어 있었다. 한창 사춘기 학생들인데 말이다. 한번은 시기심이 많은 한국의 여고생이 같은 반 민박을 하는 학생 집의 부모님께 전화를 걸어서 민박집 딸이 지금 납치되었다고 했다. 그 집에서는 난리가 났다. 그 부모는 학교 교장과 담임 선생님께 전화를 걸고 경찰에도 신고하고 대소동을 일으켰다. 그러나 납치되었다는 딸은 학교 도서관에서 공부하고 있었으니 정말 어이가 없는 일이 아닌가. 십대 여학생의 질투심, 시기심이 교장 선생님 이하 여러 명이 곤욕을 치르게 한 사건이었다. 왜 그 친구 집에서만 미국에서 온 영어도 잘하고 잘생긴 남자 학생이 2주간 살아야 하는가 하는 질투심에서 거짓신고를 한 것이었다. 여하튼 모든 일은 아무 문제 없이 잘 끝나기는 했지만 내가 십년감수한 사건이었다.

　나의 뉴욕브로드웨이한국학교 교장직은 이렇게 시작되었다. 뉴욕브로드웨이한국학교 이사회와 학부모님들의 큰 협조가 있었기에 가능한 일이었다. 특히, 뉴욕한인경제인협회 제6대 회장이셨던 김동빈 회장님께 깊이 감사드린다. 그분은 한참 후에 뉴욕 평통 회장을 지낸 바 있다. 서울에서의 2주간의 생활을 마치고 우리는 모두 부산 해운대 호텔로 옮겼다. 거기에서는 낮이나 밤이나 단체 생활을 했다. 대형 관광버스로 경주 고적지를 비롯한 여러 곳에 학생들을 데리고 다녔다. 몇몇 학부모님들도 동참했던 기억이 난다.

　호텔에서는 여학생은 여학생끼리, 남학생은 남학생끼리 한 방에 네 명씩 배정이 되어 있었다. 나는 호텔 하면 모두 침대만 있는 줄 알았는데, 침대를 싫어하는 한국사람들을 위해서 온돌방도 있단다. 우리 학생들은 모두 온돌방을 이용했다. 저녁

식사 후 잠시 모여서 다음 날 계획을 설명한 후 각자 방으로 흩어져서 자유 시간을 가졌다. 학생들은 서로 모여 카드 게임을 하거나 즐겁게 놀았다. 취침 전에는 명단을 갖고 방마다 점검했다. 각자 자기 방에 있어야 하는 시간인데 남녀 학생들이 아직 자기 방으로 돌아가지 않은 것을 발견하고 철저히 점검한 후 학생들이 잠이 든 것을 보고서야 안심을 하게 되었다.

내가 할 일은 끝난 것이 아니었다. 해야 할 일거리를 가지고 복도에 앉아서 보초를 서면서 12시, 1시까지 일한 생각이 난다. 1년 전쯤 중·고등학교 모국 방문 여행에서 불미스러운 일이 일어났던 것을 풍문으로 들었던 터라 신경이 많이 쓰였다. 아무튼, 그렇게 3주간의 과정을 무사히 끝마치고 모든 학생들을 학부모님 또는 친척들한테 안전하게 인계한 후 긴장이 풀리면서 된통 몸살을 앓은 것이 지금도 문뜩문뜩 생각이 나곤 한다.

미국으로 돌아와서 잠시 쉰 후 가을 학기 개학을 위한 준비를 시작하였다. 1980년대에는 미국에 아직 한국학교가 많지 않았다. 나는 1978년부터 교회 한국학교에서 가르치고 있었지만, 한인사회에는 "왜 미국까지 와서 아이들에게 한국어를 가르쳐야 하느냐?"고 묻는 부모들이 많았고, 학계의 모 교수는 한국 학생들에게 한국어를 가르치면 학교 교육에 방해가 되어 점수가 나빠진다고까지 말하는 분도 있었다. 그런 생각을 하는 사람들을 마주할 때마다 마음이 정말 아팠다. 그러나 우리 한국인은 한국인의 뿌리를 알아야 하고, 그래서 한국말을 할 줄 알아야 하고, 한국의 역사, 문화, 예절도 배워야 한다고 주장하며 열심히 가르쳤다.

뉴욕브로드웨이한국학교는 봄, 가을 학기로 나누어 한 학기에 14주씩 가르쳤다. 이 학교는 뉴욕한인경제인협회 회원들이 우선적으로 자신들의 자녀 교육을 염두에 두고 세운 학교였다. 앞서 말한 것처럼 협회원은 모두 도매상이나 무역업자들이었고, 그들의 사무실 또는 가게는 모두 맨해튼, 그것도 브로드웨이 27가에서 32가 사이에 있었다. 그래서 학교 건물도 9애비뉴, 26가와 27가 사이에 있는 미국 공립초등학교인 PS 32를 빌려서 사용하고 있었다. 그리고 도매상은 토요일에 새벽부터 오후 3시까지 영업을 하는 관계로 한국학교도 토요일 9시부터 3시까지 수업을 하고 있었다. 이것이 바로 일거양득이 아닌가. 아침에 어린 자녀들을 한국학교에 맡기니 부모들은 마음 놓고 사업을 할 수 있어서 좋고, 자녀들에게는 한국어와 한국 음악, 무용, 태권도, 한국 역사와 문화를 가르치니 그야말로 금상첨화인 것이다.

가을 학기는 8월에 라디오 방송과 일간신문마다 크게 개학 광고를 내어 학생들을 모집했다. 그 당시만 해도 맨해튼은 우범 지역으로 여겨지던 터라 학생 중 맨해튼 거주 학생은 전교생의 10%에 불과했다. 모두 먼 곳에서 통학을 했다. 우선 나는 모자라는 교사 충원을 위해 교사 모집 광고를 내서 교사를 구했다. 내가 근무할 당시 뉴욕브로드웨이한국학교는 교사진이 우수하다고 소문이 나 있었다.

뉴욕한인경제인협회는 큰 한인단체 중 하나였지만, 구성원들 모두가 이민 온 지 얼마 안 된 이들이라 초반에는 한국학교에 경제적으로 큰 도움을 주지 못했다. 학생들의 등록금도 아주 적었다. 그런데 나는 잘 가르쳐야 한다는 욕심으로 학생들을 수준별로 세분하여 한국어 교육을 시켰다. 선생님들에게도 사례비는 거마비 정도밖에 못 주었다. 나는 솔직하게 선생님들에게 돈을 벌고 싶다면 다른 직장을 찾아야 할 것이라고, 여기에서는 한국어 교육에 사명감을 가지고 봉사하고 헌신하는 마음으로 임해야 한다고 이야기했다. 다행히도 모두 뜻있는 분들이라 기꺼이 나의 의도를 이해해 주었고, 우리는 한 목표를 향해 달렸다. 학생들이 우선 한국말을 잘 못하므로 한국어 선생님들에게 현대 회화 교수법을 가르치고, 남편(이선근 박사)과 함께 한국어 회화 교재를 만들어 사용하면서 적극적으로 말하기 위주로 한국어를 가르쳤다.

한국어 회화 중심 교육을 한 이유는 전국 한국학교 학술대회에 참석했을 때 미국 중부에서 온 한 교사가 "학생들이 한국학교에 10년이나 다녔는데 한국말을 못해요. 이 문제를 어떻게 해결할 수 있을까요?"라는 질문을 듣고 깨달은 점이 있었기 때문이다. 한국학교 학생들에게 한국어는 외국어인데 교사들이 외국인을 위한 한국어 교수법을 모르기 때문이라는 것을 깨닫고 뉴욕브로드웨이한국학교 선생님들에게 현대 언어 교수법을 철저히 연수시켰다. 그 덕분에 전국 한국학교 학술대회 때마다 뉴욕브로드웨이한국학교 선생님들은 강사로 초빙되어 시범 교육을 여러 번 하였다.

뉴욕브로드웨이한국학교 학생들은 토요일 아침에 체육관에 모여 반별로 담임 교사의 인솔하에 자기 교실로 들어갔다. 나는 오전 9시부터 오후 3시까지 수업 시간을 여섯 번, 점심시간을 45분으로 정하여 시간표를 짰다. 학생들은 누구든지 한국어 회화 1시간, 독본 2시간으로 짜인 수업을 들어야 했고, 특별히 한국말을 전혀 못 하는 학생들은 한국어 회화를 2시간으로 늘리고, 독본을 1시간 줄여 커리큘럼을 만들었다. 그리고 모든 학생들이 음악을 배우도록 했다. 한국어를 제외한 교사들은 전문가들이었고, 특히 한국 역사와 문화는 영어로 강의하도록 하였다. 모든 교사는 학기 시작 전에 강의 계획표를 작성하여 제출하도록 하였고, 2주에 한 번씩 교안을 미리 제출하도록 하였다. 만약 갑자기 결근을 해도 다른 선생님이 그 교안대로 잘 가르칠 수 있게 하기 위함이었다. 학생들에게 매주 한국어 숙제를 내주었는데, 학생들에게 숙제를 내 줄 때 한 부를 복사해 학교에 보관하도록 하였다. 이렇게 뉴욕브로드웨이한국학교는 수업에 충실하고 잘 가르치는 학교로 학부모들 사이에 소문이 나서 많은 학부모들이 자녀들을 우리 학교에 보내고 싶어했다.

초기에 80여 명의 학생들은 모두 한국어 3시간, 음악 1시간, 저학년은 무용이나 태권도 1시간, 5학년 이상 고학년 학생들은 모두 한국 역사와 문화를 배우도록 하고, 나머지 1시간은 선택과목으로 붓글씨(서예), 미술 등을 배우도록 하였다. 점심은 처음에 모든 학생들이 식당에 모여 피자를 주문해서 먹었지만 어떤 학생들이 피자를 먹지 않고 통째로 쓰레기통에 버리는 것을 보고 각자 집에서 준비해 오도록 하였다. 이로써 모두가 점심시간을 즐겁게 보낼 수 있었다.

뉴욕브로드웨이한국학교에는 매 학기 전교생이 함께 참여하는 행사가 있었다. 가을 학기에는 코리안 퍼레이드 참가, 공개 수업, 동화구연대회, 학습 발표회가 있었고, 봄 학기에는 어린이 예술제 참가, 공개 수업, 운동회 그리고 매 학기 말에 종강식과 더불어 각 반 학습발표회를 실시했다. 또한 학생들과 학부모, 선생님들이 쓴 글과 그림을 모아 책자를 만들어 나누어 가졌고, 학기 말에는 꼭 학습통지표를 작성하여 담임교사와 특활 담당 교사들이 학부모들에게 하고 싶은 말과 평가서를 써서 각 가정에 우송했다. 그리고 학기 중에도 학부모들에게 필요할 때마다 통신문을 보내어 협조를 구했다.

재미한국학교 동북부지역협의회 주최 어린이 예술제에는 매년 꼭 참석하였는데 해마다 고전무용, 연극, 합창 등 아주 다양하게 준비하여 발표하였다. 어느 해인가 한국 무용을 준비해서 참가했는데, 무용복을 똑같이 맞추어 입혀서 나갔더니 다른 학교 학부모 한 분으로부터 "저 학교는 무용소 아이들을 데리고 나왔나?" 하는 말을 듣기도 했다. 옷도 일품이었지만 고전무용도 아주 잘 하는 것을 보고 한 얘기였다.

지금 뉴욕의 모 대학교 교수이신 조동호 교수님이 연출하신 심청전 연극은 아주 멋있었다. 심봉사는 누덕누덕 기운 하얀 도포에 갓까지 쓰고 했으니까. 배경에 나오는 합창도 조동호 교수님이 직접 작사, 작곡을 하고 학생들은 남녀 모두 한복

동화구연대회 및 개교 10주년 축하 잔치에 참가한 뉴욕브로드웨이한국학교 학생들의 모습

을 입고 나갔다. 어린이 예술제는 퀸즈에 있는 한 고등학교 강당에서 열렸기 때문에 우리는 대형 버스를 대절하여 학생들을 데리고 나갔다. 우리의 심청전 공연을 본 다른 학교 선생님 한 분은 공연을 우리만 보기 아깝다고 하면서 다른 한국학교에도 가서 공연을 했으면 좋겠다고 하기도 했다. 어느 해에는 뉴욕 메트로폴리탄 박물관의 요청으로 무용반 학생 전원이 박물관에 가서 분장을 하고 한복을 입고 미국인들 앞에서 두세 시간 공연을 한 적도 있다. 이 모두는 담당 선생님, 학생, 학부모가 협조하여 이루어 낸 작품이었다.

한국어 수업은 아주 철저히 준비하여 교육시켰다. 나는 토요일에만 수업하는 학교의 교장이었지만 주중에도 한국어 회화 교재와 교안 작성으로 엄청난 시간을 투자하며 준비했다. 지금 생각해도 참 정열적으로 헌신했다고 생각한다. 목적이 뚜렷했으므로 오직 한 방향으로 목표 달성을 위해 일했다. 토요 한국학교 교장이었지만 한 반을 맡아 담임도 했고, 한국어 회화 교재는 매주 대여섯 반 것을 준비해서 교사들에게 나누어 주었다. 우리 학교의 학생들은 한국인의 후예로서 한국말뿐만 아니라 한국 문화와 역사, 노래 등을 잘 이해하고 실제로 일상생활에서도 적용할 수 있도록 하기 위함이었다. 오로지 사명감과 책임감을 가지고 부끄러움이나 아쉬움이 없도록 열성적으로 일했다.

우리는 어린이들만 생각하지 않았다. 학부모님들도 항상 시간을 내어 미국 사회를 배우도록 교수, 변호사, 보험인 등을 초빙하여 다양한 주제로 학부모반을 운영해 나갔다. 때로는 미국 교육제도나 법에 관한 특강을 하기도 하고 꽃꽂이반, 붓글씨반, 합창반도 운영했다. 선생님들은 선생님들대로 교사 연수회도 가졌다. 모든 선생님들은 1년에 한 번씩 재미한국학교협의회(NAKS)가 주최하는 학술대회에 참석했고, 타 주에서 개최되는 전국 학술대회에 참석하기 위해 3박 4일의 여행을 하면서 새 교수법을 배우기도 하고, 본교 교사들이 가르치기도 하면서 교사들의 우정도 돈독히 하였다.

우리 교사들은 한국어를 외국어로 배우는 학생들의 입을 트이게 해 줄 수 있는 교수법을 터득하여 학생들이 이를 통해 효과를 볼 수 있도록 해주었다. 외국어를 배우는 첫번째 목적은 의사소통이다. 한국말로 묻고 대답하고 자기 생각을 표현하고 또 편지를 비롯하여 남의 글을 읽고 이해할 수 있어야 한다. 우리의 목표는 외국에서 사는 우리의 2, 3세들이 한인의 후예로서 당당하게 자부심과 책임감을 가지고 살아가도록 교육하는 것이었다. 또한 사회생활뿐만 아니라 부모, 형제 간에도 원활히 소통할 수 있도록 한국적인 사고방식, 한국인의 예의범절, 문화 등 골고루 가르쳐 줘야겠다고 생각했다. 그래서 매 순간 최선을 다하고 열성을 다해 맡은 일을 잘 해야 했다.

뉴욕브로드웨이한국학교는 뉴욕한인경제인협회 부설 학교이지만 초창기에는 경제적인 면에서 넉넉한 편이 아니었다. 우리는 학부모회와 힘을 합쳐서 모금 파티, 기금모금 바자회 등을 해서 모자라는 돈을 충당했다. 경제인협회 이사회에서는 학생 수가 많지 않고 등록금도 적은 편이니 한 반에 20명씩 배치해서 교육하라고 권고했지만, 나는 학생들의 수준별로 한 반에 7~8명씩 배치해서 수업했다. 나는 교육에 신경을 많이 써서 운영해 나갔다. 한번은 다민족 가정의 자녀가 입학했는데 고학년일 경우 두세 명을 한 반에 앉혀 놓고 한국말을 가르친 때도 있었다. 아무리 한국말을 못한다고 해도 7~8학년 학생을 5~6세의 어린아이들과 같이 가르칠 수는 없으니까 말이다. 한국 역사, 음악, 태권도는 반을 합쳐 수업했다.

1990년에는 여름 방학을 이용해서 5학년 이상 학생부터 대학생까지 총 29명의 학생을 모집해 집중적으로 한국어 교육을 1개월 동안 매일(1주일에 5일, 하루에 4시간씩 수업) 실시한 적이 있다. 그때는 학생들의 한국어 실력이 쑥쑥 자라는 게 눈에 보여서 참 뿌듯하고 재미있었던 기억이 난다.

뉴욕브로드웨이한국학교는 학기마다 학부모들이 자녀 수업을 참관하도록 공개수업도 가졌고, 수시로 학부모들이 담임교사와 상담할 수 있도록 했다. 매 학기

말에는 반마다 한 학기 동안 배운 것을 발표하는 시간을 갖기도 했다. 그리고 1년에 한 번씩 『넓은 길, 열린 글』이라는 책을 발행했다. 제일 잘하는 고학년 학생들은 졸업시험을 보고 졸업을 했다. 단 본교에 2년 이상 재학해야 졸업장을 받을 수 있게 했다. 나는 만 20년 동안 교장으로 일하고 2004년 6월에 퇴임식을 하고 마쳤다.

재미한국학교협의회

미국의 한국학교 협의회는 1980년에 재미한국학교협의회(National Association for Korean Schools: NAKS)를 발족시키기 위한 첫 모임을 가진 후, 1981년에 정식 회장단을 구성했고 1985년에는 재미한국학교 동북부지역협의회가 창립총회를 가졌다. 워싱턴지역협의회, 시카고지역협의회에 이어 세 번째로 동북부지역협의회가 탄생된 것이다. 나는 매년 정기총회에 참석하여 연수를 받았다. 1992년에는 NAKS의 재무를 맡아 봉사하기도 했다.

재미한국학교협의회는 매년 여름 다른 도시에서 학술대회 및 정기총회를 개최해 오고 있다. 그 당시에는 300여 명의 교사가 미국 전국에서 모여 정기총회, 학술대회(교사 연수회)를 큰 규모로 개최했다.

2002년 필라델피아에서 개최된 NAKS 학술대회 및 정기총회에 참가한 동북부지역협의회 참가자들

나는 1999년에는 동북부지역협의회의 회장으로 피선되어 2년 동안 봉사했다. 그 당시에 동북부지역협의회는 뉴욕, 뉴저지, 코네티컷, 펜실베이니아 지역을 관할하고 있으면서 1년에 3회 교사 연수회를 실시했다. 뉴욕에서 한 번, 뉴저지에서 한 번, 필라델피아에까지 가서 한 번 이렇게 세 번을 실시했다. 약 10명의 교사가 강사로 활동하였는데 필라델피아는 당일 새벽에 떠나서 온종일 하기도 하고 하루 전 저녁에 도착하여 하룻밤 자기도 했다. 매번 아침 9시부터 오후 5시까지 했다. 한 지역에 200~250명까지도 참석한 일이 있었다. 내가 동북부지역협의회 회장을 맡았을 때도 예년과 같이 임원들과 함께 교사 연수회뿐만 아니라 학생들을 위한 어린이 예술제, 동화구연대회, 한영·영한 번역대회, SAT II 한국어 모의고사, 교장, 이사장, 지역인사 초청 간담회 등을 실시하면서 분주한 시간을 보냈다. 이 모든 것은 재미 한인 어린이들을 잘 가르치려는 목적을 달성하기 위한 것이었다. 이러한 사업을 하려면 비용이 많이 드는데 한국학교들은 돈이 많지 않았다.

어느 날 워싱턴 DC에 있는 워싱턴 지역 한국학교협의회 회장으로부터 전화가 왔다. 한국에서 KBS 국악관현악단이 미국에 왔는데 협의회 기금모금을 위해서 뉴욕에서 관현악단 공연을 하지 않겠느냐는 고 김경열 회장의 전화였다. 우리 임원들은 논의 끝에 공연단을 초청하기로 했는데, 지금껏 그런 큰일을 해보지 못한 우리 교육자들의 무모한 결정이었음을 후에 깨닫고는 무척 당황했던 기억이 난다. KBS 국악관현악단의 초청 공연은 링컨센터에서 해야 하는데 하루 임대료만 3만 달러 이상이었다. 1천 명쯤 수용하는 공연장에 얼마를 받아야 임대료를 제하고 우리 협의회 기금에 도움이 될까 계산을 해보니 아찔했다. 우리는 부랴부랴 한국의 해당 정부 기관에 공문을 보내는 등 협조를 구해서 겨우 1만 달러를 모금할 수 있었다. 그런 일은 교육자가 하는 게 아니라는 것을 절실히 깨달았다. 그때 모금액은 여러 가지 행사를 위하여 유용하게 쓰였지만 말이다.

한국 정부와 한국어 관련 여러 학회에서도 꾸준히 재외동포 교육을 위해 노력해 준 것이 많은 도움이 되었다. 특히 국립국제교육진흥원과 한글학회는 해외 한국학교 교사 초청 연수를 매년 했던 것으로 기억된다. 우리는 협의회 차원에서 신청자를 모집하여 한국에 보냈다. 또한, 매년 장기근속 교사를 표창하여 격려하였고 교사 연수회를 통하여 새로운 교수 방법을 배우게 했다.

SAT II 한국어 모의고사

미국의 ETS(Educational Testing Service)에서 SAT II KOREAN 시험을 보기로 결정했을 때 재미한국학교 동북부지역협의회는 그 시험에 대비해서 SAT II 한국어 모의고사를 실시했다. 모의고사를 위해 시험문제 출제위원을 구성하여 이미 실시하고 있던 SAT II 일본어, SAT II 중국어 시험 예상문제집을 사서 그것을 참고로 하여 한국어 문제를 만들었다. SAT II 일본어와 SAT II 중국어는 일본어와 중국어를 잘 아시는 분들에게 번역을 의뢰했다. 1995년에 개설된 뉴욕한국어교육원에서는 발 빠르게 네 명의 선생님(이선근, 차영실, 최미정, 김근순)이 모여서 『SAT II KOREAN 예상문제집』이라는 책자를 출판(1997년 발행)해서 수험생들의 시험 준비에 도움을 주었다.

재미한국학교 동북부지역협의회에서 첫해에 1,200여 명의 학생들이 SAT II KOREAN 모의고사에 응시하였다. 그 즈음에 NAKS의 총무로 활동하던 방정웅 선생님(텍사스 거주)께서 SAT II 한국어 모의고사에 대한 소식을 듣고 모의고사를 전국적으로 하면 좋겠다는 의견을 말씀하셨다. 마침 그분은 텍사스 주 교육청에서 시험 담당관으로 근무하면서 기계 채점 방법을 사용하고 있어서 우리가 뉴욕에서 하듯이 시험지 채점을 손으로 한 장씩 하지 않아도 되었으므로 몇천 명이 응시해도 문제가 안 되었다. 우리는 임원 회의를 하여 전국적으로 모의고사를 실시하기로 결정하였다.

2000년에는 내가 NAKS 총협의회 부회장으로 봉사할 때 SAT II 한국어 모의고사 담당 부회장직을 맡아서 일했다. 전국에서 뽑혀 온 모의고사 출제위원 다섯 명과 함께 뉴욕의 라과디아 공항 근처 호텔에서 일했던 기억이 난다. 그 당시 모의고사 출제위원장으로 이선근 선생님이 봉사할 때였다. 이선근 선생님은 7년 동안 모의고사 출제위원장으로 모의고사 출제를 담당하였다. SAT II 한국어 시험은 지금까지도 매년 4천 명 이상의 학생들이 응시하고 있고, 또한 모의고사도 계속 시행되고 있다.

뉴욕대학교 Asian Studies Program

나는 1991년 초부터 5년간 뉴욕대학교(New York University) Asian Studies Program에서 한국어를 가르친 적이 있다. 한 반에 20명씩 두 반을 맡아서 가르쳤는데 90% 정도는 한국 학생들이었다. 어떤 경우에는 학생들이 꼭 한국어를 그 학기에 배워야 하는 이유를 대면서 허락해 달라고 사정하는 바람에 한 반에 24~25명을 가르친 적도 몇 번 있다. 잊혀지지 않는 이야기 중의 하나를 소개해 본다.

대학교에서는 가을 학기에 각 언어의 기초 I 과정을 가르치고 봄 학기에는 기초 II 과정을 가르치게 되는데, 1990년대 초에 한 한국인 여학생이 나를 찾아와서 자기의 딱한 사정을 얘기하면서 한국어 수업을 듣고 싶다고 했다. 내용을 들어보니 자기는 부모님과 늘 영어로 대화해 왔고 한국말은 하나도 몰랐는데 어느 날 아버지가 갑자기 쓰러져서 뇌를 다치신 후에 영어를 전혀 못 하게 되었다는 것이다. 자기가 보살펴 드려야 하는데 의사소통이 전혀 안 되니 하루속히 한국말을 배워야 한다고 수강신청을 원하는데 그 학생은 기초 I을 공부해야 하니 그 반에 받아 줄 수가 없는 딱한 사정이 되었다. 그래서 개인교수를 택해서 공부하라고 말해 주었다. '세상살이에는 참으로 별일도 다 생기는구나'라고 생각하며 씁쓸해했던 기억이 난다. 유비무환! 참 좋은 말인 것 같다.

당시 나의 반에서 공부한 한인 학생들은 미국에서 태어났거나 아주 어릴 때 이민 온 학생들이 대부분이었다. 학기 말에 수업을 들은 학생들이 교사들을 평가해서 책자로 출판했는데 내 수업에 대한 평가는 아주 좋았던 것으로 기억된다. 그러나 나는 그런 것에 개의치 않고 진심으로 학생들이 잘 배우기를 바라며 열심히 가르쳤다. 4~5년 후에 한국어 전임강사를 뽑을 때 동아시아학 프로그램(East Asian Studies Program)의 중국인 책임자였던 교수가 뉴욕대학교에서 계속 가르치지 않겠느냐고 물었다. 그러나 나는 그곳에서 가르치는 것이 마음에 안 내켜서 그만두겠다고 하였다. 그때 계속할 걸 그랬나 하는 생각을 한 적도 있다.

뉴욕한국어교육원 창설

나는 1975년 6월부터 뉴욕에서 살아오면서 이곳에서 태어났거나 아주 어릴 적에 이민 와서 한국어 교육을 받지 못하고 자란 한인 2세가 많은 것을 알고 이선근 선생(남편)과 함께 뉴욕 맨해튼 코리아타운에 성인을 위한 한국어교육원을 세웠다. 그때가 1995년 3월이었다.

한국 신문과 라디오 방송으로 뉴욕한국어교육원의 설립을 알리고 광고를 통해 학생들을 모집했는데, 한국인 2세가 80%, 외국인이 20%였다. 네 명의 교사들이 가르쳤다. 선생님들은 모두 외국어로서의 한국어 교육에 경험이 많은 전문가들이었다. 학생들은 모두 직장인들이었기 때문에 수업은 자연히 저녁 시간으로 정했다. 교육은 주중반은 1주일에 두 번씩 월수반, 화목반으로 정하고 6시부터 1시간 30분씩, 또는 7시 40분부터 1시간 30분씩 수업을 하였다. 그리고 토요일에는 오후 2시부터 5시까지 수업하였다.

주중반 학생들은 낮에는 직장에서 근무하고 퇴근한 뒤 학교에 와서 공부하는데, 주로 3~7명의 학생들이 한 반에서 수업하였다. 한국어를 회화 중심으로 가르치려고 했기에 한 반에 일곱 명 이상은 받지 않았다. 학생 수가 적으니 학생들은 알찬 수업을 받을 수 있어서 좋아들 하였다.

뉴욕한국어교육원의
두 번째 학기
(1995년 5월 8일~7월 5일)
수강생들과 함께

한국인 학생들은 대부분 자기가 한국인인데 한국말을 잘 못하고 글을 읽을 줄 모르니 부끄러워서 배우려고 하는 사람이 많았고, 한국어가 필요해서 배우는 사람도 꽤 있었다. 그중에는 부모님을 원망하는 학생들도 있었다. 어릴 적 주말 한국학교에 안 가겠다고 떼를 썼을 때 부모님이 그냥 놔두었기 때문에 한국어를 못 배웠는데 어린애가 뭘 안다고 그냥 허락했느냐는 것이다. 강제로 가르쳤어야 옳았다는 것이다. 그래서 뒤늦게 배우러 온 사람들이다.

30대 중반의 한 한국인 남자 의사의 이야기가 생각난다. 자기가 근무하는 병원에는 의사들이 몇십 명 되는데 갑자기 영어를 모르는 한국 노인이 응급실에 실려 오자 미국 간호사들이 자기에게 와서 통역을 좀 해 달라고 하더란다. 자신이 한국말을 할 줄 몰라 아주 부끄러웠고 당황했었다고 하면서 한국어를 배우러 온 경위를 설명했다. 그 학생은 너무 바빠서 다섯 번도 못 오고 그만두긴 했지만……. 이 외에도 미국 출생 한국인 젊은이들이 한국인 약혼자 또는 배우자의 장인, 장모 또는 시부모님과 말이 안 통해서 한국어를 배우러 오는 경우도 많았다.

미국에서 태어난 한 한국 여자는 미국 남자와 결혼해서 이제는 한국말을 못해도 문제가 없겠다고 안심을 하고 있었는데 어느 날 미국인 시부모님의 전화를 받고 허겁지겁 달려와서는 한국말을 빨리 배워야 한다고 했다. 이유를 들어보니, 자신은 한국말을 잘하지 못하는데 미국인 시댁 식구 11명이 2개월 뒤 여름방학 때 단체로 한국 관광을 가려고 하니 자신에게 통역을 하라고 했다는 것이다. 그 여자는 한국어 실력이 기초밖에 안 되는데 통역을 할 수 있는 수준으로 한국어를 구사하기에 2개월은 너무 짧아 안타까웠다. 1주일에 3시간씩 배우는 우리 한국어교육원의 제도로는 적어도 몇 년은 배워야 한국 여행을 하는 미국인들에게 웬만한 통역을 할 수 있을 텐데 말이다. 고사성어 '유비무환'이란 말이 생각났다.

이 글의 도입부에 언급했던 것처럼 한국어교육원의 학생들은 나이, 직업, 국적이 아주 다양하다. 배우려는 이유도 제각각이다. 뉴욕에 있는 모 방송국의 일본인 여자 중견 간부의 예도 그중 하나다.

그분의 아버지는 자신이 일본에서 자랄 때 본인에게 "너는 한국 사람은 보지도 말고 그들과 대화하지도 마라! 그리고 네가 가고 싶은 나라는 어디든지 다 갈 수 있어도 한국에는 가지 마라!"라고 하며 한국인과 한국 땅에 가까이하지 못하도록 가르쳤다고 한다. 그러나 성인이 되어 뉴욕에 와서 살면서 한국 TV 드라마를 보며 한국을 좋아하게 되고, 한국 사람을 만나도 좋더라는 것이다. 한국 TV 드라마 '겨울연가'를 자그마치 스물네 번이나 보았다고 했다. 그러면서 뉴욕에 있는 일본 사람 가운데 한국 드라마를 좋아하는 사람들의 모임이 있다고 했다. 이후 3년 동안 한국어를 배우고 한국도 다녀왔단다. 남편과 나도 그 모임에 초대를 받아 간 적이 있다. 그 모임의 회장직을 맡고 있는 분은 80세가 넘은 일본 여성인데 겨울연가를 80회 이상 보았다고 했다. 믿어지지가 않았다. 일본인들만 40~50명이 정기적으로 모임을 갖고 있다고 한다.

한국 드라마로 인해 한국어를 배운 또 한 명의 일본 중년 여자가 있었다. 그분은 번역가인데 한국 드라마가 좋아서 한국어를 배우기 시작했다고 한다. 그분이 한

이야기 중에 잊혀지지 않는 이야기 한 토막. 중·고등학교 시절 한국인 여자 친구가 한 명 있었는데 방과 후에 같은 무용학교에 다녔단다. 그런데 무용학교에 갈 때 길에서는 서로 모르는 사람처럼 행동했다고 했다. 그리고 학교에 도착하면 같이 이야기도 하고 수업도 같이 듣고 친구처럼 대했다는 믿어지지 않는 이야기를 들었다. 일본에서 살고 있는 한국인들의 생활이 얼마나 어려웠는지를 짐작할 수 있었다.

미국에서 태어나서 자란 대다수의 한국 젊은이들은 소위 Kitchen Language라고 하는 기본적인 의사소통밖에 못 하는 경우가 많다. 단어를 들으면 보통은 올바르게 그 뜻을 알아듣지만, 간혹 정반대로 알아듣는 경우도 있다. 모르는 단어가 나오면 대강 뜻을 추측해 내는데, 전혀 관계가 없는 단어의 경우에도 발음은 비슷한 경우가 있으니까. 부모님들이 한국 문장에 영어 단어를 섞어 쓰는 경우가 아주 많다 보니 자녀들이 부모로부터 한국말을 배우는 데에는 한계가 있는 것 같다.

미국에서 한국어는 1988년 서울 올림픽 개최 이후 아주 조금씩 관심을 받기 시작해 2000년에 들어서면서 K-pop, TV 드라마 등으로 비한국계 젊은 성인들 사이에서 주목받기 시작했다. 어떤 학생들은 TV 드라마를 보다가 못 알아들은 단어를 적어 와서는 뜻을 묻는 경우가 있다. 사전에 없는 말도 있다. 비속어나 새롭게 생겨 유행하는 합성어들이다. 교사들도 처음 들어보는 말도 많다. 가끔 한국 TV를 보다 보면 '맛이 크리미하다'든지 '멋진 데이 보내세요'라는 등의 말을 듣게 되는데, '우리말이 이렇게 파괴되어도 되나?'라는 생각이 들기도 한다. 정말 큰일이다. 한국 사람이 한국말을 들어도 완전히 이해할 수 없는 날이 올 것만 같다. 아니 벌써 오고 있다는 생각이 든다.

한국 내에도 한국 대학에 유학하는 외국 학생들이 많아지고, 국제결혼 하는 사람들이 많아지면서 많은 대학들이 유학생들을 위하여 한국어 강좌를 개설하고 사설 학원도 많은 것으로 안다. 그 영향을 받아 요즘 우리 교육원에도 많은 외국인들이 찾아와서 한국어를 공부하고 있다. 일전에는 교육원에서 공부하고 있는 미국 중년 여자가 수업을 시작하기 전에 몇 가지 질문을 해도 되느냐고 하더니 TV 드라마에서 들었는데, '에미', '애비'가 뭐냐고 묻는다. 때로는 경상도 사투리를 적어 와서 그 뜻을 묻기도 한다. 한국어를 배우면서 문화와 역사도 배우고 있다.

입양인 한국학교 개설

뉴욕한국어교육원에서 배우는 학생들 중에는 한국인 입양인 학생이 여러 명 있었다. 그런데 그들은 공부를 계속해서 하지 않고 몇 달 공부하다 포기하는 경우가 많았다. 그중 한 학생이 한 1년 동안 공부하다가 더는 공부를 못 하겠다고 하기에 그 이유를 들어보니 자기 뿌리를 찾기 위해서 그동안 저축해 놓은 돈으로 공부를 했는데, 이제는 돈이 다 떨어져 그만둬야 한다는 것이다. 이 이야기를 듣고 우리 재단 이사회에 요청해 2005년 1월에 입양인 한국학교(Korean Heritage School for Adoptees)라는 이름으로 한국학교를 설립하게 되었다.

입양인 한국학교는 한국어교육원의 시설을 이용하기로 하고 토요일 오전 10시부터 오후 1시까지 한국에서 입양된 어린이반 두 학급, 외국인 부모반 하나를 만들어 가르치고, 이미 자라서 성인이 된 학생들을 대상으로 성인반 하나를 만들어 일요일에 가르치기 시작하였다. 입양인 어린이들만 한국어와 한국문화, 역사를 가르쳐 주는 것보다는 그들을 키우고 있는 부모들도 한국어를 배우게 하고 한국문화, 역사와 풍습을 가르쳐 주는 것이 더 효과적이라고 생각하여 부모반도 만든 것이다. 입양 어린이들은 자신들의 부모가 한국어를 배우겠다고 결심한 것을 너무나 기쁘게 생각하였다. 우리의 판단은 정말 옳았다는 생각이 든다. 우리 부부는 완전히 무료로 봉사하였고, 다른 교사들에게는 많지 않은 사례금을 지급하면서 학교를 꾸려 나갔다.

등록금은 일반인 학생 등록금의 25%로 책정했다. 무료로 가르치려고 했지만, 무료로 가르치면 성공할 가능성보다 실패할 가능성이 더 클 거라는 전문가들의 의

코리안 퍼레이드에 참석한
입양인 한국학교 학생들과
부모의 모습, 맨 오른쪽이 필자

견을 따랐다. 몇 안 되는 가족이었지만 아이들은 한국말과 노래를 배우고 그 부모들은 기초 한국어를 비롯하여 한국의 문화, 역사, 예절, 풍습 등을 영어로 배웠다. 가슴으로 낳은 자식들을 잘 키우겠다는 생각으로 고생을 각오하고 배우겠다는 결심을 한 부모들의 모습이 너무나 아름다웠다.

입양인 한국학교에서는 1년에 한두 번씩 한국 음식을 만들어 먹는 실습 시간을 가졌다. 학교 근처에 있는 한국 식당(큰집, 금강산, 강서회관) 사장님들께서 도와주셔서 김치 만들기를 비롯하여 만두 만들기, 송편 만들기 등을 배우기도 하였다. 입양인 부모들은 학교에서 배운 것을 집에서 자녀들과 같이 실습해 보면서 전보다 더 행복한 가정을 만들어 가고 있었다.

미국인 부모들은 자신이 입양하여 키우는 한국인 자녀들이 자기 뿌리를 알고 자랄 수 있도록 최선을 다할 뿐만 아니라, 설날에는 한복을 입고 세배를 한 후 세뱃돈을 주기도 하고 윷놀이를 하면서 한국의 풍습을 익히고 있다. 여름방학 때는 자녀들을 데리고 한국을 여행하면서 자기 자녀들이 태어난 한국에 대해 많은 것을 배우고 경험하도록 한다.

글을 마치며

　나는 고등학교와 대학교 때 4.19와 5.16을 겪으면서 대한민국이 경제적으로 한창 어려웠을 때 대학교에 입학해서 학창 시절을 보냈다. 연세대학교 도서관학과에서 공부하면서 교내에 있는 시청각교육센터에서 근로 장학생으로 일하고 있을 때였다. 연대 한국어학당의 학감이셨던 박창해 교수님께서 나보고 한국어를 가르쳐 볼 생각이 있으면 도와 주겠다고 하셨던 것이 계기가 되어 뜻밖에 외국인들에게 한국어를 가르치게 되었다.

　외국인에게 한국어를 가르치는 일은 의미가 있는 일이었으며 재미있기도 하였다. 그렇게 한국어를 가르치고 있을 때 함께 한국어학당에서 가르치고 있던 동료 강사 이선근 선생과 책 쓰는 일 때문에 만나게 되면서 서로 사귀게 되었고, 1년 후에 이선근 선생이 터키 정부 장학생으로 유학을 가게 되었다. 그래서 시청각 교육학을 공부하러 미국으로 가려던 계획을 포기하고 나도 터키 정부 장학생으로 터키에 가서 도서관학으로 박사학위를 받게 되었다. 1975년에 귀국하는 길에 동생 결혼식에 참석할 겸 어머니와 동생들이 있는 미국에 들른 것이 나의 인생에 또 다른 전환점이 되었다.

　뉴욕에 와서 1978년부터 브루클린한인교회 한국어학교에서 한국어를 가르치기 시작하여 뉴욕한인경제인협회 부설 뉴욕브로드웨이한국학교, 뉴욕대학교 Asian Studies Program, 한국문화연구재단 뉴욕한국어교육원과 입양인 한국학교에서도 한국어를 가르치면서 수십 년을 지내 오고 있다. 요즘도 한인 2세와 외국인들에게 한국어와 한국 문화 및 역사를 설명해 주기도 하면서 하루하루를 재미있고 뜻있게 보내고 있다. 한국어 교사 및 교장으로서 일하는 동안 전에 연세대학교 한국어학당에서 현대 언어 교수법을 배워 한국어를 가르친 경험이 있기에 미국 전역에 초청받아 한국어 회화 교수법을 강의하였고, 새로운 한국어 교과서를 동료 강사들과 같이 만들어 출판하였으며, 재미한국학교 동북부지역협의회 회장, 재미한국학교 총협의회 부회장으로 한국학교 교육 발전에도 작게나마 도움을 주는 일을 지금까지 30~40년 동안 해왔다. 사실 고생을 하면서도 경제적인 도움은 거의 받지 못했지만, 우리 한인 2세들에게 한국어를 가르치는 것이 보람있기에 모든 어려움을 이겨낼 수 있었다. 언젠가는 한국어가 세계 모든 나라 사람들이 즐거이 배우는 국제 언어가 될 것이 틀림없기에 그 일에 내가 조금이라도 도움을 주는 한 사람이 되기를 바라 마지않는다.

김근순

현재 한국문화연구재단 뉴욕한국어교육원에서 부원장으로 재직 중이며, 코사(KOHSA) 입양인 한국학교 교장으로 일하고 있다. 1970년대 말부터 지금까지 다양한 위치에서 한국어 교육과 보급에 줄곧 힘써왔다. 연세대학교 도서관학과를 졸업하고, 1975년에 터키 앙카라대학교(Ankara University)에서 도서관학으로 문학박사 학위를 받았다.

geun526@gmail.com

한국어를 사랑하기에

이선근 한국문화연구재단 부설 뉴욕한국어교육원 원장

　매년 연말이 되면 오랫동안 알고 지내온 서부에 계신 한 선배님께 안부 전화를 드린다. 그분도 나와 마찬가지로 30년이 훨씬 넘도록 우리 2세들에게 한국어를 가르쳐 왔고, 한국학교 교장을 지내신 분이다. 통화를 할 때마다 건강은 어떠신지 여쭤보고 한국어 교육에 관한 이런저런 이야기를 나누곤 했는데, 근래에는 특히 잊지 않고 여쭤보는 질문이 하나 더 있다. 언제 은퇴하실 거냐는 질문이다. 이번에도 어김없이 앞으로 몇 년은 더 가르치실 거란 대답을 기대했는데, 지난해에 그만두셨다고 힘없이 말씀하시는 선배님의 믿기지 않는 대답을 들으니 나도 덩달아 힘이 쭉 빠져버렸다. 한 2~3년은 더 학생들을 가르치고 은퇴하려고 했는데, 아내가 갑작스럽게 쓰러져 넉 달 동안이나 입원하는 바람에 중도에 학교생활을 그만두게 된 것이라 하셨다.

　기나긴 세월 동안 한국학교 교장으로 우리 2세들에게 뿌리 교육을 하시다가 예기치 못한 사모님의 지병으로 교편생활을 중도에 접게 되신 선배님을 생각하니 마음이 아프다. 나 자신도 은퇴할 시간이 가까이 다가옴을 느끼면서 어떻게 유종의 미를 거두어야 할지 생각해 보니 바쁘고도 바쁘게 지내온 과거의 일들이 머리를 스쳐 지나간다.

　1978년부터 우리 한인 2세들에게 한국어를 가르치고 학교를 운영해 온 지 어언

36년이 지났다. 돌이켜보면, 그동안 오로지 한곳만을 바라보며 정말 열심히 뛰어온 것 같다. 그저 한국어를 가르치는 것이 마냥 좋고, 한국어를 사랑하기에 우리 한인 2세들에게 그리고 한국어를 배우고 싶어하는 미국인들에게 한국어를 열심히 가르치다 보니 어느새 세월이 훌쩍 지나갔다.

브루클린한인교회 한국어학교

내가 미국에 처음 온 것은 1975년이다. 알타이 언어를 연구하기 위해 1965년에 유학 간 터키 앙카라대학교에서 학위 공부를 끝마치고 귀국하던 길에 처제의 결혼식이 있어 친척들도 만날 겸 미국에 잠깐 들렀다가 한국으로 귀국하는 것을 접게 되었다.

어느 날 뉴욕에서 내가 대학원에서 공부할 때 지도교수로 나를 지도해 주셨고 한국어학당에 학감으로 계셨던 박창해 교수님을 우연히 뵙게 되었다. 나는 터키에서 학위 공부를 끝마치고 한국외국어대학교에서 교수직을 제안받았다고 말씀드리면서 새로 생긴 터키어과에서 같이 일하게 될 사람에 대해서도 말씀드렸다. 그러면서 그분하고 같이 연구 생활을 하기가 어려울 것 같아 걱정이 된다고 하였더니, 박 교수님께서는 지금 귀국하지 말고 얼마 동안 미국에서 기다리는 것이 좋을 것 같다고 하셨다. 할 수 없이 귀국을 미루고 미국에서 연구를 하면서 얼마 동안 기다리기로 하였다. 그러다가 미국에 있는 한국동포들의 실상을 알게 되면서 한인 2세들에게 뿌리 교육을 시키는 일도 보람이 있겠다는 생각이 들어 한국 대학교에서 가르치는 일은 포기하고 미국에 남기로 했다.

당시 내가 다니던 브루클린한인교회에 나오시던 박창해 교수님께서 한국학교를 세워서 우리 2세들에게 한국인으로서의 정체성을 심어주고 체계적으로 뿌리 교육을 시키자고 하셔서 나도 주저하지 않고 좋다고 말씀 드렸다. 그리고 박 교수님과 담임 목사였던 안중식 목사님과 의논한 끝에 한국학교를 세우기로 했다. 창립 당시 학교명은 '브루클린한인교회 한국어학교'였는데, 한국어 말하기를 중심으로 한국학교를 운영하자는 뜻에서 이와 같이 이름 지었다. 당시 이 학교는 뉴욕 주 안에서 여덟 번째로 세워진 초창기 한국학교였다. 나는 이 학교의 교장직을 맡게 되었고, 나와 함께 연세대학교 한국어학당에서 외국인에게 한국어를 가르쳤던 아내(김근순 박사)와 한국에서 초등학교 교사 생활을 하셨던 이영자 선생님, 그리고 뉴저지 초등학교에서 교사로 근무하던 김지숙 선생님 네 사람이 교사로 임용되었다.

교회에 소속된 학교였기에 첫 학기 학생들은 모두 교인들의 자녀였으며, 학생 수는 총 31명이었다. 교실은 교회 건물을 사용할 수 있었기에 큰 문제가 없었지만 교과서가 문제였다. 당시 뉴욕에 있는 몇 안 되는 다른 한국학교들은 대부분 한국에서 사용하는 초등학교 국어 교과서를 사용하고 있었다. 그러나 우리 학교는 말하기 교육을 강조하려고 했기에 적합한 교재를 구할 수가 없었는데, 다행히 박창해 교수님께 부탁을 드렸더니 기꺼이 만들어 주겠다고 하셨다. 박 교수님께서는 연세대학교에 외국인을 위한 한국어학당을 세우셨고, 한국에서 한국어 회화 교육을 처음 시작하신 분이다. 그리고 외국인을 위한 한국어 회화 교과서를 처음으로 만드신 분이기도 하다.

박 교수님께서 준비해 주시는 한국어 교재 본문을 바탕으로 나와 아내가 한국어 말하기 수업을 위해 준비한 교안과 연세대학교 한국어학당에서 사용하던 현대 언어 교수법을 수업에 적용시켰다. 그 당시 다른 학교에서는 읽기, 쓰기의 이해하기 교수법으로 한국어 수업을 하고 있었는데, 브루클린 한국어학교는 현대 교수법을 알고 있었던 교사들이 있었기에 한국말을 잘 못하는 우리 2세들에게 한국어 회화교육을 중심으로 한국어를 가르치는 최초의 학교가 되었다.

또한 수업은 기초반과 초·중·고급반의 네 단계의 반으로 나누어 진행하였으며, 개교한 1978년부터 졸업 연한이 없이 미국 고등학교 11학년이 될 때까지 계속 한국어학교에서 공부할 수 있게 하였다. 실제로 모든 학생들이 11학년까지 공부하고 졸업을 하도록 하였는데, 1990년까지 4회 졸업생이 있었으며, 졸업생 수는 22명이었다. 대부분의 졸업생들은 8~11년 동안 한국어를 배울 수 있었기에 한국어 수준이 고급반 수준에 이를 수 있었다.

한국어 동화구연대회

초창기에 한국어를 가르칠 때 가장 힘들었던 것은 학부모들이 자녀들의 한국어 교육에 적극적으로 협조해 줄 수 없었던 점이다. 갓 이민 온 부모들은 경제적 안정을 이루기 위해 우선적으로 사업에 신경 써야 했으므로 자녀들의 한국어 교육을 등한시하는 경우가 많았다. 자녀와 만나서 대화를 나눌 시간도 부족했기에 학교에서 배우는 한국어를 학생들이 가정에서 직접 사용할 기회가 많지 않았다.

학생들의 학습 진전이 별로 없는 것을 깨닫고 생각해 낸 것이 한국어 동화구연대회였다. 학생들이 동화를 선택하여 집에서 연습할 때에 부모의 절대적인 도움이 필요함을 학부모들에게 강조하고 협조를 요청하였다. 처음에는 대부분의 학부모들이 마지못해 협조를 약속하였으나 큰 도움이 안 되는 것 같아, 대회가 성공을 거둘 수 있을지를 우려하며 계속해서 학부모들에게 전화하고 설득한 덕분에 많은 협조를 이끌어낼 수 있었다.

동화구연대회 당일, 어린 학생들이 긴 동화를 모두 외워서 유창하게 구연하는 모습을 보고 대회에 참관했던 학부모들은 놀라면서 힘있게 박수를 쳤다. 대성공이었다. 이 행사 이후로 학생들의 태도가 달라졌음은 물론, 부모들도 이전보다 자녀에게 더 큰 관심을 가지고 한국어 학습지도에 많은 시간을 할애하기 시작하였다.

동화구연대회로 인해 학습 효과도 높아지고 학생 수도 증가하는 것을 보면서 이 대회를 단순히 교내 행사가 아닌, 대외 행사로 만들어야겠다는 생각이 들었다. 분명히 한국학교 활성화에 큰 도움이 될 것이라 판단했기 때문이다. 그리고 마침내 학부모들의 도움을 얻어 1985년에 재미한국학교 동북부지역협의회 산하 한국학교를 대상으로 동화구연대회를 개최하였다. 이 대회가 예상외로 11개 학교에서 25명의 학생들이 참가하여 큰 성공을 거두었기에 자연스럽게 대회는 해마다 이어질 수 있었다.

동화구연대회를 개최해 오면서 특별히 기억에 남는 일이 있는데, 이는 1987년 우리 브루클린 한국어학교가 주최한 제3회 동화구연대회에서 1등을 차지한 학생을 한국 기독교방송국이 주최하는 한국의 전국 동화구연대회에 참가시켰던 일이다. 이 학생은 당시 전국에서 선발된 150여 명의 참가자 가운데 당당히 2등을 차지하여 주최 측과 대회에 참가했던 모든 사람들을 놀라게 했다. 외국에서도 한국어를 잘 가르치면 한국에서 자라는 아이들 못지않게 한국어를 잘할 수 있다는 사실을 보여준 것이다. 이런 놀라운 소식을 알게 된 뉴욕 중앙일보에서는 전면을 할애해서 브루클린한인교회 한국어학교와 동화구연대회에 대한 기사를 실어 주었다. 동화구연대회를 개최한 것이 뉴욕 동포들로 하여금 가정과 한국학교에서의 한국어 교육에 더 큰 관심을 갖게 하는 계기가 되었다.

이 동화구연대회는 날로 발전하여 많은 한국학교에서 교내 동화구연대회를 연례행사로 개최하기 시작했으며, 각 학교 대회에서 입상한 학생들을 우리 한국어학교가 주최하는 동화구연대회에 참가시켰다. 2013년 4월 6일에 개최된 제29회 동화구연대회에는 26개 학교에서 31명이 참가하였다.

어린이 예술제

미국에 처음 이민 온 한인 동포들이 무엇보다 중요하게 생각한 것은 경제적인 안정이었기에, 대부분은 자기 자녀들에게 한국어 교육을 시켜야겠다는 생각을 미처 하지도 못하고 있었다. 그래서 1970년대 뉴욕 시의 한국학교 수는 손으로 셀 수 있을 정도로 적었고, 효과적으로 한국어를 가르칠 교재는 물론 우수한 교사를 찾기도 어려워 학교를 운영하는 데 어려운 점이 한두 가지가 아니었다. 이런 어려움을 그저 구경만 할 수는 없었기에 어떻게 하면 한국학교를 활성화시키고 교사의 자질을 향상시킬 수 있을지가 학교 운영자들의 큰 고민거리였다. 이런 어려운 시기에 우연하게도 나에게 좋은 기회가 찾아왔다.

    1987년에 새로 선출된 조병창 뉴욕한인회장이 나에게 한인회 이사회에 나와서 한국문화와 교육위원회를 담당해 달라고 하였다. 한국학교의 활성화를 위해 한인회에서 어린이 예술제를 개최해 준다면 고려해보겠다고 하자 한인회장은 나의 제안을 기꺼이 수락해 주었고, 나는 한인회 이사로 활동하며 몇 달 동안 어린이 예술제를 준비하였다. 그리고 마침내 1989년 5월에 뉴욕한인회가 주최하고 재미한국학교 동북부지역협의회가 주관한 제1회 어린이 예술제를 성공적으로 개최하였다. 한국 초등학교에서 개최하는 학예회의 성격을 띤 이 예술제에는 9개의 한국학교에서 참가한 학생들이 한국 동요 합창, 어린이 연극, 무용 등 한국학교에서 배운 다양한 솜씨를 뽐내며 500여 명의 참관자들로부터 큰 박수를 받았다.

    어린이 예술제는 한국학교에서 실시하는 뿌리 교육이 학생들에게 얼마나 중요한지 보여주었을 뿐만 아니라, 학교 운영자들에게는 다른 학교의 좋은 교육 프로그램을 볼 수 있는 계기를 마련해 주어 각 학교의 발전에도 큰 기여를 하게 되었다. 지금까지 이 예술제는 한 해도 거르지 않고 매년 개최되고 있으며, 2회째 대회부터는 뉴욕한인회가 주최하던 것을 재미한국학교 동북부지역협의회가 직접 주최하였다. 매년 14~22개 학교에서 300~500여 명의 학생들이 참가하고 있으며, 2013년 6월 29일에 제27회 대회가 개최되었다.

교사 연수회

    나는 우리 한인 2세들에게 한국인의 정체성을 심어주고 뿌리 교육을 시키겠다는 마음으로 열심히 지도하는 한국학교 교사들에게 한국어를 어떻게 가르쳐야 하는지 교육시키고, 한국의 역사와 문화, 정서 교육을 위한 한국 동요 그리고 무용 등의 교수법을 가르쳐 주기 위한 연수회가 반드시 필요하다고 생각하였다. 그래서 1988년 내가 재미한국학교 동북부지역협의회 제2대 회장으로 선출되었을 때, 바로 협의회의 최우선 사업으로 교사 연수회를 개최하기로 하였다.

연수회를 성공적으로 개최하려면 우선 훌륭한 강사를 초빙하는 일이 급선무였는데, 다행히 워싱턴 DC 미국무성 외국어 교육원(Foreign Language Institute) 한국어 과장 클레이 파커 박사(Dr. Clay Parker)와 시카고대학교에서 한국어를 가르치고 있던 장숙인 교수를 강사로 초빙할 수 있었다. 또한 뉴욕총영사관 문준환 장학관에게도 협조를 요청하여 재정 지원도 받을 수 있었다. 처음 시작하는 연수회였지만 무려 120여 명의 교사들이 참석하여 대성황을 이루었다. 이로 인하여 한국학교를 활성화시키는 데 큰 도움이 되었고, 교사 연수회를 계기로 많은 새 학교가 협의회의 회원교로 가입하기도 하였다.

교사 연수회가 거듭될수록 교사들의 연수회 참여도도 증가하고 한국학교 교육의 수준도 높아져서 1993년 제6회 교사 연수회부터는 장소를 지역별로 나누어 뉴욕 교사 연수회, 뉴저지 교사 연수회, 펜실베이니아 교사 연수회로 확대하여 개최하게 되었다. 참고로 펜실베이니아 지역은 2001년부터 동중부지역협의회로 독립하였다. 이렇게 교사 연수회도 지속적으로 발전하여 최근에는 뉴욕과 뉴저지에서 개최되는 교사 연수회에 400여 명 이상의 교사가 참가하고 있다. 2013년 제55회 한국어 교사 연수회는 6월 29일에 개최되었다.

교사 사은의 밤

한국학교협의회에서 일하는 동안 꼭 해야겠다고 다짐했던 일이 하나 더 있었는데, 바로 교사들을 위한 특별한 행사를 개최하는 일이었다. 미국에서 한국학교 교사의 봉급은 생활에 도움을 줄 수 있는 수준이 아니었다. 학교 수업 시간만이 아니라 수업 준비를 하는 데도 많은 시간이 들었지만 사례비는 겨우 교통비밖에 안 되는 적은 액수이기 때문이었다. 나는 우리 한국인 2세들에게 뿌리 교육을 시키는 교사들에게 수고에 대한 물질적 보답은 아니지만 조금이라도 그들을 위로해 주는 일이 반드시 필요하다고 생각했다.

이러한 생각에 하루 저녁이라도 수고하는 교사들을 위해 '교사 사은의 밤' 행사를 개최하기로 결정하였다. 비용은 기금모금 골프대회를 통해 학부모님들의 도움을 받아 4,500달러를 모금할 수 있었다. 교사 사은의 밤 행사에는 140명의 교사들을 초청하여 당시 퀸즈 서니사이드에 위치하던 대동연회장에서 1989년에 개최하였으며, 안트리오의 우정 출연과 뉴욕대학교 연극학과 한인 학생들의 우정 출연으로 매우 즐거운 밤을 가질 수 있었다. 비록 짧은 시간이었지만, 열심히 노력하고 계신 선생님들을 위로해 드릴 수 있는 자리였기에 행사 개최에 큰 보람을 느낄 수 있었다.

뉴욕한국어교육원

지금도 크게 다르진 않겠지만, 1970, 1980년대에 미국에 이민 온 어린 한인 학생들은 여러 가지 어려움을 겪곤 했는데, 그중 가장 큰 어려움이 언어였다. 학교에서는 새로운 언어인 영어를 배우느라고 고생해야 했고, 집에 있을 때는 한국어를 몰라 부모 또는 조부모와의 언어 소통이 잘 안 되어 어려움을 겪었기 때문이다.

그 다음으로 학생들이 겪는 문제는 바로 주말에 가는 한국학교 공부였다. 1주일 동안 미국학교에서 공부하느라고 힘들었는데, 토요일에도 한국학교에 가느라 하고 싶은 운동도 못하고 친구 생일파티가 있어도 가지 못하게 되니 어린 학생들이 한국학교에 가는 것을 좋아할 리가 없었다. 그러니 아무리 부모가 자녀들을 한국학교에 보내고 뿌리 교육을 시키기 위해 교사들이 노력한다고 해도 부모들이 기대하는 만큼의 좋은 결실을 얻기는 쉬운 일이 아니었다. 더구나 대부분의 부모들은 자기 자녀가 초등학교를 졸업하면 그때부터 한국학교에 보내는 것을 아예 포기하고 좋은 대학교에 보낼 욕심으로 사설학원에 보내므로 학생 분포도가 고학년이 될수록 피라미드 모양이 되어 아주 적은 중·고등학교 학생만이 한국학교에 남게 된다. 그래도 우리 한인 2세들에게 뿌리 교육은 반드시 필요하였기에 생각해 낸 것이 성인을 위한 한국어 교육이었다.

우리 부부는 터키로 유학을 가기 전, 연세대학교 한국어학당에서 외국인들에게 한국어를 가르친 경험을 살려 1995년 3월에 우리 한인 2세 성인들을 위하여 뉴욕한국어교육원을 세웠다. 대부분의 젊은이들이 맨해튼에서 일을 하고 있어서 맨해튼에서 좋은 장소를 물색하다가 오늘날 한인타운이 있는 32가에 학교 자리를 마련하였다. 브루클린한인교회 한국어학교에서 함께 가르치던 차영실 선생님, 연대 한국어학당에서 강사로 일을 하다가 버팔로 뉴욕주립대학교에서 공부하신 최미정 선생님, 그리고 우리 부부 모두 네 사람이 가르치기 시작하였다.

첫 학기 학생은 41명이었는데, 한인 2세가 80% 그리고 비한국계 학생이 20%였다. 교육과정은 초·중·고급 과정으로 나누었고, 각 과정은 다시 다섯 단계로 세분화했다. 그리고 미국 대학의 교육제도와 달리 수업을 월수반, 화목반으로 나누어 첫 수업은 저녁 6시~7시 30분, 다음 수업은 저녁 7시 40분~9시 10분에 하였다. 그리고 토요일은 오전 10시~오후 1시 수업과 오후 2시~5시 수업이 있었다. 1주일에 3시간씩 8주 코스의 학기로 진행하였는데, 직장에서 근무하는 사람들이 대부분이었기에 이 방법이 제일 좋았던 것 같다.

2000년대에 한류가 시작되면서 뉴욕의 외국인들도 2005년경부터는 한국어에 매우 큰 관심을 갖기 시작하였다. 처음에는 일본 학생들이 수업을 들으러 왔고, 그 다음에는 중국 학생들과 동남아 학생들의 수도 점차 늘어났다. 최근에는 한국 드라마나 K-pop에 관심을 갖게 된 미국인들도 한국어를 배우러 온다. 그래서 최근의 학생 분포는 비한국계가 80%이며, 한인 2세들은 20%밖에 안 된다. 한류로 인하여 한국과 한국어에 대한 관심이 커지게 되어 우리 학교에도 직접적인 영향을 주고 있음을 실감하게 된다.

한국어 교재 개발

　뉴욕한국어교육원을 시작하면서 급선무로 둔 사업은 무엇보다도 한국어 교과서를 만드는 것이었다. 다행히 나와 아내, 그리고 컬럼비아 대학에서 한국어를 가르치고 계시던 이현규 선생님 모두 연세대학교에서 한국어를 가르친 경험이 있기 때문에 함께 교과서를 만들기로 하였다. 우리 세 사람은 2년 반 동안 준비한 끝에 배우기 쉬운 『한국어 I』을 2000년에 발간하였고, 2002년엔 『한국어 II』를 발간하였다. 이 책들은 회화 중심의 새로운 언어 교습법을 바탕으로 제작한 것이기 때문에 한인 2세들의 한국어 회화 교육에 많은 도움이 되었다.

　특히, 『한국어 I』은 CD-ROM도 함께 제작하였는데, 이는 학생들이 집에서 흥미롭게 한국어를 독학할 수 있도록 고안된 것이었다. 이 CD-ROM을 제작해 주신 SDIT회사 강재철 사장님과 임원들께 감사드린다. 현재 시중에 한국의 여러 대학교에서 출판된 다양한 한국어 교과서가 나와 있지만, CD-ROM과 함께 출판된 교과서는 우리가 제작한 것이 유일하다.

　우리 학교에서 공부하는 학생들은 모두 이 교과서를 사용하고 있고, 뉴욕의

필자가 집필에 참여한
한국어 교재

세인트존스대학(St. John's University), 텍사스의 서던메소디스대학(Southern Methodist University) 등 일부 대학교와 미국 중·고등학교 네 곳의 한국어반, 그리고 십여 곳의 한국학교에서도 우리 교과서를 사용해 왔다.

SAT II 한국어 시험

미국에서의 한국어 교육은 1995년 미국 칼리지보드(College Board)가 한국어를 미국 대학수학능력시험인 SAT II 외국어 영역의 아홉 번째 언어로 채택한 것을 계기로 새로운 국면을 맞이하게 되었다. 재미한국학교 동북부지역협의회는 같은 해 12월 8일, 허병렬, 윤순철, 이종숙, 이선근으로 구성된 한국어 모의고사 출제위원회를 구성하였고, 내가 출제위원장을 맡게 되었다. 모의고사는 한국어 과목에 응시하는 학생들에게 도움을 주어 더 많은 학생들이 응시하고, 아울러 모의고사를 봄으로써 본고사에 자신감을 갖도록 하기 위한 것이었다. 제1회 모의고사는 1996년 4월 20~21일에 실시하였는데, 63개 한국학교에서 1,212명이 응시하였다.

이 소식을 접한 재미한국학교협의회도 1997년에 처음으로 실시될 제1회 SAT II 한국어 시험을 대비하여 전국적으로 모의고사를 실시할 계획을 세웠다. 이에 한국어 전문가 여섯 명(이광호, 나박, 김혜순, 윤순철, 허병렬, 이선근)을 모의고사 출제위원으로 구성해 시험문제를 출제하도록 하였다. 1997년 4월 19~20일에 실시된 전국 모의고사에는 총 4,815명이 응시하였으며, 같은 해 11월 4일에 칼리지보드에서 실시한 본고사에는 2,534명이 한국어 과목 시험에 응시하였다.

뉴욕한국어교육원에서도 SAT II 한국어 시험에 응시하려는 학생들에게 도움을 주고자 1996년 9월부터 나와 아내(김근순) 그리고 차영실, 최미정 선생님이 5개월 동안 준비하여 『SAT II KOREAN』이라는 예상문제집을 발간하였다. 그리고 2001년에 나는 한국학교협의회 예산으로 SAT II 한국어 예상문제집을 출판하는 데에도 참여하였다.

국제 한국어 교육 학술대회 참가

나는 오랜 기간 한국어 교육 현장에서 교장, 한국학교협의회 회장, 연수회 강사, 한국어 교육학자, SAT II 한국어 영역 모의고사 출제위원장이라는 다양한 직책을 맡아 일하고 있다. 한국에서도 내가 한국어를 위해 열심히 일하고 있는 사실을 알았는지 한국의 국제한국어교육학회, 이중언어학회, 국립국어원, 한국 국어 교육학회 등에서 개최하는 여러 학술대회에 재미한국학교 대표로 초청되어 발표할 기회를 가졌다.

그동안의 경험을 토대로 재외동포의 한국어 교육 현황에 대해 이야기할 수 있는 기회가 올 때마다 나는 최선을 다했다. 내가 그동안 발표했던 주제들은 '미주지역 동포에 대한 한국어 교육의 어제와 오늘과 내일(1997년 9월)', '해외동포 한국어교육의 현황과 과제(2000년 8월)', '미국에서의 중·고등학교의 한국어 교육과 교수법(2002년 8월)', '북미지역 동포 한국어 교육의 과제와 대안(2004년 10월)', '재미 동포의 한국어 교육(2006년 11월)', '미국 중·고등학교의 한국어 교육(2009년 11월)' 등이 있다.

한국문화연구재단

한인 2세 성인을 대상으로 한국어를 가르치기 위해 설립된 뉴욕한국어교육원은 1995년에 설립할 당시 뉴욕 주에 영리단체로 등록했었다. 그러나 한국어를 배우고 싶어하는 이들에게 한국어를 가르쳐주고 싶었을 뿐, 한국어를 가르치면서 돈을 벌어야겠다는 생각을 해본 적은 단 한 번도 없었다.

그러던 어느 날, 한국어 교육에 큰 관심을 갖고 우리를 몇 년간 지켜봐 오던 한 분(서진형 회장)이 찾아오셨다. 그분은 뉴욕한국어교육원을 비영리 단체로 만들어 교육 사업을 더 확대시키자는 제안을 하셨고, 이를 받아들여 2003년 6월 뉴욕한국어교육원을 모체로 한 한국문화연구재단을 출범시켰다. 이사회는 신영수, 서진형, 강지원, 황성국, 정지영, 황준철 그리고 나 이렇게 총 일곱 명으로 구성되었고, 이 가운데 신영수 씨가 이사장으로, 내가 한국어교육원장 및 재단 운영 책임자로 선출되었다. 이후, 재단 활성화를 위해 한국어 교사 연수회, 고종황제 사절단 뉴욕방문 재연 행사, 미국 내 한국어와 한국학 연구 및 교육 실태 조사, 이광수의 『무정』 영어 번역 출판 기념회, 입양인 한국학교 설립 등의 여러 사업을 활발히 추진하였다.

한국문화연구재단 이사회는 한국학교 활성화를 위해서는 더 많은 교사 연수회가 필요하다고 여겨, 부설 기관인 뉴욕한국어교육원 강사와 인근 대학교의 한국어 교수를 초청하여 한국어 교사를 위한 전문적인 교사 연수회를 개최했다. 2003년 10월 11일과 18일에 개최된 제1회 한국어 교사 연수회는 재미한국학교 동북부지역협의회가 주최하는 연수회와는 달리 한국어 교사들에게 보다 효과적으로 한국어를 가르칠 방법을 알려주기 위하여 실시되었다. 이에 연수회에 참가한 교사들은 한국어 문법, 회화, 맞춤법, 발음, 유형에 관하여 전문적이고 체계적인 교수법을 익힐 수 있었다.

교사 연수회의 강사들은 한국 대학교나 미국 대학교, 또는 한국학교에서 한국어를 오랫동안 강의 및 연구해 온 전문가였기 때문에 한국어 교사들에게 매우 구체적이고 실질적인 도움을 줄 수 있었다. 이들로부터 교육받은 연수회 참가자들은 뉴욕, 뉴저지, 코네티컷 3개 주에 있는 한국학교 교사와 교사 되기를 희망하는 사람들이었다. 10월 11일에는 45명, 18일에는 43명이 참석하였다. 2005년에 실시된 제2회 한국어 교사 연수회에는 102명, 2006년 제3회 때는 104명이 참석하였다.

입양인 한국학교

뉴욕한국어교육원에서 가르친 학생들 가운데 얼굴은 한국인 같지만 이름과 성이 영어라서 어느 나라 사람인지 알기 어려운 학생들이 있었다. 어느 날 한 학생이 수업을 마친 후 나에게 찾아와 본인은 한국 입양아라고 하였다. 그 학생은 지난 2년 동안 자기가 힘들게 저축해 온 돈으로 한국어를 배워 왔는데, 이제는 돈이 없어

다음 학기부터는 더 이상 공부를 할 수 없게 되었다는 안타까운 소식을 전하였다. 나는 이 학생의 사연을 듣고 재단 이사회에 입양인 한국학교 설립을 요청하였다. 그리고 마침내 2005년에 재단 이사회의 승인을 얻어 'Korean Heritage School for Adoptees'라는 명칭의 입양인 한국학교를 설립하게 되었다.

이 학교는 한국인 입양인들이 건전한 미국인으로 자라면서도 자신들의 정체성을 알고, 한민족의 후예로서 자긍심을 갖고 성장할 수 있도록 뿌리 교육을 시키는 것을 목적으로 하였다. 아울러 입양아들의 부모들 또한 한국의 문화와 풍습을 배워 한국을 더 올바르게 이해할 수 있도록 한국어와 한국 역사, 문화와 풍습을 공부할 수 있는 기회를 제공하였다. 그리고 이들 입양 가정 외에 한국인 혼혈인들에게도 이 학교에서 공부할 기회를 제공하였다. 그러나 안타깝게도 예산과 교실 부족으로 현재 입양인 한국학교의 규모는 매우 작은 실정이다. 입양인 어린이반 한 학급, 중등반 한 학급, 부모반 두 학급, 입양 성인반 두 학급, 이렇게 총 5개 학급으로만 운영되고 있다.

한국어정규과목추진회

2003년에 재외동포재단 이사장을 지내신 故 이광규 박사님은 미국에 출장 오실 때 우리 뉴욕한국어교육원에 들러 미국에서의 한국어 교육 현황을 묻곤 하셨다. 이사장 임기를 끝마치신 후 1년 동안 연구차 코네티컷에 있는 동암센터에 계셨는데, 그때도 뉴욕에 오실 때마다 우리 사무실에 종종 들르셨다. 그러던 어느 날, 이 박사께서 오셨기에 오랫동안 생각해 왔던 나의 의견을 말씀드렸다. SAT II 외국어 과목에 한국어가 있지만 정작 그 과목 응시생들은 거의 대부분이 한국계 학생이니 한국어의 세계화는 쉽지 않을 것이라고 설명하니, 이 박사께서도 같은 생각이라고 하시기에 용기를 내어 미국 고등학교에 한국어가 정규과목으로 개설되어야만 한국어의 세계화가 가능할 것이라고 말씀드렸다.

이 박사께서도 한국어의 세계화를 어느 누구보다 더 원하던 분이시기에 추진해 보자고 하셨다. 그래서 같은 생각을 하고 있는 분들을 찾아보기로 하고 뉴욕 인근에 계신 분들을 같이 알아보기로 했다. 며칠 후, 이 박사께서 현대중공업 부사장을 역임하시고 현재 코리아 소사이어티(The Korea Society)에 이사로 계신 김영덕 박사를 소개해 주시고 나도 재미한국학교협의회 회장 이광호 전 회장과 한국문화연구재단 서진형 이사장 두 분께 같이 이 일을 추진해보자고 말씀드렸다. 두 분도 기꺼이 좋다고 하셨다. 이렇게 해서 이광규 박사를 비롯해 다섯 사람이 모여 한국어반 개설을 위한 의견을 모으고 강연회를 하기로 결정하였다. 드디어 2007년 10월에 뉴욕한국문화원 갤러리에서 모임을 갖고 설립한 것이 한국어정규과목추진회(2016년 1월 부로 '미주한국어재단'으로 명칭이 바뀜)다.

한국어정규과목추진회는 이광규 박사를 고문으로, 김영덕 박사와 재미한국학교협의회의 이광호 회장, 뉴욕한인회 이세목 회장 세 분을 공동 회장으로, 한국문화연구재단 서진형 이사장을 후원회장으로 그리고 뉴욕한국어교육원 원장인 나를 사무총장으로 각각 선출하였다.

추진회의 첫 사업으로 동포들의 후원을 받아 뉴저지의 럿거스대학교(Rutgers University) 사범대학원에 단기 한국어 교사 양성 프로그램을 만들었는데, 현직 미국 고등학교 한인 교사와 사범대학원에서 공부하던 학생 다섯 명을 선발하여 그들에게 2년간 교육을 시켰다. 그중 두 교사가 각각 2010년과 2011년에 뉴저지 주 교육청에서 한국어 교사 자격증을 발급받았다. 뉴저지 주 교육청에서 처음으로 한국어 교사 자격증을 발급한 것이다.

그러던 어느 날, 뉴저지에 위치한 팰리세이즈파크 고등학교에서 한국어반을 개설하고 싶지만 예산 부족으로 실행하지 못한다는 소식이 들려왔다. 곧 팰리세이즈파크 교육국과 연락하여 협의한 끝에 뉴저지 주 교육청에서 제1호 한국어 교사 자격증을 받은 황정숙 교사의 첫 2년 봉급을 한국 정부와 한국어정규과목추진회에서 지원하는 조건으로 팰리세이즈파크 고등학교에 한국어반을 2010년 9월에 개설시킬 수 있었다.

팰리세이즈파크 고등학교의 한국어반이 성공적으로 운영되는 것을 보고 2011년 4월에 릿지필드 메모리얼 고등학교에서도 한국어반 개설을 위한 지원을 요청하였다. 이에 2011년 9월, 제2호 한국어 교사 자격증을 받은 원지영 교사의 첫 2년 봉급을 지원해주는 조건으로 릿지필드 메모리얼 고등학교에도 정규 한국어반이 개설되었다.

한국어반이 개설되고 3년 후, 두 학교로부터 한국어반이 성공적으로 운영되고 있다는 기쁜 소식을 전해 들었다. 첫 학기에 26명이었던 팰리세이즈파크 고등학교의 한국어반 수강생은 2년 후 115명으로 증가하였고, 릿지필드 메모리얼 고등학교의 한국어반 수강생은 첫 학기 36명에서 2년 후 80명으로 늘어났고, 초등학교 4, 5학년 전 학생 240명도 1주일에 1시간씩 한국어 수업을 받고 있었다. 이는 기적과 같은 놀라운 발전이었다. 동포들의 도움으로 한국어정규과목추진회가 후원금을 모금하고 한국 정부에서도 지원금을 보내준 결과, 우리 한인 2세들뿐만 아니라 미국 학생들도 한국어를 배울 수 있게 된 것이다. 우리 한국 국민들과 재미 한인동포들이 바라던 한국어의 세계화가 이루어지는 날이 성큼성큼 다가오는 것을 느낄 수 있었다.

2011년 12월 5일
뉴저지 포트리 연회장에서
개최된 한국어정규과목추진회
후원자 감사 만찬을 마치고

외국인 백일장 대회

　미국 대학교와 고등학교에서 한국어를 배우는 학생들의 수가 증가함에 따라 한국어를 잘하는 외국인을 발굴해 내는 일도 중요하고, 앞으로 이들이 한국과 미국에 기여할 수 있도록 길을 열어주는 것도 필요하다는 생각이 들었다. 이와 관련하여 한 가지 사업이 생각났는데, 바로 비한국계 외국인을 대상으로 하는 백일장을 개최하는 일이었다. 비록 처음 시작은 아주 작은 행사로 보여 큰 관심을 끌진 못하겠지만 앞으로 3, 4년 후엔 아주 뜻있는 행사가 되리라 믿으며 백일장 사업을 추진하였다.

　한글 창제 565돌을 기리고 한국어를 배우는 외국인에게 한국어의 우수성과 자랑스러운 한국문화를 보다 더 알리기 위하여 제1회 한국어 백일장을 2011년 10월 15일에 개최하였다. 한국어 백일장은 뉴욕한국문화원과 한국문화연구재단이 공동으로 주최하여 뉴욕한국문화원 갤러리에서 열렸다. 참가자들은 뉴욕, 뉴저지, 코네티컷, 펜실베이니아 4개 주에 거주하고 있는 성인 12명이었다. 이들 가운데 변호사인 라이언 러셀(Ryan Russell) 씨가 장원으로 뽑혔다. 한국 언론에서도 찾아와 행사를 취재하였는데, 장원을 한 러셀 씨를 인터뷰하고 장원 작품을 신문에 게재하는 등 큰 관심을 보였다.

　제2회 외국인 백일장은 2012년 10월 13일 뉴욕한국문화원 갤러리에서 개최되었다. 참가자는 총 11명이었는데, 인도네시아 출신인 코리나 카시만(Corinna Kasiman) 학생이 장원으로 뽑혔다. 제3회 외국인 백일장은 성인 글짓기 대회와 고등학생 글짓기 대회로 나누고, 말하기 대회를 새로 추가하여 2013년 10월 11일에 개최하였다. 당시 성인 대회에는 10명, 고등학생 대회에는 8명이 참가하였다. 성인 글짓기 대회에선 희랍계 미국인 조지 부데리스(George Vouderis) 씨가, 고등부 글짓기 대회에선 중국계 미국인 쉬화 장(Shihua Silvia Zhang) 학생이, 말하기 대회에선 독일계 미국인 줄리아난 쿠슈너(Julianan Kushner) 씨가 각각 장원으로 뽑혔다. 제3회 백일장에는 참가자가 많지 않지만 작품 수준은 이전보다 훨씬 나았다. 최근 비

제1회 외국인 백일장
대회 참가자들과 함께,
앞줄 오른쪽에서
두 번째가 필자

한국계 학생들만 재학하고 있는 여러 고등학교에서도 한국어를 정규 외국어 과목으로 채택하고 있기 때문에 앞으로 실시될 외국인 백일장에는 더 많은 사람들이 참가하리라 기대된다.

맺음말

1975년에 미국에 온 후 지금까지 우리 한인 2세들에게 정체성을 심어 주는 뿌리 교육을 시켜 주고, 한국어를 배우고 싶어 하는 미국인들에게 한국어를 가르쳐 주겠다는 생각으로 기나긴 세월을 앞만 보고 달려왔다. 그리고 건강이 허락하는 한 몇 년 더 달리고 싶다. 그동안 지치거나 포기하지 않고 그저 좋아서 열심히 한국어를 가르친 것은 대학에서 한국어를 전공할 때 내 평생 가장 존경하는 외솔 최현배 선생님께 배운 '나라 사랑과 한국어 사랑' 때문이었다는 생각이 든다. 나의 지난날의 노력들이 미국에서 한국어가 뿌리를 내리는 데 아주 조금이나마 밑거름이 되었기를 바란다. 아울러 수년 안으로 미국 고등학교에서 한국어가 아주 인기 있는 외국어 과목이 되기를 간절히 바란다.

뉴욕한국어교육원에서 한국어를 공부한 학생들이 쓴 추천글 두 편을 덧붙이며 글을 마친다.

I have always enjoyed the learning experience at the Korean Language Center of New York. I feel that I have greatly benefited from the quality of the instruction, the support from the teachers, and the individual attention that I have received. The classes are always interesting, and the curriculum is designed so that in addition to learning the Korean language, you also learn about the Korean culture. Whether you are a beginner, intermediate or an advanced student, the personal attention that is given to everyone ensures that your individual needs will be met. Each class offers you the opportunity to practice speaking, listening, reading and writing, allowing you to truly improve your ability and understanding. I feel very fortunate to have been able to be a student at KLC, and will always be grateful to all the teachers there for their help and support.

— J. Barron

I had taken Korean for several years when I first moved to New York, and had studied under several teachers. But my experience here has been perhaps the best that I have had. Most importantly, the classes at the Korean Language Center are nice and cozy, giving everyone a chance to interact one-on-one with the instructor and to have any oft-repeated mistakes ironed out. For someone who isn't a native Korean or Korean-American, this is especially important. I also appreciate the emphasis on sentence drills, which has given me more facility with the spoken language. The pacing of the class is also just right—on the one hand, it's really difficult to learn a language if you're only taking classes once a week; on the other hand, the load isn't overwhelming. Lastly and most importantly, learning Korean here is a really good time. Picking up a new language isn't easy, but having it be a lot of fun helps a lot.

- Jonathan Cheng

이선근

현재 한국문화연구재단 뉴욕한국어교육원에서 원장으로 있으며 미주한국어재단 공동회장으로 일하고 있다. 1975년 미국에 온 이후, 40년 가까이 오로지 한국어에 대한 사랑으로 한인 2세 및 미국인을 대상으로 한 한국어 교육에 매진해온 그는 미국 고등학교에 한국어를 도입시키는 데에도 앞장서 왔으며, 회화 중심의 차별화된 한국어 교재와 SAT II 한국어 교재 개발에도 참여하였다. 이선근은 연세대학교에서 국어국문학으로 학사 및 석사학위를 취득하고, 1973년에 터키의 앙카라대학교(Ankara University)에서 언어학 박사학위를 받았다.

leeklc@hotmail.com

한국학교, 미국에서 교육실험을 하다

허병렬 뉴욕한국학교 이사장

　미국은 넓다. 땅만 넓은 것이 아니고, 아직도 일을 할 수 있는 범위가 드넓은 곳이다. 이 느낌이 1960년대 초에 미국에 왔을 때 '미주 한인들의 자녀를 위해 각종 교육 사업을 할 수 있다'는 생각을 하게 된 동기이다. 벌써 미국에 산 지가 50년이 넘었고, 교직 생활에 몸담은 지는 국내외를 합해 70년이 된다. 더욱이 그 교직 생활의 대상은 3세의 유치원생부터 대학원생과 성인에 이르기까지 다양했으며, 한국과 미국의 교육기관에서 골고루 가르쳤다.

　미국에서 50여 년 지내오는 동안 각 단계의 교육 사업을 할 수 있었던 것은 한국의 교육기관에서의 경험이 그 바탕을 이루었기에 가능했다. 1945년부터 1964년까지 20년 동안 초등학교 교사로서 학생들을 가르친 경험이 있다. 이런 경험을 통하여 미국에서 한국학교의 커리큘럼 창안에 모델을 제시할 수 있었고, 교육기관에서 사용할 수 있는 교재를 직접 집필하기도 했다. 한국에서 문교부(현 교육부) 발행 국정교과서의 국어과 편찬위원을 지낸 경험과 5권의 동화책을 출판한 경험이 많은 도움이 되었다.

　나는 어느 교과이든 교과서를 비롯한 시청각 자료가 없이는 효과를 올릴 수 없다고 생각한다. 만일 이런 자료가 없을 때는 교사가 직접 만들 수밖에 없다고 생각한다. 이런 교육철학의 실험장이 미국에 있다는 것은 새로움에 도전하려는 나의 열정과 일치하였다. 친구들은 나에게 가끔 그 끊임없는 에너지가 어디서 나오는 것이냐고 묻기도 한다.

내 50여 년 미국 생활은 뉴욕한국학교와 미주 한국학교의 성장과 함께하였다. 내가 미국 생활을 시작한 당시의 환경은 새로운 교육실험 장소로 모든 것을 갖추고 있었다. 한국인 이민자의 자녀 수가 증가함과 함께 언제나 활력이 넘치는 뉴욕에는 우수한 교사진을 형성하는 데 필요한 인재도 끊임없이 모여들었다. 더욱이 내가 어렸을 때부터 즐기던 그림 그리기, 글쓰기, 연극하기의 꿈을 뉴욕한국학교 경영을 통해 직접적으로 간접적으로 이룰 수 있어 얼마나 좋았는지……. 돌이켜보면, 이런 행복을 누릴 수 있었던 사실에 참 감사할 따름이다. 그래서 크게 외친다. "나는 행운아!"라고.

한국어 교육의 꿈을 안고 뉴욕에 정착하다

내가 처음 미국에 오게 된 것은 1959년, 미 국제개발처(Agency for International Development) 자금의 장학금을 받고 테네시 주의 밴더빌트대학교 피보디칼리지(George Peabody College of Vanderbilt University)에서 공부하기 위해서였다. 이곳에서 학사학위를 취득한 뒤 나는 한국으로 돌아가 이화여자대학교 부속 초등학교에서 아이들을 가르쳤다.

미국에 두 번째 온 것은 1964년 12월, 뉴욕주립대학의 장학금을 받아 교육학 석사 과정을 밟기 위해서였다. 다시 미국에 오게 된 데에는 이화여자대학교 사범대학 김애마 학장님의 권유가 크게 작용했다. 나는 곧 영주권을 받고 풀타임으로 일하고 공부하면서 1969년에 뱅크 스트리트 사범대(Bank Street College of Education New York)에서 석사학위를 받았다.

지금 생각해보면, 대학원에 다니던 때가 내 인생에서 가장 바쁜 시기였던 것 같다. 당시에 나는 1주일 내내 하루도 쉬지 않고 일하면서 공부를 해야 했다. 또한,

1967년부터 1972년까지는 일요일에 뉴욕한인교회 한국학교에서 한국어를 가르쳤는데, 그 후 한두 해는 일요일에 뉴욕 퀸즈한인교회 한국학교에서 가르치기도 하였다. 그 당시의 경험은 한국어 교육에 관심을 두고, 이를 내 일생의 과제로 삼는 데 큰 영향을 주었다고 본다. 석사 논문의 주제를 '한국문화교육의 이론과 실제'로 했던 것과 그때 같이 출판한 학생용 교과서 『재미있는 한국문화』는 모두 그러한 배경에서 나온 것이다.

내 연구 주제와 진로 결정에 가장 큰 영향을 준 분은 바로 김애마 학장님이었다. 나를 특별히 아껴주셨던 김 학장님은 석사학위를 받아 귀국하면 대학에서 교편을 잡게 해줄 생각이었다. 그러나 나는 한국학교에서 한인 2세 아이들을 가르치면서 이들에게 우리의 글과 문화를 제대로 가르치고 싶다는 생각이 들었다. 이런 내 생각을 담아 한국으로 돌아가기로 한 약속을 지키지 못할 수도 있을 것 같다는 내용의 편지를 학장님께 보냈다. 그러자 학장님께서는 "그곳에서 한국문화교육을 하는 것과 여기에서 사범대학 학생을 가르치는 목적은 같습니다. 개인적으로는 새로운 일에 도전하는 편을 선택하기 바랍니다"라는 답신을 보내 오셨다. 나의 멘토인 김애마 학장님의 격려는 내가 바라고 계획한 일을 실천하는 원동력이 되었다. 이후 항상 활기가 넘치는 분위기를 좋아하고 교육실험 장소로 다른 어느 곳보다 뉴욕이 적합하다는 생각을 해온 나는 자연스레 뉴욕에서 살게 되었다.

동포사회의 여망을 담아 뉴욕한국학교를 세우다

뉴욕한국학교가 한 가장 중요한 일은 한민족 해외 이주에 따른 자녀교육을 위한 교육시스템 모델을 개발하는 것이었다. 나의 역할은 일반 교사처럼 교실에서 가르치면서 동시에 교장직을 맡는 것이었는데, 교장직을 맡아 1973년부터 2009년까지 봉사하였다. 나는 개교하는 당일까지도 교장직을 사양했었는데, 그 이유는 교육행정 일보다 교사의 직분을 더 사랑하기 때문이었다. 그래서일까, 이사장을 맡아 봉사하는 지금까지도 초급 한국어반을 계속 가르치고 있다.

1960년대 미국의 한인들은 모이기만 하면 자녀교육에 대한 의견을 교환하였다. 자녀들을 미국 의무교육에만 일임하는 것은 부모로서의 성의가 부족한 것이란 생각에 어떻게 하면 한민족 교육을 효과적으로 할지가 중요한 화두였다. 만약 이를 실천하지 못하면 역사의 죄인이 되지 않을까? 그렇다면 그 방법은 무엇인가를 고민하다가 교회에 한국학교를 만들자는 것으로 의견이 나오게 되었다. 그런데 그것만으로 충분한 일인지 생각해 봐야 할 일이었다. 교회의 한국학교는 1주일에 한 번, 일요일에 한글교실을 여는 것이었다. 당시 뉴욕에는 뉴욕한인교회 부설로 '뉴욕한국어학교'가 있었다. 나는 그곳과 퀸즈한인교회에서 5년간 한국어를 가르치면서 다음의 세 가지 한계를 느껴서 독립된 한국학교 설립의 꿈을 가지게 되었다. 첫째, 교회 부설 한국학교는 교회의 여러 사업 중의 하나이다. 둘째, 1주일에 1시간은 시간상으로 부족한, 다시 말해 함량 미달의 교육이라는 생각이었다. 셋째, 자녀들에게 한글뿐만 아니라, 뿌리를 일깨울 수 있는 한국 역사와 문화 교육도 해야 한다.

뉴욕한국학교는 1973년 5월 5일, 32명의 학생들이 등록하여 개교하였는데, 이 학교 설립이사로는 김홍준, 엄호택, 정한길(재무이사) 등이 있었다. 어떤 이는 학년이 시작하는 가을에 개교하면 될 것을 왜 애매하게 5월에 개교하는가 궁금해했다. 그러나 '국어' 교육에 목말랐던 당시로서는 가을까지 기다릴 수가 없었다. 더구나 5월 5일은 어린이날이지 않은가! 어린이날은 뉴욕한국학교의 설립 이념과도 상통하는 날이라고 생각했다. 여러 절차를 거쳐 구성된 뉴욕한국학교의 개교 당시의 교사진은 허병렬(초급 한국어), 김혜순(중급 한국어), 진수방(한국 무용), 최혜영(한국 노래), 석수산(서예), 장진일(태권도), 오영주(유치반) 선생님들이었다.

뉴욕에서는 각 분야 전문가들이 많이 활동하고 있어서 말 그대로 '인재의 보고'라고 할 수 있다. 전문가들이 한국학교 교사직을 자원하고 나서니 교사 채용의 기준을 마련해야 했다. 나와 이사진들은 매스미디어를 통해 공채하기로 하고, 교사 채용의 조건으로는 전문성, 지도 경력, 한국문화 교육에 대한 강한 의지, 배우자의 이해와 협력 여부 등을 고려하였다. 다음은 내가 개교 40주년을 맞은 2014년 개교 당시를 회고하면서 쓴 글 중 일부다.

당시는 한국 사람끼리 모여서 한국식으로 미국을 사는 것이 이상적이라고 보았다. 또 '뭉치면 산다'는 말도 생각났다. 한국 학생들을 모아놓고 한국의 자랑스러움을 알려서 자긍심을 가지게 하는 일은 큰 뜻이 있겠다. 그러나 우리는 미국에 살고 있다. 필요한 언어는 영어이다. 한국말을 가르치면 그 말을 어디서 쓰겠으며, 그것 때문에 귀중한 에너지가 분산되고, 학생들의 마음에 갈등이 생긴다. 여러 가지의 반대를 물리치기 힘들어서 하나의 제안을 하였다. 10년간의 시험 기간 동안 한국 문화 교육을 해보고 다시 생각하자. 그동안은 찬반의 토론을 자제하자. 이것이 바로 동포사회에서 한국학교 탄생의 기반이 되었다. 어느새 그 한국학교는 40년 이상 자랐고, 한국문화교육은 확고한 자리를 차지했다.

1980년대 이후부터 뉴욕한국학교는 다음의 동시 '같은 지구에서'를 교육이념으로 정하고 가르치고 있다. 이런 교육이념을 정하고 따르려는 것은 한국문화 교육을 바르게 시키고자 하는 뜻이기도 하다.

까만 눈도 파란 눈도 사과를 보며 책을 읽는다.
낮은 코도 높은 코도 향내를 맡으며 푸른 공기를 마신다.
까만 머리도 노란 머리도 길게 자라며 바람에 나부낀다.
노란 손도 갈색 손도 손가락이 다섯이며 만지면 따뜻하다.
노란 마음도 하얀 마음도 갈색 마음도
서로서로 맞닿으면 뜨거운 사랑을 안다.
우리들은 자란다. 같은 시대에 같은 지구에서.

뉴욕한국학교는 40년 동안 잘 성장하여 왔다. 학생들은 날로 늘어나서 12학급을 운영할 정도가 되었고, 다양한 커리큘럼에 따라 즐거운 한국문화 학습 장소가 되었다. 수업은 개교 이래 37년간 브롱스 리버데일의 존에프케네디 고등학교에서 해왔는데, 2011년에 장소를 옮겨 지금은 브롱스 인텍아카데미(In-Tech Academy) 고등학교에서 하고 있다.

뉴욕한국학교에서 발행하는 문집은 학교의 족보 같은 존재이다. 문집에는 학교에 몸담아 왔던 모든 이들의 발자취가 고스란히 기록되어 있고, 학교가 변화해 가는 모습들이 담겨있기 때문이다. 1973년 개교 첫 학기부터 발행된 문집은 2014년에 61호까지 발행되었는데, 처음 20년 동안은 학기마다 발행되었다. 그것은 소식지의 역할이 컸던 까닭이다. 하지만 통신의 발달로 소식지의 역할이 감소하면서 1993년 이후에는 1년에 한 번씩 발행하여 왔다. 문집을 만드는 일에는 철저히 모든 학교 구성원이 참여하는 것이 원칙이었다. 학교에서 가장 중요한 것은 학생이다. 학생의 성장 기록으로 남는 것은 교과목의 점수가 아니라 그들의 마음의 성장을 반영하는 글 모음이라고 본다. 전교생이 글을 쓰는데, 교사와 학부모의 글도 실린다. 이로써 재학생 모두의 이름이 실림은 물론, 학생 개개인의 성장 과정이 고스란히 담기게 된다. 편집 또한 원본 원칙이다. 부득이한 경우를 제외하고는 학생 원고에 손을 대지 않는다. 즉 겉보기 좋은 문집, 잘 쓴 글 모음이 아닌, 학교 공동체 전원의 살아있는 기록물로 여기기 때문이다.

42년간 쌓인 문집은 시대의 변화에 따른 인쇄 및 제본 과정, 그리고 내용의 변천을 역력하게 보여준다. 학교 구성원의 변화도 한눈에 들어온다. 순 한국인 자녀 위주의 학생들이 세월이 흐르면서 다문화 가정 자녀, 입양아, 그리고 이제는 오로지 한류의 영향으로 학교를 찾는 미국인 학생 등으로 바뀌는 추세가 고스란히 담겨있다. 순 한국인 자녀들도 이제는 이민 2세, 3세대를 거치며 학교의 변화를 요구하고 있다. 창간호부터 한 권도 빠짐없이 보관된 뉴욕한국학교의 글 모음은 이민 세대의 발전을 그대로 보여주는 또 하나의 기록물이다. 여기에 그때그때의 학사예정표를 곁들였더라면 더 좋았겠다는 생각이 드는 요즈음이다.

세계 각 민족의 문화는 서로 다를 뿐, 우열의 차이는 없다. 어느 민족의 문화이든지 인류문화에 공헌하고 있다. 이것이 각 민족의 문화를 보는 눈이고, 마음이어야 한다. 미국은 다양한 문화가 섞인 나라이다. 한국문화는 그동안의 노력으로 점차 세계 각국으로 소개되는 과정 중에 있다. 이는 세계 각국으로 이주하는 한민족의 진취성에 따른 결과이기도 하다. 우리 한민족 2세 교육도 이런 정신으로 다루어야 하겠고, 한국문화 역시 세계문화를 거쳐 인류문화로 다루어져야 하겠다. 이것이 바로 나와 뉴욕한국학교의 확고한 정신임은 말할 것도 없다. 또 하나 중요한 것은 시대의 변화에 따라 학생들이 다양해진다는 점이다. 따라서 여기에 맞는 커리큘럼을 편성할 수 있는 한국학교가 되어야 한다. 여기에 밝은 미래가 있다.

세대를 잇는 에피소드

뉴욕한국학교 역사가 40여 년이 되고 보니, 졸업생이 이제는 학부모가 되어 자녀들을 데리고 오는 사례가 줄을 잇는다. 설사 학부모의 입장으로 오지 않는 경우라 해도 많은 졸업생이 뉴욕한국학교와의 인연을 소중히 이어가려는 모습을 보여줄 때 나는 정말 행복하다.

2세들에게 한국학교는 선택적 학교이다. 더군다나 황금 같은 토요일 아침 시간에 진행되는 수업에 몇 년간 빠짐없이 출석하기란 여간 곤혹스러운 것이 아닐 것이다. 그 곤혹스러움을 이겨낸 사람은 다름 아닌 학부모들. 자녀에게 바른 정체성을 심어주겠다는 신념의 부모들이 있었기에 마침내 자녀들은 한국학교를 졸업한다. 그리고 이제 청장년으로 성장한 졸업생들은 동심의 추억 한가운데에 뉴욕한국학교가 있음에 행복해하며 부모님께 감사를 표한다. 엄마 손에 이끌려 왔던 그들이 이제는 자녀 손을 이끌며 한국학교에 오는 것은 어찌 보면 당연하고 자연스럽지 않은가? 이는 자신의 행복감을 자녀에게도 계승코자 함이다. 이와 관련된 몇몇 에피소드를 소개한다.

나는 40여 년 동안 늘 수업 시작 1시간 반 전에 학교에 도착했다. 학교 건물을 빌려서 사용하는 처지였기에 우리의 사정에 맞게 교실을 정리할 시간이 필요했기 때문이다. 평소처럼 일찍 학교에 가 정리를 하고 있던 어느 날, 젊은 남녀가 나타나 인사를 하는 것이었다. 내가 물끄러미 그들을 보자 젊은 남자가 "선생님, 저……." 하고 자신이 누구인지를 소개하려는 듯했다. 그제야 나는 그 '소년'이 확연히 떠올랐다. "아! 아무개네. 반갑다. 그런데 웬일로…….""오늘이 저희 약혼식 날이에요. 그래서 제가 다닌 학교를 수잔한테 꼭 보여주고 싶어서……." 나는 그들을 껴안아 주며 행복해했다.

한번은 밤새 제대로 잠을 못 잤다. 기쁘고 흥분된 마음과 혹시라도 밤새 없어질까 봐. 전날 저녁에 어떤 학부모가 1만 달러를 현금으로 가져왔기 때문이다. 사위 될 사람이 처가에 선물로 가져온 귀한 돈을 뜻있게 쓰고자 학교에 기부한 것이다. 그 돈을 은행에 입금하러 가던 길, 자연스럽게 보이려고 가끔 발걸음을 조절하던 기억이 떠오른다.

후배들을 생각하는 마음으로 학교를 찾는 졸업생들을 자주 본다. 어느 토요일 아침, 커다란 카키색 주머니를 어깨에 멘 졸업생이 나타났다. "반갑다, 무엇을 잔뜩 넣었니?""제가 쓰던 야구 도구 전부예요. 후배들한테 주고 싶어요." 나는 그의 손을 꼭 잡아주었다. 또 다른 어느 토요일, 낯익은 남매가 산더미 같은 큰 물건을 등에 메고, 수레를 끌고 오고 있었다. "집 안을 정리하다가 여기서 필요할 것 같아서 가져왔어요." 이런 사실은 신문에 내야 할 것 같다고 주위에서 떠들기 시작하자, 그들은 고개를 설레설레 저었다. 그들이 가져온 물건들은 훌륭한 전시실에 보관하고 싶다. 하지만 그것들을 값지게 활용하는 것이 남매에게 감사하는 방법이다.

서해안의 유명 대학에서 교편을 잡고 있는 아들을 방문하려는 40년 가까이 된 지인이 있다. 한국으로 떠나기 전 한껏 기대에 부푼 그를 만났다. "손자 손녀하고 즐겁게 지내다 오겠습니다." "말이 잘 통하시나요?" "그럼요, 그 애들은 한국말로 키웠대요. 그 애들 엄마도 아빠처럼 여기 졸업생인데, 제가 말씀드리지 않았군요." 그야말로 세대를 이어가는 학교이다.

하루는 얼마 있으면 3살이 된다는 어린이, 그의 조부모와 엄마, 아빠 일행이 학교를 방문하였다. 그 목적은 어린이에게 부모가 자란 곳을 보이고, 어른들은 그 옛날을 더듬어 보기 위한 것이란다. 그런데 나는 그 조부모를 잊을 수 없다. 우리 학교에 아이를 보내고 싶어 했던 희망자 제1호였기 때문이다. 당시의 부모가 쓴 편지 사연은 이렇다. "우리 아들이 나이가 아직 모자라지만, 귀교에 다닐 수 있도록 특별 배려를 바랍니다." 곧 교사회가 열려 이를 가결시켰다. 바로 그분들이 온 것이다. "본교의 기틀을 잡아주신 분들을 잘 기억하고 있습니다. 정말 감사드립니다." 이것이 나의 인사말이었다.

결혼 청첩장이 자주 온다. 때로는 미국 이름뿐이어서 어리둥절하다. 미술 전람회 청첩장도 가끔 온다. 어린이들이 성장하여 어른이 된 것이다. 그들이 옛 학교를 기억하면서 보내오는 반가운 소식들이다. 그들은 모두 열심히 생활하고 있다. 그들이 어디서 어떤 일을 하는지는 묻지 않는다. 틀림없이 사회의 좋은 일꾼일 테니까. 다만 바라는 것은 뉴욕한국학교의 시간이 그들의 생활에 작게라도 도움이 되기를 바란다. 그것이 바로 이 학교의 존재 이유가 아닌가. 다만 한 가지 변명한다면, 옛 학생들을 바로 알아보지 못한다고 섭섭해하지 않기를 바란다. 어릴 적의 얼굴만 생생히 기억하는 내 앞에 서 있는 건 놀랄 만큼 성장한 혈기 왕성한 청장년이니까.

수없이 많은 에피소드가 이어져 학교 역사의 긴 띠를 이룬다. 에피소드 안팎의 주인공들은 지금이 에너지를 100% 발휘할 수 있는 전성기이다. 그들의 현명함과 끈기는 이 활약 기간을 연장할 수 있는 능력이 될 것이다. 그 끈기가 학교에 다니는 과정에서 축적되었다면 얼마나 큰 기쁨일까? 뒤돌아보면 뉴욕한국학교의 40년 역사는 수많은 에피소드의 주인공들이 거쳐 간 길목이었고, 그 길을 다듬고 있던 관계자들은 오고 가는 그들에게 보탬이 되도록 노력한 것이다. 역사는 누가 만드나? 나라의 역사는 국민이 만든다. 학교 역사는 학교와 관계가 있는 모든 사람의 작품이다.

재미한국학교협의회의 마중물 역할을 하다

어떤 모임이나 규모가 클수록 힘이 세다. 회원이 많을수록 생각이 풍부하고 실천력이 강하다. 그래서 한국어와 한국문화 교육에 뜻을 가진 사람들이 많이 모일 수 있도록 마중물 역할을 하기로 하였다. 워싱턴 주미대사관의 김영춘 교육관의 협력을 얻어 뉴욕한국학교 10주년 개교기념일에 미국 동부에 있는 한국학교 교사 연수회를 가졌다.

오전에는 모든 교사가 전 교과목을 수업하는 실제 상황을 공개하였다. 이어서 참가 교사들의 간담회를 가졌으며, 뉴욕 시 한 식당에서 연장 회의를 열었다. 그 결과 한국학교 교사들의 전국적인 유대를 가지기 위하여 하나의 단체를 구성하기로 결정을 보았다. 이것이 재미한국학교협의회(NAKS)의 태동이었으니, 뉴욕한국학교의 개교 10주년 기념행사가 마중물 역할을 한 것이다. 이 모임이 재미한국학교협

뉴욕한국학교에서 개최된
제2회 NAKS 교사 연수회에서
교실 풍경을 재현해 저학년
지도 방법을 강의하고 있는 필자,
1985년 5월 11일

의회의 전신이고, 현재는 미국 전역에 1천여 개 학교의 참가교가 있으며, 2014년에 제34회 전국 학술대회가 인디애나폴리스에서 열렸다.

나는 NAKS에서 제4대 회장(1988년~1990년)과 4대 이사장직(1992년~1994년)을 맡았다. 특기사항으로는 『한인교육 연구』誌 편집인으로 1989년 창간호부터 2002년까지 20호를 펴냈다. 이는 모두 NAKS의 발전을 위해 공헌하고 싶었기 때문이며 거의 자청하여 봉사하였다.

모든 교육 활동은 거기에 적합한 자료가 있어야 목적을 달성할 수 있다. 미국에서 시행하는 교육이 한국과 다르다는 것은 교육 자료도 달라져야 함을 의미한다. 교육의 목적이 서로 다른데, 그에 맞는 자료가 없다면 그것은 새로운 자료를 만들어야 한다는 뜻이다. 한국어 교육도 이 범주에서 벗어나지 않는다. 그래서 자비로 『한글』 1, 2, 3권을 1973년부터 1982년까지 10년 동안 출판하였다. 그 이후에 뉴욕한국학교의 어린이 극본 모음, 『한국문화』 1, 2권, 『한자공부』 1, 2권도 출판하였다. NAKS의 필요에 따라 한국어 책 7권도 출판하였다.

뉴욕한국교육대학을 실험하다

어느 날, 뉴욕 시 동쪽 50가 부근을 걷다가 보통의 살림집 건물에 당당하게 미국 사립학교 간판이 붙어있는 것을 보고 걸음을 멈췄다. 살림집이 학교라고? 더 놀라운 것은 내가 어느 틈에 문을 열고 그 안으로 들어간 일이다. 사무실에서 만난 분에게 학생이 있느냐고 물었다. 그리고 그에게 나는 "다른 게 아니고……. 참 부럽습니다. 저도 학교를 가지고 싶은 꿈이 있습니다"라고 했다. 그 꿈 이야기를 듣고 싶다는 분한테 간단히 설명하였다. 한국학교의 수요가 증가하는 현상, 교사의 질을 더욱 높이기 위한 시설이 필요한 시기임을 알렸다. 그는 몇 가지 질문을 더 하였고, 나는 자리를 뜨려고 하였다. 그가 기다리라는 손짓을 하더니 책상 서랍을 열고, 열쇠 3개를 꺼내 주었다. 정문, 사무실, 2층 교실 열쇠에 대해 설명을 하면서 당장 임대료 없이 사용하라는 것이다. 참으로 꿈같은 이야기다!

그렇게 해서 1991년 봄, 3개월 동안 가칭 '뉴욕한국교육대학'의 실험기가 있었다. 토요일 오후 3시부터 6시까지, 그 학교에서 한국어 교육 관련 강의를 제공하였다. 과목은 당시 가장 필요하다는 것을 선정하였고, 강사는 이론과 실제를 두루 설명할 수 있는 분을 초청해 학생들은 둥그렇게 앉아서 강의를 듣고 자유롭게 질의·응답을 하였다. 예상외로 학생들은 20명이 모였고 출석률도 좋았다. 하지만 안타깝게도 3개월 후에 종강을 해야 했다. 문제가 생긴 것이다. 나의 계획을 개인적인 욕심으로 오해한 분들이 있었기 때문이다. 1973년 개교한 뉴욕한국학교가 교장 없이 개교한 사실을 모르는 분들이니 이해할 수 있다.

나는 행정이나 직책에 거의 관심이 없다. 오직 나의 관심사는 교실에서 학생들을 가르치는 일이다. 뉴욕한국학교의 개교식을 하는 날까지 나는 교장직을 거절했다가 그해 11월 11일 이사회의 결정에 따라 교장직을 맡은 후, 36년간 이를 담당하였다. 그런 사람이 교육대학 학장을 꿈꾸었겠는가? 그때 오해하셨던 분들이 나의 계획을 알게 된 것은 3개의 열쇠를 반환한 후의 일이다. 교육 강의 실험은 성공하였는데 친구들에게는 오해를 사서 결국 학교는 문을 닫게 되었다.

뉴욕한국교육대학의 실험 결과는 현재 뉴저지에서 시범적인 한국학교 운영을 하고 있는 산증인 한 분으로 만족한다. 그리고 몇 장의 사진과 수료증 사본이 있다. 모든 것은 때가 있다. 요즈음 여러 단체에서 한국학교 교사 교육을 시작하였다. 교육의 성패는 오직 교사의 질에 달렸기 때문이다. 일차적인 실험은 이미 20여 년 전에 끝났고, 지금은 성공적인 방법으로 교사 교육이 이루어지길 바랄 뿐이다. 오늘은 그 옛 학교의 겉모습을 보러 가서 깊이 머리를 숙이겠다. 이 이야기는 20세기의 정스러운 동화이다.

허병렬

1973년 뉴욕한국학교를 설립해 2009년까지 교장으로 학교를 이끌어왔으며, 현재 이사장을 맡고 있다. 교실에서 학생들을 가르치는 것을 가장 중요시하고 좋아했던 만큼 교장직을 맡아오면서도 늘 학생들을 가르쳐왔고, 지금도 초급 한국어반을 맡고 있다 허병렬은 그동안 11권의 한국어 교재를 집필·편집하였으며, 재미한국학교협의회(NAKS) 전 미국 총회장, 총이사장 등을 역임하기도 했다. '해외 한국어 교육의 어머니'로 불리며 초기 뉴욕지역 한국학교의 기틀을 마련하고 평생을 한국어 교육에 몸담아 온 그녀는 이러한 공로를 인정받아 소수민족 우수인상(1984년), 대한민국 국민훈장 석류장(1989년), KBS 해외동포상(2004년), 재미한국학교협의회 40년 장기근속 표창(2007년), 뉴욕한인회 지역사회 봉사상(2013년) 등을 수상했다.

kffny@yahoo.co.kr

새벽을 가르는 한국학교 이야기

심운섭 맨해튼한국학교 교장

"나는 선생님같이 될래요."

콜 보닥(코네티컷토요한국학교 졸업생, 보조 교사)

맨해튼 새벽을 가르다!

'이젠 일어나야지. 학교 가야 할 시간인데…….' 하고 일어나니 새벽 3시 30분이었다. 평소에도 그리 잠을 깊게 많이 자는 편은 아니지만, 오늘은 더 잠이 일찍 깼다. 스마트폰을 보니 화씨로 15도란다. 손을 호호 불며 기차역으로 향했다. 맨해튼한국학교 교장을 맡은 지 꽤 되었지만, 금요일 밤과 토요일 새벽은 늘 나를 필요 이상으로 일찍 깨우고 있다. 겨울 새벽의 공기는 살을 에는 듯이 차지만 그 신선함과 깨끗함이 나를 한없이 맑게 해 준다. 오늘 만날 한국학교 3세반 어린이들, 조금 더 큰 학생들, 영어가 한국어보다 훨씬 유창한 부모님들의 얼굴이 차창으로 지나간다. 나의 토요일은 늘 이렇게 시작된다. 유난히도 춥고 눈이 많이 오는 이번 겨울이지만 학교에서 만날 그 얼굴들을 생각하면 힘이 나고 늘 토요일이 기다려진다. 엊그제 같았는데 벌써 30여 년 가까이 되는 한국학교와의 인연. 어느새 이렇게 시간이 흐른 건지……. 한국학교는 늘 그 자리에 있는데, 어쩐지 내 시간만 훌쩍 흘러간 것 같다.

새내기 유학생으로 와서 아이들 통학을 위한 밴 운전자가 필요하다는 요청으로 시작한 한국학교. 밴 운전자에서 역사 교사, 교감, 교장으로, 한 걸음 한 걸음 하루 하루 지나던 것이 벌써 30여 년이 되었다. 여선생님들 천지인 한국학교에서 늘 "교장 선생님이 커피를 끓여야 맛있다"고 하는 허하지만 따뜻한 격려에 열심히 끓였던 커피와 같이 보낸 30년! 한국학교의 85% 이상이 여자 선생님들이라 청소, 짐 나르기, 눈 치우기 등 힘을 많이 쓰는 일에는 늘 내가 팔을 걷어붙여야 했다. 학생들을 맞이하고 퇴교를 돕는 것도 물론 교장인 내 몫이었다. 그런데도 매주 토요일 한국학교가 기다려지는 이유는 무엇일까?

지난 2011년, 모국 대학의 부름을 받고 온 힘을 다하여 한국에서 봉사한 후 유턴하여 미국으로 다시 돌아왔다. 그리곤 몇 년을 쉬고 있었는데, 지난여름에 지인의 소개로 맨해튼한국학교의 교장직을 맡게 되었다. 한편으로는 기쁜 마음이 들었지만, 다른 한편으로는 걱정도 되었다. 시기적으로 학교가 어려움을 겪고 난 후라 더 신경이 쓰였다. 게다가 '과연 내가 대부분의 한국학교와 성격이 많이 다른 맨해튼한국학교를 잘 운영할 수 있을까' 하는 걱정이 앞섰다.

맨해튼한국학교의 학생은 대부분 한인 3세이다. 이들의 학부모는 한인 2세로, 본인도 한국어가 서툴러 자녀의 한국학교 숙제를 봐줄 수 없는 이들이 대부분이다. 게다가 한국과 혈육으로는 전혀 연관이 없는 백인이나 흑인 학부모들도 많은 곳이 바로 맨해튼한국학교이다. 대부분이 2세 자녀와 이민 온 1세대 학부모들이 주를 이루는 전형적인 미국의 한국학교와는 사뭇 다른 모습이다. 그러나 이 차이가 오히려 새로운 패러다임의 학습 모형과 방법을 제시할 수 있겠다는 생각에 용기를 냈다. 그리고 나의 지난 30여 년간의 한국학교에서의 경험이 특별히 이 학교에 요긴하게 사용될 수 있을 것이라는 생각도 들었다.

1983년 개교한 맨해튼한국학교(구 뉴욕브로드웨이한국학교)는 뉴욕한인경제인협회에서 설립하였고, 뉴욕 맨해튼 시내에 있는 유일한 한국학교이다. 현재 28명의 선생님이 한국어, 한국 문화와 예술, 한인 이민 역사와 문화, 한국 전통음악과 무용, 태권도 등을 가르치고 있다. '표정이 있는 한국학교'로 학생들이 주인이 되는 학교를 지향하고 있다. 교장이 되어 학교 안내서를 만들면서 '학생이 기다리는 한국학교, 학생들이 배워서 행복한 한국학교, 선생님이 봉사하여 행복한 한국학교, 학부모들이 보내서 행복한 학교'라는 슬로건을 만들어 보았다. 성인반 세 반을 비롯하여 12개 반을 운영하고 있으며, 매주 토요일 9시부터 1시까지 5교시(각 45분) 수업을 하고 있다. 역사의 길이만큼이나 이야기도 많은 맨해튼한국학교가 이곳 맨해튼에서, 뉴욕에서, 미국에서 새로운 한국학교의 모습과 교육 방법을 제시하리라는 신념으로 매주 토요일 새벽을 깨우고 있다.

독일계 미국인인 케리 씨는 우리 학교의 학부모이기도 하고 성인반 학생이기도 하다. 그는 유명한 미국 회사의 매우 유능한 법정 변호사이며, 맨해튼한국학교의 학부모회 부회장이다. 그는 한국계 부인과 같이 학교를 위해 참으로 성실히 봉사하는 분이다. 늘 얼굴에 가득한 선하고 순진한 웃음 덕분에 케리 씨만 만나면 나도 덩달아 저절로 행복해지는 그런 분이다. 매주 학교에서 생기는 크고 작은 일에 지쳐 있을 때도 그는 항상 맑은 미소로 나를 편안하게 해준다. 한번은 케리 씨가 자신의 5살짜리 딸 비키는 평일에도 미국학교보다 한국학교에 더 가고 싶다고 아침만 되면 한국학교로 가자고 보챈다고 하였다. 가끔 힘이 들어 지칠 때면 그런 비키를 떠올리며 토요일 새벽을 기다린다. 오늘도 나는 새벽을 깨우며 미국 속 미래의 한국학교를 설계하고 있다. 미국과 한국, 코리안 아메리칸의 세계를 이루고 가꾸어 갈 차세대를 보며 나 역시 꿈을 꾸고 또 그 꿈을 이뤄가고 있다. 이 새벽 공기를 마시며……

필라델피아 한국학교 운동의 선봉에 서다

1981년 미국으로 유학 와 필라델피아에서 가난했던 유학 시절의 대부분을 보냈다. 매주 월요일에서 목요일까지는 경영대학원 수업을 들으며 많은 시간을 도서관에서 보냈고, 금, 토, 일요일은 델리 가게에서 40시간 가까이 일하며 지냈다. 그렇게 해야만 빈손으로 미국에 유학 온 나의 한 학기 등록금과 생활비를 겨우 벌 수 있었다. 나는 백인 동네에 있는 델리 가게에서 샌드위치를 만들었고, 아내는 흑인 동네에 있는 식료품점에서 카운터를 보며 일했다. 미국을 전혀 모르고 학교와 일터를 전전하며 지내던 시기였다. 지금 생각하면 그 시기를 어떻게 지냈는지 신기하지만, 공부할 수 있다는 그 사실 하나로 나는 더 바랄 것이 없었다. 이 시기에 나 또한 식료품점에서도 일해 보았고, 옷 가게와 야채 가게에서도 일해 보았다. 식료품점에서 일하면서 권총 강도를 두 번이나 당했고, 아내도 몇 번의 권총 강도를 당하여 미국의 어두운 면을 직접 경험하였다. 경제적으로 넉넉하지 못했던 시절, 어떤 때는 KFC에서 작은 치킨 한 조각을 사서 아내랑 차에서 같이 나누어 먹던 기억이 아직도 생생하다.

1982년부터 필라델피아제일한국학교(흔히 줄여서 필라제일한국학교라 부름) 선생님으로 봉사하던 아내가 한국학교 밴을 운전할 사람이 필요하다고 해 1983년부터 밴 운전사로 한국학교에 발을 들여놓았다. 그때부터 나는 새벽을 깨웠고, 새벽은 나만의 시간이 되었는지 모른다. 새벽에 밴을 몰고 필라델피아의 남부와 북부의 넓은 지역을 다니며 학생 한 명 한 명을 태워 한국학교로 데리고 왔다. 그 당시 대부분의 학부모님은 토요일임에도 불구하고 아침 일찍 가게나 직장으로 가야 했기 때문에 학생들을 한국학교에 데려다줄 수 없는 상황이었다. 그렇게 처음 인연을 맺게 된 한국학교가 내 삶의 가장 한가운데 자리를 잡고, 미국 생활의 보람이 되리라는 것은 그때는 상상도 할 수 없었다. 밴 운전사에서 역사 교사로, 역사 교사에서 교감으로, 그리고 교장으로 임무를 맡아가며 필라제일한국학교에서 봉사하였다.

필라델피아제일장로교회 소속인 필라제일한국학교는 1982년에 설립되었고, 김만우 목사님께서 초대 교장을 맡고 계셨다. 이 학교는 당시 필라델피아 지역에서

코리안퍼레이드에 참가한 맨해튼한국학교 학생들의 모습, 2014년 10월

다른 한국학교에 비해 매우 체계적으로 조직된 학교였고, 사명감이 강한 선생님들이 열심히 봉사하던 학교였다. 특별히 교회의 김만우 담임 목사님은 한국과 한국어에 관한 사랑과 열정이 누구보다 강한 분이셨다. 시인이시기도 하신 김 목사님께서는 한국어의 아름다움을 잘 살려 시를 쓰셨고, 늘 중심 주제인 주님을 향한 그의 사랑과 열정을 시로 잘 표현하셨다. 김 목사님의 시는 늘 감동적이었다.

김 목사님의 축복과 격려로 시작하고 성장한 필라제일한국학교는 필라델피아에서 제일 오래된 한국학교 중 하나이다. 나는 그 학교에서 1990년까지 교감을 맡아서 봉사하였고, 1993년 박사 학위를 마친 후 필라델피아에 있는 세인트조셉대학교(Saint Joseph's University) 경영대 교수로 부임하면서 다시 교장을 맡았다. 내가 처음 필라제일한국학교에서 봉사하기 시작할 때는 약 60명의 학생들이 다니고 있었고, 1998년 학교를 떠날 때는 학생 수가 약 100명이었다. 3대 교장으로는 전수경 선생님이 위촉되었는데, 전 선생님은 후에 재미한국학교협의회 부회장을 역임하였다.

필라제일한국학교에서 봉사할 당시 나는 교내 글짓기 대회를 필라델피아 전 지역으로 확대하여 주최하였다. 특별히 그 당시는 필라델피아 동아일보의 후원으로 한글날 글짓기 잔치를 개최하고, 수상작들은 동아일보 한 지면 전면에 게재하여 학생들을 격려하였다. 나는 이 대회의 성공적인 개최가 필라델피아 지역 한국학교 운동에의 초석이자 한국학교가 점점 늘어나게 된 계기가 되었다고 생각한다. 지금은 이 대회를 필라지역협의회의 사업으로 진행하고 있다. 나는 규모가 작고 여건이 좋지 않은 환경에 있는 한국학교를 돕기 위해 필라델피아 지역 한국학교 연합운동을 하기도 했다. 재미한국학교 동북부지역협의회 필라델피아 지역 간사, 부회장을 역임하며 이 지역 한국학교의 활성화를 위해 열심히 뛰어다니던 기억이 생생하다. 1983년에 10여 개밖에 없던 한국학교가 지금은 약 60개로 늘어난 것을 보면 참으로 감회가 새롭다.

"코네티컷에는 토요일에 한국학교 보낼 사람이 없을 겁니다."

미국 생활에 어느 정도 익숙해질 때쯤 내 인생에 매우 큰 변화가 왔다. 직장을 원하지 않게 코네티컷 주 페어필드(Fairfield)에 있는 세이크리드하트대학교(Sacred Heart University)로 옮기게 된 것이다. 이 직장을 옮기는 과정이 나에게는 아주 큰 시련이었다. 어쩌면 오늘의 나를 있게 한 계기가 되었는지도 모르겠다. 페어필드로 이사 온 지 2개월 뒤, 예일대학교(Yale University)에서 박사 과정을 다니며 목회를 하시던 한 목사님으로부터 장문의 편지를 받았다. 한국학교에서 봉사한 경험이 많으니 코네티컷 지역에서 한국학교를 새롭게 시작해 달라고 하는 요청이었다. 코네티컷으로 오기 전 필라제일한국학교에서 14년 정도 교사, 교감, 교장을 역임하였고, 재미한국학교협의회의 재무, 역사/문화 편집위원장을 거쳤기 때문에 한국학교는 이미 내 삶의 한 부분이 되어 떼려야 뗄 수 없는 사이였다.

목사님의 편지에 감동을 받고 용기를 얻어 코네티컷 지역에 한국학교를 설립하기로 마음먹었다. 그리고 우선 다니던 교회를 중심으로 한국학교에 대한 관심도를 조사하던 중, 어떤 분으로부터 "여기에서는 토요일에 한국학교에 자녀를 보낼 사람이 없을 겁니다"라는 말을 들었다. 코네티컷, 특히 예일대 근처는 전문직에 종사하는 한인의 비율이 높고 대부분 미국 사회에 깊숙이 동화되어 살고 있기 때문이라고 했다. 그 말을 들은 후 난 '여기야말로 꼭 한국학교가 필요한 곳이구나!'라는 생각에 한국학교를 시작해야겠다는 결심을 더욱 굳혔다. 한국학교에 관한 한 누구보다 강한 열정을 가지고 있었고, 무엇인가 시작하면 전적으로 몰두하는 내 성격 탓인지도 모르겠다. 학생이 30명만이라도 모집되면 시작하겠다고 기도하고 결심하며 준비위원회를 구성하였다. 비교적 교육 수준이 높은 분들이 사는 곳이라 적극적으로 협조하는 분들도 많았고, 동시에 적극적으로 반대하는 분들도 많았다. 그때만 해도 대부분의 학부모들은 미국에 있는 한국학교의 존재에 대해 무관심하고 비협조적이었다. 미국 속의 한국학교의 중요성을 강조하기 위해 뉴욕에서 한국어를 가르치고 있던 이선근, 김근순 박사 부부를 제일 먼저 초청하여 강연회를 열었다. 두 분의 강의는 한국학교의 중요성을 참석자들에게 효과적으로 알릴 수 있는 계기가 되었는데, 뉴욕에서 와주시고 작게나마 준비했던 사례비도 사양하셨던 두 분에게 얼마나 감사했는지 모른다.

나는 교회를 중심으로 한국학교가 설립되더라도 교회에 전적으로 소속된 한국학교는 원하지 않았기 때문에 미국 공립학교를 빌려 수업을 시작하였다. 학교 이름은 '코네티컷토요한국학교'로 하고 1998년 9월 7일 개교하였다. 감격스럽게도 첫날에 예상보다 훨씬 많은 50여 명이 등록하였다. 이것이 바로 코네티컷토요한국학교의 시작이다. 나는 2011년 모국에 대학교수로 갈 때까지 교장으로 봉사하였고, 현재는 송용주 박사가 2대 교장직을 맡고 있다.

코네티컷토요한국학교의 설립과 같은 시기에 나는 재미한국학교협의회의 총무를 맡았고, 그 후 역사/문화 편집위원장과 부회장을 동시에 맡아 봉사하였다. 재미한국학교협의회 역사/문화 편집위원장으로 봉사하고 있을 때 2002년 한인 미주 이민 100주년을 기념하는 『코리안 아메리칸의 발자취』의 편집위원장이 되어 2002년에 책을 출판하였다. 2000년에만 해도 '코리안 아메리칸(Korean American)'이라는 단어가 생소할 때였는데 장태한 교수(캘리포니아주립대학교), 김형찬 교수(서워싱턴대학교), 최상준 교수(콩코디아대학교), 전혜성 박사(동암문화연구소) 등을 주 집필진으로 하여 책을 출판하였다. 특기할 것은 이 책은 마이클 양이라는 한인 1.5세가 재미한국학교협의회에 역사상 최고 많은 금액인 20만 달러를 기부함으로써 만들어진 매우 의미가 큰 책이다. 이 책은 그 당시만 해도 무관심이었던 코리안 아메리칸의 역사를 중심으로 내용이 쓰였고, 한국학교에 다니는 학생들의 시각에서 한인의 역사를 다시 조명하는 계기가 되었다. 그 후 2003년 하와이 이민 100주년을 기념하여 많은 한인 단체와 연구 기관이 관련 서적을 출판하기도 했는데, 재미한국학교협의회에서 발간한 『코리안 아메리칸의 발자취』는 미주 한인의 역사를 주인의 시각에서 재조명하는 계기를 마련했다는 생각이 든다.

2011년 코네티컷토요한국학교를 떠나 한국에 다녀온 후 2013년 6월 학교의 졸업식 및 발표회에 부이사장으로서 참석해 콜 보닥이란 학생을 다시 만났다. 콜은 이탈리아계 부모님에게서 태어난 백인 아이로, 콜의 부모님은 코네티컷 뉴헤이븐(New Haven)에서 제일 맛있다고 소문난 베이커리를 하는 분이다. 콜은 5살 때 이웃집 한인 2세 여학생과 친구였는데, '친구 따라 강남 간다'고 우리 한국학교에 아주 어려서부터 나오게 되었다. 그게 시작이 되어 코네티컷토요한국학교를 열심히 다녔고, 한국어를 비교적 잘하게 되어 학교에서 주는 장학금도 받고 마침내 졸업하는 것이었다. 오랜만에 다시 만난 콜이 부모님과 같이 나를 찾아와 "나는 선생님 같은 사람이 될래요"라고 했을 때, 그 말 한마디가 지난 30여 년 가까이 한국학교에 몸담아 오며 보이지 않게 힘들었던 나를 얼마나 위로했는지……. 아직도 기억이 생생하다.

코네티컷토요한국학교는 처음 학교를 시작하였던 아미티 공립 중학교에서 아직도 약 70여 명의 학생이 공부하고 있으며, 명실상부하게 코네티컷 지역 한국학교의 모범이 되는 학교가 되었다. 이 학교는 외부 행사로 코네티컷 지역 한글날 기념

코네티컷토요한국학교
졸업식 및 학습발표회,
2008년

글짓기 및 그림 그리기 잔치를 매년 개최하고 있고, 크리스마스 파티, 학습발표회 등 대내외적으로 활발한 활동을 펼치고 있다. 2013년에는 학교의 문집인 『꿈나무』 13호가 발간되었다. 지금도 이 학교를 생각하면 오랜 산고를 겪고 자식을 낳은 어머니처럼 매주 겪었던 여러 가지 일들이 아직도 잊혀지지 않고 생생하게 떠올라 나만의 향수에 빠져들곤 한다.

한국학교와 함께한 30여 년간의 미국 이민 생활

1983년 필라제일한국학교에서 시작한 한국학교에서의 봉사는 30여 년이 지난 지금도 내 삶의 매우 중요한 부분을 차지하고 있다. 내 젊은 시절의 대부분을 한국학교와 함께했기에 한국학교는 나의 오랜 친구이기도 하다. 나는 논문 발표나 여행을 계기로 세계 곳곳을 다닐 때 기회가 되면 그곳의 한국학교에 가 보기도 한다. 내게는 세 아이가 있는데, 큰아들은 필라제일한국학교를 졸업하였고, 둘째 딸과 막내아들은 코네티컷토요한국학교를 졸업하였다. 아내가 이민 초창기에 먼저 선생님으로 시작한 한국학교가 우리 가족들에게는 이민 생활의 중요한 부분이었고, 기쁨이자 보람이 되었다.

30여 년간의 한국학교 봉사 인생에서 가장 마음이 아팠던 일은 교회와 학교의 사정으로 인하여 오랜 역사와 전통을 자랑하던 필라제일한국학교가 문을 닫게 된

한글날 기념 글짓기 잔치에
참가한 코네티컷토요한국학교
학생들, 2001년

것이었다. 물론 내가 떠난 후 한참 뒤에 학교가 문을 닫게 되었지만, 내 젊은 유학 시절의 대부분을 함께했던 고향과도 같고 내 훈장과도 같았던 자랑스러운 한국학교가 문을 닫게 되어 아직도 마음이 아프다. 필라델피아에서 제일 오래된 학교 중 하나였고 비교적 조직적으로 잘 운영되던 학교도 이렇게 하루아침에 문을 닫는 것을 보면서 미국 속의 한국학교가 얼마나 영세하고 취약한지를 절실히 알 수 있었다.

한국이 경제, 문화, 정치 등에서 세계적으로 집중적인 관심을 받고 있으므로 미국 속의 한국학교의 위상도 많이 달라졌다. 전 세계가 한국과 한류 문화 그리고 한국의 경제에 주목하고 있다. 세계 속 한국의 위상 변화와 함께 미주 한국학교의 존재와 의미는 더욱 중요해졌다. 나는 미국 전역에 있는 2,500여 개의 한국학교가 미국 한인 커뮤니티의 풀뿌리 운동의 중심이 되고 있다고 생각한다. 그러므로 한국학교는 한국어라는 언어만 가르치는 곳에서 한국의 역사, 문화, 예술, 전통 음악을 알려주는 한국문화학교로 변신해야 한다고 생각한다. 한국학교가 미국과 세계에서 '한국만을 고집하는' 국수주의적인 편협성에서 벗어나서 세계 속에서 한국어, 한국 역사와 문화의 독특함을 알리고 세계 문화와 조화롭게 발전하는 데 도움이 되기를 바란다.

나는 오늘도 토요일 새벽을 깨우며 찬 바람을 뒤로하고 맨해튼한국학교를 향한 힘찬 걸음을 내딛고 있다. 초롱초롱하고 맑은 눈으로 나를 기다리는 학생들을 생각하면 그들이 곧 각 분야에서 미국과 한국 그리고 세계를 움직이는 원동력이 될 것이란 희망에 오늘도 새 힘을 얻고, 새 희망의 아침을 맞으며 새벽을 가른다.

심운섭

현재 맨해튼한국학교 교장을 맡고 있으며, 과거에는 코네티컷토요한국학교와 필라델피아제일한국학교에서 30여 년간 봉사했다. 재미한국학교 동북부지역협의회 회장, 재미한국학교협의회 부회장, 사무총장, 『코리안 아메리칸의 발자취』 편집위원장 등의 다양한 직책을 역임하였으며, 대한민국 대통령 '해외교육유공자 표창', '해외한민족 교육진흥상', 코네티컷한인회 공로상, 사회교육상 등을 수상하기도 했다. 심운섭은 럿거스대학교(Rutgers University)에서 경영학 박사와 MBA 학위를 받고, 현재 세이크리드하트대학교(Sacred Heart University) 경영대 정교수로 재직하고 있다. 한국 울산과학기술대학교 테크노경영대에서 근무하며 대학원장과 학부장을 지내고, 연세대학교 경영대학 경영학과 객원교수로도 봉직하였다.

csksshim@gmail.com

한국어 교육과 함께 한 30년

최경미 한미헤리티지교육재단 이사장, PS 81, 마운트버논 고등학교 한국어 교사

자원봉사로 인해 바뀐 내 인생관

'친구 따라 강남 간다'는 말이 있다. 1984년 대학교 3학년 가을부터 친구의 권유로 봉천동의 야학이라고 불리는 '국일학교/여성문화센터'에서 한글 교사로 자원봉사를 하게 되었다. 이 일을 통하여 나보다도 훨씬 나이 많은 어르신들이 어려운 일로 고통받으면서도 뒤늦게 한글을 배우는 것을 알게 되었고, 한글 교육이 나의 사명처럼 느껴지면서 나의 삶에 많은 변화가 왔다.

고1 때 맞이한 갑작스러운 어머니의 죽음 앞에서 엄청난 고통과 슬픔을 느낀 나는 '죽음'에 대한 생각도 많이 하게 되었고, 언제 올지 모르는 이 죽음 앞에서 살아 있는 동안 시간을 잘 사용해야만 인생의 뒤안길에서 후회하지 않을 것이란 신념이 생겼다. 또한, 갑자기 아내를 잃은 아버지를 생각하며 누구보다도 더 힘차게 살아서 아버지를 기쁘게 해 드리는 것이 당시 내 소망이었다. 그런데 딸이라곤 나밖에 없는 아버지는 내가 큰 포부를 가지는 것을 좋아하지 않았다. 그저 여자 상업학교를 나와서 은행에서 3년 정도 일하다가 시집가는 것이 아버지의 소박한 꿈이었다. 그러나 나는 중학교 3학년 때 아버지 몰래 원서를 인문계로 썼고, 후에 대학 진학도 나 혼자 결정하였다. 당시 가정 형편이 어려운 터라 선뜻 대학에 가겠다고 나서기가 쉽지 않았지만, 학비는 걱정하지 마시라고 하고 4년제 대학교에 지원하여 합격

하였다.

　대학 재학 중에는 외교관이 되겠다는 목표를 세우고 아르바이트를 하면서 악착같이 공부하였다. 외국어 공부도 독학으로 하면서 외무 고시도 준비하였고, 이 세상에 '꼭 필요한 사람이 되리라'고 마음먹었다. 가정환경도 어렵고 힘들었지만, 우리 주위에는 나보다 어려운 이들이 더 많이 있음을 보면서 나는 자세를 가다듬었다. 그 당시 나는 사회개혁가라도 된 듯 한글 교육 자원봉사를 하는 것에 대한 중요성 및 가치에 대해 확실히 깨달았다.

　1986년, 대학을 졸업하고 대일외국어고등학교에서 독일어 교사를 하면서도 봉천동의 여성문화센터가 운영하는 국일학교에서 한국어를 가르치게 된 것이 우연이 아닌 필연처럼 느껴졌다. 그 당시 나의 학생들은 대부분이 나이가 40대 중반 이상이었고, 가끔 20~30대도 있었다. 한국에서 한글을 모르는 사람이 이렇게 많다는 것이 내게는 엄청난 충격으로 다가왔다. 나는 당시 대일외고 교장 선생님께 말씀을 드려서 수업을 오전으로 모두 조정해 놓고 오후 1시 이후에는 국일학교에 전념하였다. 매번 내 강의실에는 100명 이상의 학생들이 몰려와 열심히 한글을 배웠으며, 특히 할머니들은 "최경미 선생님은 내 인생의 처음이자 마지막 선생님이에요. 이젠 거리에 다녀도 간판을 읽는 데 재미가 있고, 깨알 같은 신문도 눈에 확 들어와서 신문 보는 재미가 있어요"라고 하셨고, 20~30대의 내 언니뻘 되는 학생들도 와서 "선생님, 이젠 세상을 살아가는 힘을 얻었어요"라면서 내 손을 잡고 한없이 울 때는 나도 어느새 눈이 촉촉해졌다.

　그러나 1989년, 당시 전도사로 일하던 분과 결혼하여 어려운 살림을 꾸려가면서도 1년 뒤 남편이 미국에 유학을 가게 되어 나도 이 모든 것을 뒤로 한 채 한국을 떠났다. 당시 김포공항에 배웅 나왔던 가족, 교회 식구, 그리고 내가 가르쳤던 아줌마, 할머니 부대의 눈물을 나는 지금도 잊을 수 없다. 임신 8개월의 몸으로 미국행 비행기 안에서 앞으로 펼쳐질 미국 생활에 떨리기도 하고, 한편으론 새로운 희망으로 설레었다. 정든 대한민국, 그리고 사랑하던 이들을 뒤로하고 우리 부부는 생면부지의 오클라호마 주 털사(Tulsa)라는 마을로 향했다.

미국에서도 한글학교 교사가 되어

오클라호마 주 털사는 소박한 시골이면서도 현대적인 감각이 있는 곳이었다. 모든 게 새롭고 어리둥절한 내게 마치 오래전부터 알아 온 사람처럼 이웃 주민들이 "Good Morning. How are you?" 할 때마다 나는 그런 미국이 좋고 신기하였다. 이러한 인사 문화는 내게 영어를 공부하기에 좋은 기회가 되었다. 나는 어느새 백인 할머니들과 대화를 나누며, 발음이나 영어 표현법을 자연스럽게 발전시킬 수 있었다. 한국에서 나는 차비도 받지 않고 주당 40시간을 봉사했던 시절을 떠올리며 '인생에 공짜는 없구나'라는 생각을 했다. 미국 할머니들도 내게 엄마처럼 따스하게 대해 주어서 가족처럼 가까이 지냈고, 그중 한 분은 나를 수양딸로 삼기도 하였다. 그리하여 내게는 미국 어머니 한 분이 생겨 든든한 힘이 되었다. 그들이 있었기에 나의 초기 미국 생활은 외롭지 않았고, 미국인 이웃과 쉽게 잘 적응하며 도움도 많이 받았다. 무엇보다도 미국에 처음 온 우리 부부에게는 다른 문화를 이해하는 데 많은 도움을 주었다. 생각해 보니 지난 몇 년간의 한국에서의 자원봉사 활동은 봉사가 아닌 '또 다른 삶을 위한 투자'라는 사실을 깨달았으며, 그저 즐겁게 한 작은 일들이 내 인생에 삶의 원동력이 되었음을 이제는 자신 있게 고백할 수 있다.

나는 영어를 배우면서도 늘 미국 사람들에게 한국어를 가르쳤다. 그 당시 영어를 배우고 한국어를 가르치면서 순간순간 마치 나의 지난날의 꿈이었던 민간 외교관이 된 것 같은 착각을 하면서 내 마음속에서는 알 수 없는 기쁨을 느꼈다. 당시 남편이 교육 전도사로 있던 오클라호마 주 소재의 털사한인연합 감리교회에서는 내가 한국에서 교사였다는 그 한 가지 이유로 선택의 여지도 없이 바로 한글학교 교사가 되어야 했다. 털사는 한국 사람들이 많은 곳이 아니었다. 당시에 한인교회는 미국교회를 빌려서 예배를 드렸다. 우리 교회 교인들은 미국인 남편을 따라온 이중 문화 가정과 유학생들이 대부분이었다. 나는 이곳에 와서도 미국 사람들의 극진한 사랑을 받았다. 첫아이를 출산할 때 많은 이의 도움을 받았는데, '과연 다른 사람들의 도움 없이 내가 존재할 수 있었을까?'라고 생각해 보게 된다.

당시에 주중에는 아파트에서, 주말에는 교회에서 한국어를 가르치느라 열심히 영어 표현 연습을 했던 기억이 떠오른다. 한국어는 나에게 초창기 미국 생활의 외로움을 달랠 수 있는 좋은 청량제와도 같았다. 미국에 가면 한국어와는 결별할 줄 알았던 내게 한국어는 오히려 또 다른 바쁜 삶을 가져다준 셈이었다. 이것이 계기가 되어서 남편이 파송되는 교회에 갈 때마다 나는 한글학교와 차세대 교육원을 설립하게 되었고, 한국어는 물론 한국문화와 역사, 전통 예절도 가르치고 문화행사 등을 치르면서 사역을 하게 되어 남편의 목회에 색다른 활력을 불어넣어 주기도 하였다.

10년간 미국의 중남부인 오클라호마와 텍사스에서의 생활을 마치고, 우리 부부는 1999년에 뉴욕 퀸즈 플러싱(Flushing)에 있는 후러싱제일교회로 파송이 되어서 목회를 하게 되었다. 플러싱은 우리가 생각한 미국이 아니었다. 한인들도 많았고, 마음만 먹으면 한국어만 사용하고도 무리 없이 미국 생활을 할 수 있는 곳처럼 여겨졌다. 그런데 이곳에서 놀란 것은 한인들이 많은 교회에서도 아이들은 한국어로 대화를 안 나누고 영어로만 하는 것이었다. 이것이 우리 아이들에게도 충격을 준 모양이었다. 처음에는 한국 아이들이 많은 것을 보고 좋아했다가 모두 영어로 이야기하니까 실망을 하는 눈치였다. 오클라호마에서는 한인들을 보기가 힘들었고, 자그마한 교회에 그리 많지 않은 성도들과 지내면서 늘 한국어를 사용했는데, 후러싱제일교회는 한인감리교회로는 아주 큰 교회로 초등부 학생들이 650명이 넘었고, 주일학교 교사들도 138명이나 되었다. 남편은 이곳에 교육 목사로 부임하였고, 나는 중등부의 이중 언어 인턴 목사로 사역을 하게 되었다. 그래서 나는 이중 언어로 설교를 하곤 했다.

    2001년에 남편은 스템포드한인연합감리교회에 담임 목사로 부임하게 되었다. 나도 교육 목사로 가게 되어 그동안 뉴욕에서 2년간 연구한 차세대 교육원을 설립하고, 예일대학교 학생들을 교사로 하여 한국어 교육과 한국 역사를 가르쳤다. 이를 계기로 교회에 다니지 않던 한국인 입양아를 둔 외국인들도 교회에 나오게 되어 목회의 보람을 느끼기도 하였다. 그러나 2003년, 갑자기 뉴욕베델교회에 남편과 동시 파송이 되어서 정든 스템포드를 떠나게 되었다.

    뉴욕베델교회는 브롱스 지역에 자리 잡은 교회인데, 이곳 역시 차세대 교육이 중요한 곳이어서 차세대 교육원을 설립하게 되었다. 교육 목사로서 토요일이면 한국문화와 한국어를 가르쳤는데, 차세대 교육원은 매일 방과 후에도 프로그램을 만들어서 이민자 자녀들의 교육을 맡기도 하였다.

    이 무렵 미국에 와서 한집에 같이 살던 시동생이 결혼 후에도 오랫동안 자녀가 생기지 않자 달라스로 가게 되었을 때 "조카들을 잘 키워 줄 테니 걱정 말고 달라스로 보내달라"고 하였다. 그리고는 집을 사고 우리 아이들을 달라스로 데려갔다. 뉴욕으로 이사 온 아이들이 경쟁적이고 바삐 움직이는 생활에 적응이 어렵다고 생각하고 데려간 것이었다. 한인 교회 일로 늘 바쁘게 살던 어느 날 뉴욕의 유명한 특목고인 브롱스과학고등학교(The Bronx High School of Science)에서 한국어 교사가 필요하다는 연락을 받게 되었다. 아이들이 달라스로 떠난 뒤 허전한 상태에 있던 터라서 나는 브롱스과학고등학교 교장의 제안을 흔쾌히 수락하였다.

브롱스과학고등학교의 한국어 교사가 되어

    브롱스과학고등학교에서 한국어를 가르치게 된 것은 나에게 뉴욕 시 공립학교에서 한국어를 가르치는 기회를 얻게 한 계기가 된 셈이었다. 당시 브롱스과학고등학교 한국어반의 학생들은 모두가 한국 학생들로 두뇌가 명석한 학생들이 대부분이었다. 그러나 한국 문화나 한국어에 대한 자긍심이 부족한 것 같아서 음력설 잔치를 준비하여 Korean Festival을 마련했다. 이 Korean Festival을 통해서 학생들은 한국어에 더 많은 관심을 갖게 되었고, 한국 학생들은 물론 타민족 학생들의 수강신청도 많이 늘어났다.

그런데 갑자기 한국어 수강신청이 늘어나자 다른 언어 반(중국어, 이탈리아어, 일본어)이 줄어드는 학생 수로 예상치 못한 타격을 받는 일이 생겼다. 특히 이탈리아어를 선택했던 학생들이 한국어반으로 많이 이동하다 보니 이탈리아인이었던 교장과 교감이 모두 예민해졌다. 다른 과목도 아니고 하필이면 이탈리아어반 학생수가 줄어드는 것이 마음에 걸렸는데, 결국 올 것이 오고야 말았다. 날마다 늘어나는 한국어반 수강생 탓에 어느 날 나는 갑자기 해고를 당하게 되었다. 나중에 알고 보니, 내가 목사인 것을 아는 학부형 중 한 사람이 교장에게 "최경미 선생이 공부 시간에 기도하고 설교를 한다"고 모함한 것을 알게 되어 가슴이 무너지는 것 같았다. 나를 채용할 때 무척 좋아했던 교장이 근거 없는 해고를 했다는 사실이 납득이 되지 않았다. 이 일로 인해서 한인 학부모들의 끈질긴 항의와 농성이 잇달아 있었는데, 심지어는 학교 앞에서 그리고 교육청 앞에서 시위가 오래도록 이어졌다. 학부모들은 밤마다 모여서 대책 마련을 위한 회의를 하였다. 또한 신문에도 3~4개월 정도 거의 매일 기사화되곤 했다. 한국어 교사가 된 지 1년 조금 지나 일어난 이 무슨 날벼락 같은 일이란 말인가?

심적인 어려움과 혼란을 겪던 이 무렵 우연히 조미경 선생님을 뉴욕 시 공립학교 교사 모임에서 만나게 되었다. 그 선생님도 역시 브롱스에서 한국어를 가르친다고 했는데, 딸이 브롱스과학고등학교 졸업생이라서 더 많은 관심을 보여 주었다. 그 당시에 나는 너무 억울한 생각이 들어 마음을 진정시키기가 어려웠다. 월요일부터 금요일까지 매일 1시간씩 열심히 한국어를 가르쳤는데, 1주일에 내가 받는 것은 세금을 제외하고 겨우 109달러를 받았다. 나는 1시간 수업을 위해서 준비도 많이 했고, 특별반도 만들어 다섯 번의 수업을 통해서 기본 수준을 중간 수준으로 올려놓기도 하는 등 심혈을 기울여 가르쳤는데, 갑자기 이유 없는 해고를 당하게 되니 너무 억울하고 마음이 아팠다. 그때마다 조미경 선생님은 친언니처럼 나를 달래주고 위로해 주어 힘이 되었다. 우리는 밤마다 모여서 억울한 사연을 글로 써서 교육청에도 제출하고 법적 대응을 알아보기도 하면서 당시 교육부 장관인 조 클레인(Joe Klein)에게 진정서를 보내기도 하였다. 아무래도 영어가 짧은 나는 엄두도 못 낼 일이었지만 조미경 선생님은 바쁜 중에도 나의 글을 읽고 더 적절한 영어식 표현을 제시해 주며 나의 후원자가 되어 그 어떤 일도 함께하는 데 마다하지 않고 힘을 주었다.

한편, 한국어반 학부모들의 열의도 나에게 감동으로 다가왔다. 모두 바쁜 이민 생활 중에도 함께 모여 교장실로 찾아가곤 했는데, 사실 나는 이런 일이 며칠 지속되다가 끝날 줄 알았다. 하지만 이런 농성과 시위는 계속되었고, 학부모 회장단은 밤이면 모여서 대책 마련을 하고 교육국으로 찾아가거나 글을 보내기도 하는 등의 많은 수고를 하여서 사태에 대한 심각성을 크게 부각시켜 주었다. 교장의 부당 해고 처리가 나뿐만이 아니라 이전부터 문제되어 왔던 다른 일들이 드러나는 계기가 되면서 학내 문제로 크게 퍼지게 되었다. 교육국으로부터의 조사를 비롯하여 미국 교사 노조(UFT)도 개입하는 등 사태가 심각해졌다. 이를 지켜보던 교육청 직원들은 급기야 도대체 최경미가 누구인지, 어떤 교사인지 궁금해했다.

그러던 어느 날, 나는 뉴욕 시 교육청으로부터 인터뷰 요청 연락을 받았다. 인터뷰와 동시에 파트타임으로 뉴욕 시 교육청 이중언어기술지원부(ALBETAC: Asian Language Bilingual/ESL Technical Assistance Center)의 한국어 담당(Korean Specialist/Consultant) 일을 맡게 되었다. 뉴욕 시 교육청에서 한 나의 일은 교육국 담당 슈퍼바이저와 학교 교장 선생님들을 만나서 한국어에 대한 일을 협의하고, 학부모 컨퍼런스에 가서 돕고, 특별히 한국어 에세이 컨테스트 수상자들의 글을 모아서 책을 만들어 내는 일이었다. 이 일을 그 후 6년간 하였다. 그러면서 브롱스의 중학교 MS 201에서도 파트타임으로 한국어를 가르치게 되었다. 나는 일에 욕심을 내는 사람은 아니었지만, 일단 일이 주어지면 파트타임이나 풀타임을 가리지 않고 강한 책임감으로 나에게 맡겨진 일에 최선을 다했다. 주위에서는 이런 나를 여러 차례 오해하여 말들이 많았던 것도 나는 알고 있었다. 그때마다 여러 차례 이 일을 접을까 고민하며 조 선생님께 나의 억울함을 하소연하며 운 적이 한두 번이 아니었다.

늘 친구처럼 지내는 남편은 목회를 함께 감당하면서 바쁘더라도 한국어에 대한 문제로 내가 고생을 하면 힘이 닿는 만큼 도와주었다. 나를 어렵게 하는 교인들도 있었지만, 많은 교인들이 보이지 않게 나를 위로하면서 얼마나 고생하는지 신문을 통해서 보고 있다며 슬며시 와서 손을 잡아주고 가기도 하였다. 너무 감당하기 어려울 때는 그만두고 싶은 때도 있었지만, 한국어에 대한 관심과 열정, 그리고 수많은 사람들의 기도가 있었기에 버틸 수 있었다.

'아리랑 프로젝트'의 한국어 교사가 되어

내가 미국에서 처음으로 공립학교 한국어 교사 생활을 했던 브롱스과학고등학교에서의 일들은 날마다 사건화, 기사화 되었고, 그것이 계기가 되어서 뉴욕 시 교육국에서의 한국어 담당 일을 하는 것까지도 내가 관련된 일에는 계속 모든 한인들의 주목을 받게 되니, 나는 본의 아니게 많은 사람들의 입에 거론되고 있었다. 내 고통의 분량과는 달리 최경미 교사는 명예심이나 공명심이 강하다는 비판의 소리로부터 '왜 목사가 나서서 그러느냐?'는 등 사람들의 입에 오르내리는 사람이 되어 있었다.

그 무렵, 조미경 선생님은 부시 대통령의 소수 언어 지원 정책의 한 파트에 '아리랑 프로젝트' 제안서를 제출했는데, 이것이 채택되어서 한국어 교사를 찾고 있다면서 나더러 해보지 않겠느냐고 물어 왔다. 부시 대통령의 소수 언어 지원 정책은 브롱스 지역의 7개 공립학교를 3년간 지원하는 것이었다. 그러나 이 가운데 초등학교는 시범으로 묶어서 하루에 5개 공립학교의 유치원부터 5학년까지의 학생들에게 한국어를 가르쳐야 하는 것이었다. 갑자기 한국어 교사를 찾는 것은 쉽지 않다는 것을 알기에 조 선생님의 제안에 아무리 내 처지가 어려워도 한국어의 길을 열어 주는 것이라면 해야 한다고 생각하고 수락을 했다. 그래서 2007년부터는 하루에 브롱스 지역의 5개 공립학교(브롱스 차터 스쿨, PS 68, 87, 111X, 112X)에서 한국어를 가르치기 시작하였다. 하루에 5개 학교를 찾아다니며 가르치다 보니 식사할 겨를도 없이 가르쳐야 해서 집에 돌아오면 파김치가 되어서 기진맥진할 정도였다.

'아리랑 프로젝트'가 2년간 잘 진행되자, 2009년에는 PS 68 초등학교에 한국어 반을 늘리기 위해 매주 금요일엔 한국어 캠페인의 일환으로 전교생이 한국어로 디자인된 티셔츠를 입고 등교하기도 하였다. 나는 가슴에 태극기와 대한민국이라고 쓰여 있는 하얀 티셔츠를 입고 오는 타 인종 학생들과 교직원들을 보면 가슴이 뜨거워져 눈물이 나기도 했다. 조미경 선생님이 가르치는 학교인 MS 142는 내가 가

PS 111 초등학교 음력설 잔치에서 '한복 패션쇼'를 마치고, 2012년 2월 7일

르치는 학교와 가까이 있어서 우리는 쉽게 만날 수가 있었다. 그래서 같이 의논하고 뜻을 같이하여 반즈앤노블 서점이나 버거킹에서 펀드레이징 행사도 하고, 껌을 팔고, 티셔츠도 팔면서 흑인 아이들이 한국에 가는 데 소요되는 비용을 마련해 2명의 학생을 한국에 보내주는 일을 하기도 했다.

한국어반을 늘리고자 하는 PS 68 학교에도 애프터스쿨 프로그램으로 한국어를 할 수 있도록 했다. 콜(Cole) 교장 선생님은 아이들이 한국어를 배우면서 많은 변화가 오는 것을 느꼈다고 하시면서 "전교생이 한국어를 배우면 학교에 많은 변화가 올 것 같다"고 말씀하셔서 가르치는 나의 입장에서 큰 자부심을 느끼게 해주었다. 공교롭게도 내가 맡은 브롱스의 공립학교들은 뉴욕에서도 잘 알려진 소위 질이 안 좋은 학교들이었다. 초등학교인데도 아이들이 싸우는 일이 벌어지면 경찰이 오곤 했다. 그래서인지 학교 앞에는 늘 경찰이 대기하고 있었다.

PS 111X 초등학교는 다른 학교보다도 견뎌내기가 쉽지 않은 학교였다. 그런데 어느 날 미국 선생님이 내게 말하기를 "우리는 너에게 관심이 많다. 너는 어떻게 이 아이들을 웃으면서 대하고 소리도 지르지 않고 조용히 다루는지 그 비결을 알고 싶다"고 했다. 나는 속으로 많이 놀라기는 했지만 망설이지 않고 "나는 한국어 교사로서 한국말을 하고, 너희들과 다르니 나에게 집중을 해 주는 것 같다"고 했다. 그것이 사실이기도 했다. 또한, 주위의 많은 사람들은 왜 나는 그렇게 많은 학교 중에 그 어려운 학교들만 가서 가르치느냐고 묻기도 했다. 그때마다 "글쎄요, 무슨 사명이라도 있나 봅니다. 이런 곳이니까 내게 가르칠 기회가 오는가 봐요. 좋은 곳이면 나한테까지 오겠어요?"라고 대답하였다. 나 자신도 미국 공립학교에서 한국어를 가르치게 되리라고는 생각해 보지 못했기 때문이다. 초창기에는 내 수업 시간에 교사들도 왔다 갔다 해서 무척 긴장되기도 했다.

그런데 가르치기 쉽지 않은 아이들이 조금은 온순해지는 모습을 보이고, 특히 한국어반의 학습 효력이 있다고 여기는 교장 선생님의 판단이 영향을 미쳤는지 한국어반은 1개 학급에서 5개 학급으로 늘어났다. PS 111X는 내가 가르치던 6년 동안 교장 선생님이 두 번 바뀌었지만, 2년 전부터는 한국어 학급이 10개 학급으로 되었다. 현재는 한미헤리티지교육재단의 외국인을 위한 한국어 교사 양성과정을 마친 한국어 교사 두 분이 열심히 가르치고 있다. 각 공립학교의 교장, 교감 혹은 교사들은 한국어를 배우는 학생들이 비교적 착해지고 공손해지는 것 같다는 말을 들려준다. 이렇게 한국어로 인해 학생들에게 여러 가지 측면에서 한국에 대한 좋은 인식을 심어주는 것은 나를 포함한 모든 한국어 교사들에게 보람과 자부심을 느끼게 해 주었다. 2009년에는 PS 68의 콜 교장 선생님이 매주 금요일에는 한국어 티셔츠를 입고 등교하자는 캠페인을 벌여서 미주 미디어 채널인 MK TV와 TKC TV 및 중앙일보에서 취재와 인터뷰를 해서 한인사회에 알려지기도 하였다.

PS 111X에서의 지난 6년의 세월을 되돌아보면, 아이들이 성장하면서 변하기도 하였겠지만, 아무튼 한국어를 배우면서 조금 더 나아져 가고 있었던 것으로 여겨진다. '도덕'이라는 학과목이 없는 뉴욕 지역에서 다민족 학생들은 한국어를 배우고 한국문화를 조금씩 알게 되면서 예절에 대해서도 배우게 되니 얼마나 가치가 있는 일인가! 이런 변화는 내가 계속해서 한국어 교사를 할 수 있도록 큰 힘이 되어주고 있다고 생각한다.

한미헤리티지교육재단을 세우며

2011년부터 미국 정부의 소수 언어 교육 지원금이 중단되면서 뉴욕 시 학교들이 재정적인 이유로 학교마다 지속적으로 한국어반을 유지하기가 어려워졌다. 그러자 여러 교장 선생님들과 교사, 학부모들은 나에게 비영리단체를 설립해보라고 권유하였다. 나는 심사숙고 끝에 이 권유를 받아들여 구체적으로 추진하게 되었다. 한마디로, '한미헤리티지교육재단'은 미국 내 초·중·고등학교의 외국어 교육에 한국어가 채택될 수 있도록 행정적, 교육적, 정치적 지원 방법을 강구하기 위하여 창설하게 된 것이다. 또한, 재미 한인 자녀들이 한국인으로서의 자긍심을 가진 유능한 세계인으로 자랄 수 있는 토대를 구축하기 위한 취지에서 세워진 것이기도 하다.

내가 뉴욕에서 본격적으로 공립학교 현장에서 한국어 교육을 시작한 것은 브롱스과학고등학교 및 여러 공립학교에서 한국어 교사로, 그리고 뉴욕 시 교육청 산하의 이중언어기술 지원부(ALBETAC)에서 한국어 담당자로 일했던 것들이다. 과연 이 경험을 바탕으로 뉴욕 주 정부가 인가하는 교육재단을 설립할 수 있을지 걱정이 되었고, 또 어떻게 운영해야 하는지도 고민되는 일이었다. 처음엔 아무래도 자신이 없어서 내가 적합한 사람이 아닌 것 같다며 몇몇 교장 선생님들께 말씀드렸더니 좀 실망하시는 눈치였다. 며칠간 생각하다 보니 나 자신이 창피하다는 생각이 들었다. 그러던 어느 날, 이곳 한국 방송국에 근무하는 아나운서를 만나게 되어 우연히 이런 이야기를 나누게 되었다. 그는 내 이야기를 듣더니 자신의 프로그램의 고정 변호사한테 부탁해서 일단 절차를 밟으면서 창설 가능한지의 여부를 들어 결정하는 것이 어떻겠냐고 하였다. 나는 이 제안을 받아들여 결국 제안서를 작성하여 제출하게 되었다. 그런데 제안서 내용을 보면 단순한 비영리 기구가 아니라서 뉴욕 주 교육법도 통과해야 하고 해서 쉽지 않을 것이라고 하는데, 예상과 달리 얼마 지나지 않아 변호사 사무실에서 연락이 왔다. 어려운 케이스인데 벌써 허가 서류가 준비되어 있으니 찾아가라는 것이었다. 순간 나는 겁이 덜컥 나기도 했다. 이렇게 한미헤리티지교육재단이 탄생되었다.

2011년 8월 21일, 재단 창립 행사에 신호범 워싱턴 주 상원의원을 초청하여 청소년 비전 심기 '21세기 한인의 나아가야 할 길'을 주제로 집회와 세미나를 리버사이드 교회 본당에서 개최하였다. 이를 계기로 한미헤리티지교육재단은 9월부터 PS 111X 공립학교와 브롱스차터스쿨이 지속적으로 한국어반을 할 수 있도록 지원을 했고, 또다른 사립학교(Fieldston Ethical Culture School)에도 한국어반을 신설하여 지원하게 되었다.

사립학교 Fieldston
Ethical Cultural School
7학년 한국어 수업 시간
모습, 2011년

　예상외로 빨리 세워진 재단은 내게 물질적인 부담을 안겨주었다. 나는 부모에게 받은 유산이 있는 것도 아니고, 남편이 사업을 해서 돈 걱정 없이 사는 사람도 아니고, 그 무엇 하나 내세울 것이 없었다. 적어도 재단 이사장이면 물질이든, 명예든, 정치적 배경이든 한 가지는 있어야 하는데, 나 자신을 돌아보니 참으로 한숨이 나왔다. 혹여 한국어를 세계화하겠다고 나서는 내 행동이 웃음거리가 되지 않을까 두렵기도 하였다. 그래도 내가 이 재단을 설립할 무렵 나에겐 전 재산이라 할 수 있는 8만여 달러가 있었다. 남편도 모르게 내가 미국에 오면서부터 하나님께 약속드린 것이 있었다. 받은 은혜가 많아서 매일 하루하루 하나님 앞에 우리 가족의 이름으로 1달러씩 바치고, 1달러는 차곡차곡 모아서 언젠가는 좋은 일을 하는 종잣돈으로 만들겠다는 것이 그것이었다. 그래서 내 지갑에는 1달러짜리가 늘 많았다. 어릴 적 우리 아이들은 엄마 지갑만 만지면 무언가 돈이 두둑이 있는 것 같아서 우리가 부자인 줄 알았다고 한다. '티끌 모아 태산'이란 말이 있듯이 1달러씩 20년 이상을 모으니 제법 중요한 일에 사용할 수 있는 돈으로 커져 있었다. 8만 달러는 돈이 많은 사람에겐 대수롭지 않은 액수이겠지만, 늘 어려운 살림에서 모은 돈이므로 내게는 감격스럽도록 큰돈이었다. 나는 이 돈을 모을 때 단 한 번도 망설이지 않았고, 뒤도 돌아보지 않았다. 이 돈은 내 인생에서 50세 이후에 중요한 일을 할 때 쓰일 돈으로 생각했기 때문에 세어 보지도 않고 내가 보관하는 곳에다 그냥 모으기만 하였던 것이다. 돈을 자꾸 만지게 되면 목표가 흐트러질 수도 있으므로 마치 저금통에 저금하는 즐거운 마음으로 한결같이 20여 년을 그렇게 모아 온 의미 있는 종잣돈인 것이다. 우리 부부가 미국 땅에 도착한 날부터 시작한 것인데, 아무리 돈이 없어도 이것에 손을 대서 깰 생각을 하지 않은 그런 돈이었다. 생각지 않던 재단을 운영해 나가야 하는 입장이 되니 나이도 50세가 넘었고, 20년간 모은 기념으로 이 돈을 한미헤리티지교육재단을 위해서 사용하는 것도 참으로 의미가 있다고 생각하였다. 어느 날, 하루 종일 기도를 하고 집에 앉아서 열심히 돈을 세어 보는데 마음이 설레었다. 지난 20년간 단 하루도 빼놓지 않고 모아 온 돈이 이토록 요긴하게 쓰이게 될 줄이야…….

재단이 설립되자 공립학교의 한국어반이 운영되려면 지원금이 당장 필요한데 누구한테 가서 지원금을 달라고 할 형편이 아니었다. 나에게 용기를 준 교장 선생님들이 돕겠다고 했지만 우선 기부금부터 달라고 할 수는 없었다. 내가 돈을 모은 줄도 모르는 남편에게 상의할 형편도 아니었다. 그래서 그동안 어려운 시기를 보낼 때도 이 돈을 내놓지 않고 시치미를 뗀 것이 가족에게 미안하기도 하여 아무 말도 못 하고, 2012년에 세 학교로 나누어 보냈다. 하지만 이 돈은 한꺼번에 다 사용한 것은 아니다. 조금씩 상황을 보면서 그 학교에 맞는 분량대로 해서 지원을 했다. 첫해에는 세 학교로 보낸 지원금이 전부 1만 5,500달러였다. 또한, 뉴욕 세종학당도 정부 지원금이 3천만 원밖에 되지 않아 한미헤리티지교육재단의 지원이 없이는 유지될 수 없어서 이곳에도 지원금을 보냈다. 2013년에도 뉴욕세종학당에 1만 7천 달러 이상을 지원하게 되었다.

나는 한미헤리티지교육재단이 미국 주정부로부터 한국어가 인정받도록 하는 것이 목적이고, 건전한 한국문화에 대한 인식을 높이고 싶은 것이 소망이다. 이 재단은 개인의 것도 아니고, 한인 커뮤니티를 위해서 한국어와 한국문화를 보급하는

데 좋은 역할을 해서 공신력 있는 훌륭한 기관으로 성장하기를 기대할 뿐이다.

한미헤리티지교육재단이 '뉴욕 세종학당'으로 선정되며

2011년, 한미헤리티지교육재단이 설립되는 과정은 결코 쉬운 일이 아니었는데, 이 재단은 미국 정부가 인정하는 재단이라는 것이 또한 내게 부담스러운 일이었다. 내가 상대해야 하는 모든 대상은 타 인종들과 관련된 일들이기도 하여서 여러 방면으로 생각을 하며 준비해야 했다. 이런 고민을 하는 중에 한국어를 가르치는 일이니 한국과 연결해서 해결책을 찾아봐야겠다는 생각이 떠올랐다. 그러다 보니 외국인들에게 한국어를 가르치는 '세종학당'을 뉴욕으로 연결해야겠다는 생각이 떠올랐다. 미국에서의 한국어 교육을 공교육과 관련짓기 위해 한국의 공신력 있는 기관을 찾다 보니 중국의 〈공자 학당〉, 독일의 〈Goethe Institute〉와 같은 대한민국의 〈세종학당〉을 찾게 된 것이다.

날마다 밤이면 혼자 제안서를 준비해서 한국과 통화하려니 시차로 인해 밤잠을 설치는 날도 수없이 많았다. 그리고 우리 재단의 일과 관련되는 기관과 담당자를 알아내서 나의 생각을 전하고 일을 성사시켜야 하니 여간 힘든 게 아니었다. 마침내, 2011년 10월 말, 지원서를 제출했고, 이듬해 2012년 1월 26일 한미헤리티지교육재단이 '뉴욕 세종학당'으로 선정되었다.*

한국어가 세계화되려면 한국어를 가르칠 수 있는 전문 교사들이 절실히 필요하다. 나와 함께 가르치는 미국 교사인 Dr. Ballard에게 내 생각을 말하기도 하였다. 그분 역시 내 의견에 찬성을 하였고, 힘껏 돕겠다고 나섰다. 그는 나를 볼 때마다 "Ms. Choi, You have to take a rest(미세스 최, 당신은 좀 쉴 필요가 있어요)"라고 말했다.

---

* 편집자 주: 저자로부터 이 글을 받은 2014년 4월에는 한미헤리티지교육재단이 뉴욕 세종학당을 맡아 운영하고 있었으나, 2015년 3월부터는 세종학당 지정이 해지되었다. 그러나 현재 재단에서 운영하는 한국어 교육 프로그램은 이전과 동일하게 유지되고 있다.

교에서 점심을 함께 먹을 때면 늘 "당신은 하루에 몇 시간 자느냐?"고 물었다. 재단 설립 후, 내가 최소한 1인 5역(가정일에 대한 것은 제외) 정도를 감당해 내고 있다는 것을 알고 있기 때문이다. 그는 컬럼비아대학에서 언어학을 했는데 한미헤리티지교육재단의 중요한 일을 내색하지 않고 돕는다.

외국인을 위한 한국어 교원 양성 과정

한미헤리티지교육재단을 설립하고 나서 훌륭한 한국어 교원을 양성하는 것이 가장 급선무란 생각이 들었다. 뉴욕에서 한국어를 공립학교에 넣기 위해서는 실력을 갖춘 교사를 배출하는 것이 관건이라는 생각을 했다. 준비되고 훈련된 한국어 전문 교원이 확보되지 않으면 한국어반 확대는 힘들기 때문이다. 이것을 우리 재단에서 해야겠다고 생각한 것은 내가 뉴욕 시 공립학교에서 가르치면서 느낀 것이다. 현재 한국어를 가르치는 한국어 교사는 자신의 전공과목의 뉴욕 주 교사 자격증을 가진 한국인으로서 한국어를 가르치는 터라 한계도 있고, 이것이 장기적일 경우 문제도 될 수 있기 때문이다. 아무래도 한국어를 전공하지 않았기 때문에 한국어 AP(Advance Placement: 대학과목 선이수제) 과목이나 높은 수준으로 가면 깊이 있게 공부한 전공자와 다르기 때문이다. 그러므로 우리 재단이 외국인을 위한 한국어 교원 양성 과정 교육 프로그램을 통해서 실력 있는 한국어 전문 교원을 양성하는 것이 한국어 교육의 장기화에 이바지할 수 있다고 생각했다.

그래서 한국의 국립국어원에서 외국인을 위한 한국어 교원 양성 과정의 해외 기관으로서 우리 재단이 공식적으로 인정받는 데 필요한 절차를 밟게 되었다. 또한, 이를 위해서 한미헤리티지교육재단은 중앙대학교와 공동으로 교사 양성 과정을 운영하기로 업무 협약을 맺었으며, 2012년 여름부터 외국인을 위한 한국어 교원 양성 과정을 실시하여 제1기 네 명의 한국어 교사를 배출하게 되었다. 그들은 바로 2012년 가을부터 공립학교에 파견되어서 한국어 교사로 일하고 있다. 2013

년~2014년에 시행한 제2기에서도 네 명의 한국어 교원이 배출되었다.

지난 2년간은 한국어 교육을 위한 내적 준비를 했다면 2014년에는 대외적으로 합당한 분들을 영입하여 각 기관이 올바로 가는 데 부족함이 없도록 하기 위해 2007년 한국어세계화 재단의 이사장님이셨던 박영순 교수님을 한미헤리티지교육재단의 한국어 고문으로 추대하였다. 또한, 이곳의 TKC TV 한상기 사장을 사회부 이사로, 뉴욕초대교회의 김경신 교육부 디렉터를 문화부 이사로, 이현주 박사를 예술부 이사로 영입하면서 한국문화를 통한 한국어의 비전이 조금씩 체계를 세우며 뉴욕 지역에서, 특히 맨해튼에서 서서히 기반을 다져가고 있다. 이렇게 한국어 교사에 대한 준비와 계획을 추진하다 보니 2012년 가을, 한국의 국립국제교육원에서 APCEIU와 한미헤리티지교육재단에 한미 교사 교환 프로그램을 제공해 주어 좋은 교류활동도 하게 되었다. 이 프로그램으로 2013년 1월, 18명의 한국의 교사들이 미국에 와서 1개월간 뉴욕 공립학교의 미국 교사들과 1:1 매칭이 되어서 교류 활동을 하였는데, 각 학교에서 참관 수업부터 실제 수업에 이르기까지 다양하게 많은 체험을 하고 돌아갔으며, 지난 2013년에는 이곳 미국 공립학교 교사들 18명이 한국을 방문하여 각 지방 8도로 나누어져서 한국 교육의 현장을 둘러보고 의견을 나누기도 하였다.

한미헤리티지교육재단은 앞으로도 한국과 미국 간의 교육 및 문화 나눔의 채널 역할을 해내고 싶다. 한국 측 교사의 입장에서 보면 더 선진화된 창의적 교육 현장을 보며 열린 자세가 요구되는 교육을 연구하고 도전을 받는 기회가 될 수 있고, 미국 측의 교사들에게는 한국이라는 역동적인 나라의 문화와 교육적 현장의 모습을 통해서 그동안 한국 교육에 대한 새로운 모습을 경험하고 이해할 수 있는 기회를 제공할 수 있어서 서로에게 매우 의미 있는 일이다. 실제로 지난해 가을, 한·미 교사 교류가 있었던 학교들은 한국어를 정규과목으로 채택하고자 노력하는 추세에 있다. 이미 지난해 가을부터 마운트버논 고등학교나 페닝톤 초등학교는 교사들의 적극적인 지원으로 한국어 과목이 채택되어 한국어 수업이 잘 진행되고 있다. 이렇듯 한·미 교사 교류는 여러 교장 선생님들의 적극적인 후원과 주위의 고마운 분들의 도움으로 상상할 수 없는 일들을 해냈고, 지금도 계속 좋은 교육의 장을 향해 도약하고 있다. 이렇게 한국어가 각 학교를 파고들어 가려면 한국어 교육에 전념하는 한국어 교사를 확보해야 함을 절실히 깨닫게 된다. 따라서 2012년에 한국어 전문 교원을 양성하여 배출하기 시작한 것도 이러한 흐름에 맞추기 위함이다.

이제는 뉴욕 주 한국어 교사 자격증 획득을 위해서 한인들이 뜻을 모으고, 한국어를 정규과목으로 할 수 있는 학교가 많이 증설되도록 애써야 한다고 본다. 이 일이 성사되면 SAT II 시험에 한국어 응시자 수도 증가하고 AP 과목도 기대할 수 있게 될 것이다. 이렇게 하여 뉴욕에서도 한국어가 확실히 뿌리내릴 수 있도록 우리 한인 동포들이 한국어로 하나가 되어, 한국어가 널리 뻗어 나갈 수 있도록 힘써야 할 것이다.

뉴욕 시 교육국 산하 이중언어기술지원부에서 일을 하였을 때 나는 중국어나 일본어는 뉴욕 주 교사 자격증이 있는데 왜 한국어는 뉴욕 주 교사 자격증이 없는지 슈퍼바이저에게 물어보았다. 그리고 이 문제를 해결하려면 어떤 절차를 밟아야 하는지를 묻기도 하였다. 뉴욕 주 교육국에 각 나라 언어 관련의 교사 자격증을 요구하려면, 각 언어권의 비영리 교육 단체에서 정규학교에 그 언어를 채택하도록 해서 지역에 있는 학교들이 해당 언어를 선택하는 학교와 학생 숫자를 충분히 확보한 후에 정식으로 절차를 밟아서 요구해야 한다는 것을 알게 되었다. 우리 한미헤리티지교육재단에서 하는 일이 바로 이러한 일을 해결할 수 있는 역할을 해야 하는 것이다. 현재 뉴욕 시 22개의 정규학교에서는 한국어를 정규과목으로 채택하고 있다. 좀 더 박차를 가해서 학교 수를 더 늘리고 이에 따른 한국어 교사들도 확보하고 기금이 확보되면 뉴욕 주 한국어 교사 자격증 발급은 아주 먼 날의 일이 아니라고 생각한다.

현재 캘리포니아 주는 한국어 교사자격증이 있다. 그러나 이 자격증은 다른 주에서는 사용할 수가 없는 안타까움이 있다. 반면에, 뉴욕 주 한국어 교사 자격증이 있게 되면 미국 50개 주에서 통용되는 유리한 점이 있다. 이를 위해 우리는 힘을 모아야 한다. 또한 재단은 최선을 다할 것이다. 지금 우리가 한국어를 통해서 많은 외국인에게 언어뿐 아니라 한국의 예절 학습 등으로 인하여 타 인종 학생들의 태도가 변하고, 학업에 열성을 낼 수 있는 동기부여가 되어 마치 한국어라는 언어가 이 시대의 윤리를 가르치는 창구가 되는 것 같아 감동을 받게 된다.

10년, 20년 후에 타 인종들과 한인 자녀들이 한국어로 대화할 수 있는 그날을 고대하며, 많은 한인들의 도움의 손길로 우리도 한국어에 유능하면서도 예의 바른 인재를 길러 미국 사회에 조금이라도 도움을 주는 역할을 하게 되기를 기대해 본다. 지금도 재단을 통하여 한국어 교사 양성은 물론, 학교 현장 파견까지 역할이 확대되고 있지만, 아직 뉴욕 주의 공식 한국어 교사 자격증 획득이라는 큰 과제가 남아 있다. 사실상, 지금도 늦은 편이지만, 더 늦기 전에 이제라도 뉴욕 주 한국어 교사 자격증이 발급될 수만 있다면 미국 전역에 한국어를 획기적으로 확산시키는 비전을 가질 수 있기에 나는 오늘도 이 일을 위해 노력하고 있다.

한국어의 세계 비전을 꿈꾸며…….

어떻게 하다 보니 한국어와의 인연이 깊어져서 내 반평생을 한국어 교육 확장에 힘써 왔는데 지난날들을 돌아보면 한국어가 내게 더욱 소중히 여겨진다. 나는 그 어떤 일에도 '그때 내가 최선을 다했더라면…….' 하는 후회를 하지 않기 위해 주어진 시간에 최선을 다하려고 한다.

"네 시작은 미흡하나 그 끝은 창대하리라"고 하신 성경 구절을 떠올리며 나는 한미헤리티지교육재단을 통하여 세계 속에 우뚝 서는 한국어의 찬란한 미래를 꿈꾸어 본다. 다민족의 거대한 도시 맨해튼에서 우리의 후손들이 타 인종들과 한국어로 대화를 나누는 날이 오는 그때를 상상만 해도 가슴에 전율이 느껴진다. 한국어를 통하여 한국이 아닌 해외에서 한민족이 하나가 되는 아름다운 세상을 만들고자, 그리고 오늘도 공립학교의 한국어 수업을 통해 조국 사랑의 불꽃을 피우고자 새벽에 집을 나선다.

최경미

대학 시절 봉천동 소재 '한국여성문화원'에서 한글 교사로 자원봉사한 것을 계기로 1990년에 미국에 이민 온 이후로도 계속해서 한국어 교육 현장에 몸담아 왔다. 현재 한미헤리티지교육재단의 이사장으로 활동하며 한국어 교육 사업과 다양한 문화 복지 사업을 추진해오고 있다. PS 81과 마운트버논 고등학교에서도 한국어를 가르치고 있으며, 리버사이드한인교회의 담임목사이기도 하다.

kahfedu@gmail.com

최경미 선생님 학생 소감문

Korean Class changed my life style

Jnai Girven 마운트버논 고등학교 11학년 학생

Hello, or should I say, Anyeonghaseyo? My name is Jnai Girven. I am 17 and I attend Mount Vernon High school. Let me just begin by saying that I am honored to even have the opportunity to be eligible for this amazing experience. To me, this would be like winning the lottery. I've always been "different" to other people and by that I mean I've always been fascinated with the Korean culture, language, shows, songs, unlike everyone else. It was all mesmerizing to me! I go to a school where kids would think that the Korean class wasn't interesting or it didn't seem "cool," but to me it was everything. Having to bow and greet before and after class, the way the few other students would be interested in it too was amazing. Plus having an amazing Korean teacher helped a lot. She taught us very well and helped us understand. This past school year wasn't my best. My grades have dropped and I fell into a depression. Losing friends, being alone, and having problems at home made me feel terrible. However, what brought me up would be watching Korean shows and laughing until my stomach hurt, practicing writing in Korean, and learning Korean songs that I would sing until I annoyed everyone. Now I am taking steps into being that A+ student I used to be. When I first started taking the Korean class, I was so excited.

I tried to retain cultural facts and the beauty of the Korean language as much as I could. I would study at home and then surprise my Korean teacher when I'd say something that she hadn't taught us yet. Lately, I haven't been to the Korean class as much because of the issues that are occurring in my life, and it pains me. This class was the joy I looked for throughout the week even though it was only 45 minutes, and it was amazing. I think this studying experience from Korean language class influenced and will affect my future drastically. For years, I've always admired the Korean culture. When I was younger, I used to boast about how I would visit there and go to all the landmarks and learn even more than what books could tell me. I've always loved travelling. Even though I've never left the country, just going to different states and learning ANYTHING is awesome. I love learning new things and helping people. For example, just learning the differences between the U.S. and Korea, Korean students and American students, and Korean foods and American foods(I'd love to test that). Just thinking about it gets me excited!! Plus, I have so many questions and I want to learn everything. This opportunity is so important to me. To get to say "Yea, I've been to Korea" is mind-blowing. I'm excited just typing this essay. Thinking of all the things I would learn about Korean culture and their ways would be life-changing. Thank you for taking the time out of your day to read my essay and I hope that you choose me for this amazing opportunity!

단 하나…….

고은자 롱아일랜드한국학교 교장

신사임당의 인망 속에서

율곡의 어머니 신사임당을 참 존경한다. 조선 시대 여류 문학소녀이기 이전에 그녀만이 지니고 있던 인망과 슬기, 어진 성품은 보물처럼 내 마음속 깊이 새겨져 있다. 그리고 여태껏 그런 신사임당의 인망을 가슴에 품고 때로는 엄격하게 한글 교육을 어루만지며 이민자로서의 보람을 느끼며 살고 있다.

나는 군산에서의 교편생활을 뒤로하고 1989년도에 사우스캐롤라이나주립대학교(University of South Carolina)로 미국 유학길에 올랐다. 그렇게 나의 제2의 삶은 시작되었다. 물질과 언어와 색다른 문화가 어찌나 속을 썩이는지 이루 형용할 수 없었음도 고백한다.

당시 사촌 오빠가 뉴욕대학교에서 유학하고 있었기에 방학 때면 사촌 오빠도 만나고 뉴욕 시내도 구경할 겸 뉴욕에 오고 가곤 하였다. 그러던 중 오빠가 초등학교 친구 동생을 소개시켜줄 테니 한번 만나보라고 해서 만남을 갖게 되었다. 신기한 것은 처음 보는 순간 낯이 익다 했더니 대학교 1학년 때 미팅을 통해 만났던 친구인 것이었다. 그렇게 다시 만나게 된 것을 계기로 자연히 친해져 부부의 연을 맺게 되었다. 뉴욕에서 그때 당시 남편과의 결혼식은 제대로 형식을 갖추지도 않고 교회에서 조촐하게 식을 올렸다. 남편은 간호사인 식구들을 따라 이민 온 1세다. 덕분에 시집 식구들은 그래도 결혼식 사진 속에 들어있으니 감사하기만 하다. 그 후 맨해튼에 보금자리를 정하고 내가 좋아하는 꽃집도 시댁에서 마련해 주어 어언 12년 이상을 운영했다.

미국에 사는 재미 한인으로서의 그간의 내 발자취를 되돌아보면 때로는 느긋하게 주변의 풍경을 보며 걸어갈 때도 있었지만, 장대같이 쏟아지는 소낙비를 맞으며 숨 가쁘게 달려 목적지에 도달할 때도 있었다. 그렇게 우여곡절 끝에 지금은 주중에는 안정된 직장에서, 주말에는 롱아일랜드한국학교에서 2006년부터 교장직을 맡아 운영해오고 있다.

롱아일랜드한국학교의 1978년 창립 당시 학교 이름은 브루클린한인교회 한국학교였다. 이 학교는 뉴욕 주에서 여덟 번째로 세워진 초기 한국학교로 학생들은 대부분 교인의 자녀들로 구성되었으며, 수업은 교회 건물 안에서 이루어졌다. 그러던 중 교회가 1989년 롱아일랜드 가든 시티(Garden City)로 장소를 옮기면서 교회의 이름도 롱아일랜드한인교회로, 학교 이름도 롱아일랜드한인교회 한국학교로 바뀌었다. 현재 롱아일랜드한국학교는 뉴욕 시 정부의 비영리 법인 단체로 정식 인가를 받아 독립적으로 운영되고 있다.

한국어와 나

한글의 행렬은 매주 금요일부터 시작된다. 이를 위해 나는 목요일 오후부터 할 일을 차곡차곡 정리해 놓아야 한다. 혹시 잊은 게 없나 해서 두리번거리다가 자정이 넘어서야 잠자리에 드는 목요일 밤이 나에게는 낯설지가 않다. 토요일은 새벽 6시부터 열린다. 그렇게 매주 기상의 알림이 어김없이 나를 부추기는 것을 보면 토요일 아침인 것이다.

미국에 정착한 후 지나온 나의 세월을 돌이켜보면 한인 2세 한국어 교육이 가장 큰 부분을 차지하고 있다. 그동안의 어렵고 힘겨웠던 나날들을 어찌 다 헤아릴 수 있을까. 그래도 넘어지고, 뒤집히고, 흐트러져서 헤어나지 못할 때가 오히려 나 자신을 강하게 만들지 아니하였던가. 지금도 나는 계속해서 그 길만을 가고 있다고 자신 있게 말하리라.

오랫동안 섬기던 30년이 넘은 교회가 미국 노회로부터 징계를 받아 문을 닫았을 때였다. 이민자로서 정말 어처구니없는 참혹한 광경을 처음으로 보게 되었다. 미리 소식을 들은 교인들은 다른 교회를 선택해 놓기도 하였다. 그렇지 아니한 이들은 그저 허무함을 달래며 교회에 나가 난감한 현실을 맛보아야만 하기도 했다. 20여 년 동안 오직 한 교회를 섬기며 정들었던 교인들이었기 때문이다. 고통은 이때부터 시작되었다. 한국학교에서 매주 수업을 받아오던 오고 갈 데 없는 우리 2세들과 학부모들의 아려오는 마음을 쓰다듬어 주었을 때가 지금까지도 잊지 못할 걸림돌로 가슴에 남아 있다.

곧바로 교회의 몇몇 장로들과 나는 뉴욕 시 교육청에 비영리 단체로 신청을 하였다. 까다로운 신청 절차를 모두 마치고 허가가 나올 때까지 그 당시 내가 섬겼던 뉴욕 롱아일랜드 미네올라(Mineola)에 위치한 조그마한 동네 교회를 빌려 23명의 학생들과 함께 수업에 임하였다. 그 후 1년이 지나 기다리던 정식 인가를 받으니 이것이야말로 주님의 뜻이라는 것에 눈물겹도록 감사하기만 하였다. '이제부터 다시 시작이다'라는 각오 아래 수업할 장소를 찾아 나섰다. 롱아일랜드 근교에 있는 공립학교들의 웹사이트를 낱낱이 뒤지며 방문해보기에 여념이 없었다. 마침내 리틀넥(Little Neck)이라는 동네에 있는 공립 초등학교의 교장 승인을 받아 교실 사용 허가를 교육청으로부터 얻게 되었다. 소수의 학생들이었지만 그들을 데리고 다시 한국어 익히기에 열의를 다하였다.

말 그대로 24시간이 모자랄 정도로 커리큘럼 제작과 학교 운영 방안 수립에 몰두하였다. 학생 개개인의 성적을 관찰하며 커리큘럼도 새롭게 하나하나 신경을 써가며 만들었다. 학습 자료도 최대한 구체적으로 만들고, 한민족의 얼과 맥을 이어가는 정신 교육도 함께할 수 있도록 구성했다.

　나는 발바닥이 부르트도록 돌아다니며 학생 개개인을 챙기기에도 신경을 썼다. 그런데 또 다른 걱정거리가 있었으니, 바로 재정적인 문제였다. 공립학교 사용료만으로도 교회에서 운영하는 한국학교에서보다 두 배에 가까운 지출이 추가로 들어가기 때문이었다. 운영 지원금을 모아 보려고 갖은 애를 써 가며 몰두하기 시작하였다. 염치도 불고하고 여기저기 전화하고 직접 찾아가서 2세 교육에 동참해 달라는 호소에 나섰다. 그러다 보니 애원하는 일은 어느새 나의 일과가 되어 자존심은 온데간데없고, 때로는 허무감에 빠질 때도 있었다. 하지만 2세 교육에 몸과 열정을 바치기로 마음 깊이 다짐한 나 자신이기에 어찌하랴……. 그저 묵묵히 목적을 향해 달려가야만 하지 않겠는가? 하루에도 몇 번씩 마음속으로 이렇게 다짐해가며 그동안의 세월을 지나온 나이다.

　한번은 우리 학교가 거래하는 모 한인 은행에 가서 액수는 중요하지 않으니 조금이나마 지원을 해달라고 요청했다. 물론 학교 자료와 문집을 들고 담당자에게 찾아간 것이다. 담당자는 학교의 자료를 들여다보면서 생각해 보겠으니 다음 주에 다시 오라고 했다. 약간의 기대감을 가진 채 가벼운 마음으로 집에 돌아왔다. 그 1주일이 어찌나 더디게 지나가는지 마치 한 달을 기다리는 심정이었다. 마침내 1주일의 시간이 흘러 나는 은행에 다시 찾아갔다. 그러나 나도 모르게 너무 크게 기대를 했던 것일까? 은행 지점장으로부터 "한국학교는 교육기관이라고 할 수 없으니 도와줄 수가 없다"는 답변을 들었다. "그러면 어떤 곳이 교육기관인지요?"라고 내가 반문하자 본인들은 장애인들만 도와준다는 것이다. "그런데 왜 한국학교는 교육기관이 아니라고 하지요?"라고 다시 물으니 잘 모르고 있다며 죄송하다는 말뿐이다. 이후로도 수도 없이 마주쳤던 이와 유사한 일들을 어찌 다 헤아릴 수 있으랴……. 이렇게 넘어질 때마다 실망했던 기억들이 때때로 주마등처럼 머리를 스칠 땐 나도 모르는 사이에 눈시울이 붉어지곤 한다.

롱아일랜드한국학교에서

2013년 9월 7일 가을 학기 개학 날은 나에게 평생 잊지 못할 추억으로 머물 것이다. 개학 전후로 등록생이 몰리면서 부득이하게 수업을 해오던 리틀넥의 초등학교 PS 94에서 인근에 있는 초등학교 PS 811로 장소를 이전해야만 했다. 개학 직전에 갑자기 장소 이전이 결정되어 미리 통보를 받지 못한 일부 학생과 학부모들이 PS 94 초등학교로 가는 해프닝이 벌어지기도 하였다. 개학 후 2~3주가 지나서까지 등록생이 이어지는 바람에 봄 학기에 7개에 불과하던 학급을 거의 두 배 가까이 늘려야 했다.

문을 닫을 위기에 처했을 당시 어렵게 26명의 학생으로 다시 시작했던 롱아일랜드한국학교의 학생 수는 이제 150명을 훌쩍 넘는다. 매 학기 등록 학생수가 늘어나고 이에 따라 학급을 신설해나갈 때면 무엇보다도 정교사와 보조교사를 채용하는 일이 급선무이다. 예전에도 그랬듯이 우선 정교사를 채용하는 일은 한국에서 사범대학교를 나와 교사 경력이 있는지 여부에 신경을 썼다. 언어 교육은 무엇보다도 교수법이 다른 전공과 큰 차이가 있기 때문이다. 보조교사는 주로 교육학을 전공으로 하는 대학 재학생을 위주로 채용하고 있다.

갑자기 늘어난 학생 수는 나에게 마치 꿈을 이룬 것과 같은 기쁨을 주면서도 한편으로는 새롭게 감당해야 할 과제를 안겨주는 것만 같다. 우선 교사들의 커리큘럼을 더욱 세밀하고 철저하게 짜야만 한다. 담임교사들이 혹시라도 결석을 하는 날엔 합반 수업이 가능하도록 조절할 수도 있어야 한다. 대리교사를 미리 선정해 놓는 것도 잊어서는 안 된다. 학부모들이 자녀를 통해 학교에 건의하는 요구 사항을 수용하는 것도 나에겐 크나큰 숙제다. 교사들과 제기된 문제점들을 의논해가며 끊임없이 개선 방안을 생각해내야 하기 때문이다. 1년 전만 해도 학생 수가 150명이 넘으면 소원이 없겠다던 소망이 훌쩍 이루어지니 그 소원이 또 300~500명으로 욕심을 부릴 것임에 틀림없으리라.

한글 쓰기 수업을 받고 있는 저학년 학생들의 모습

    롱아일랜드한국학교는 한국어뿐만 아니라 한국의 역사와 문화를 아이들에게 효과적으로 가르치기 위해 수업 시간을 4교시로 나누어 운영하고 있다. 1교시에는 한국어를, 2교시에는 역사, 문화, SATII 한국어 모의고사 대비에 초점을 두고 가르치고 있으며, 3교시와 4교시에는 특별활동반(독서클럽, 신문활동수업, 글짓기, 심리미술, 고전무용, 동요음악, 태권도, 검도 등)을 꾸려 교육하고 있다. 이 외에도 해마다 설날과 추석 맞이 행사를 통해 아이들이 다양한 한국문화를 체험할 수 있게 하고, 가정의 달 5월 초에는 야외로 어린이날 봄 소풍을 가서 신나는 운동회를 연다. 이날 아이들은 제기차기, 줄다리기, 보물찾기 등 다양한 게임과 이벤트를 통해 한국문화를 피부로 접하며 즐거운 하루를 만끽한다.

    우리 학교는 2014년 가을 학기부터 더 큰 장소와 시설을 완벽하게 갖추고 교통이 편리한 26학군 내 베이사이드 고등학교(Bayside High School)로 수업 장소를 옮겼다. 한번 움직일 때마다 지출은 말할 수 없이 불어났다. 그래도 신념과 열정은 변함이 없기에 전진해 나갔다. 최근에는 성인반도 개설하며 새로운 변화를 시도하고 있다. 성인반은 한인 2세 및 3세와 백인 및 중국인 등 타 인종들의 호응에 힘입어 새로 선보이고 있다.

단 하나……

　지난주는 가을 학기 개강일이었다. 첫 수업과 함께 쌓이는 분주함과 함께 새 학교 건물이라 익숙하지 않은 환경에 적응하느라 여름 방학 동안 지니고 있던 에너지를 모두 소비한 듯한 특별한 날이었다. 새로운 학기를 시작할 때면 항상 초조한 마음이 찾아온다. 새롭게 시작한다는 각오 아래 이리저리 움직이면서도 문득문득 생각에 잠기는 경우가 많다. 그래도 늘 기뻐하고 희망을 잃지 않으려는 내 마음가짐은 내가 가진 장점이라는 생각을 해 본다.

　2014년 가을 학기부터 금요반도 새롭게 개설하였다. 6학년 이상의 학생들로만 속성반을 만들어 SAT 한국어 모의고사와 대학 진학에 필요한 이중 언어 교재를 통해 수업을 진행하고 있다. 현재의 반응은 아주 양호한 편이다. 그래도 금요반이 성공적으로 정착되도록 앞으로 더욱 연구해야 할 것이다.

　'어떻게 하면 더 많은 학생들이 우리 학교에 와서 한국어를 배우고 한국문화를 체험해볼 수 있게 할 수 있을까?' 자나 깨나 오직 이 한 가지 생각만이 머릿속에서 맴도는 것은 지나친 나만의 욕심일까, 아니면 내가 헤쳐나가야 할 책임감 때문일까? 하루를 살아도 보람을 줄 수 있는 길이면 그 길을 택하고 싶은 것이 어쩔 수 없는 나의 본능인 듯싶다. 보면서, 익히면서 성숙해가는 나 자신의 모습을 때로는 거울에 비춰도 본다. 롱아일랜드한인교회 안중식 설립자의 끊임없는 노력으로 여기까지 용기를 잃지 않고 달려온 것에 그저 감사할 뿐이다. 초심을 잃지 않게 해주신 초대 김재숙 이사장님께도 감사를 드리며, 현 유지성 이사장님께도 든든한 후원자로, 든든한 그림자로 동행하여 주심에 마음 깊이 감사드린다. 몸과 마음을 모아 물심양면으로 봉사를 해 주시는 학부모회장님과 학부모님들께도 고마움을 표한다.

　오늘도 어김없이 숨쉬는 시간 시간마다 연구에 몰두하고 있다. 먼 훗날 우리 2세들이 나를 알아보지 않아도 좋다. 그저 내가 노력한 만큼 아이들에게 모국어의 결실이 맺어지기만을 간절히 바랄 뿐이다. 은은히 어디선가 울려오는 심벌즈 가락에 맞추어 오늘도 차분히 하루를 맞이한다.

고은자

전북 전주에서 태어나 군산에서 교직 생활을 하다가 미국으로 유학길에 오른 후 뉴욕에 정착했다. 현재 롱아일랜드한국학교(www.likoreanschools.org)의 교장직을 맡고 있으며, 재미한국학교협의회의 이사이자 동북부지역협의회의 고문으로도 활동 중이다. 과거에도 재미한국학교협의회 교육부장, 재미한국학교 동북부지역협의회 편집장, 수석부회장, 회장 등 차세대 재미 한인을 대상으로 하는 한국어 교육과 관련된 다양한 직책을 맡아왔으며, 뉴욕한인회 교육부회장과 장학위원장을 역임하기도 하였다. 오랜 공로를 인정받아 교육과학기술부장관상, 뉴욕한인사회 공로상 외 다수를 수상한 바가 있으며, 최근에는 국민 교육발전 유공자 대통령 표창을 받았다. 고은자는 2000년도에는 한국 수필작가로 등단해 한국 문인협회 회원으로도 활동 중이다.

likoreanschool@gmail.com

너희 모든 쓸 것을 채우시리라

홍태명 사랑한국학교 교장

"나의 하나님이 예수 안에서
영광 가운데 그 풍성한 대로
너희 모든 쓸 것을 채우시리라." (빌립보서 4장 19절)

경주 불국사를 사랑하게 된 한길이

내가 사는 에디슨 지역은 뉴저지 중부에 있는 작은 도시이다. 뉴욕 시내까지 기차로 1시간 거리이지만 자동차로는 더 빠르다. 그러나 뉴욕 시내에 차를 가지고 들어가는 일은 복잡한 교통 때문에 웬만한 용기가 없이는 감히 엄두도 못 낸다. 다행히도 에디슨에 사무실이 생기면서 10여 년 전부터 힘든 뉴욕으로의 출퇴근을 졸업할 수 있었다. 뉴욕 출퇴근 시절 알게 된 서 교수님은 뉴욕에서 사회학 강의를 하시며 재정 설계 자문 등 에디슨 지역을 위해 다양한 활동을 하는 분이다. 마침 어제 내 회계사 사무실을 방문하셔서 사랑한국학교를 졸업한 아들 한길이의 소식을 물으니, 지금은 방학이라 집에 와 있단다.

지금은 대학생이 된 한길이가 초등학교 3학년이던 사랑한국학교 가을 학기 개강식 날이었다. 신입생 등록 책상 주변이 학부모님과 학생들로 한창 붐비던 와중에 유리문 밖에서 어떤 어머니와 아들이 아주 심각하게 이야기하고 있는 모습이 눈에

떴었다. 혹시 도움이 필요한 일인가 싶어 나가보았다. 어머니가 남매를 한국학교에 보내기 위해 데리고 왔는데, 오빠가 학교에 등록하기를 싫어하는 것이었다. 동생은 이미 들어갔고, 어머니가 오빠를 계속 달래는 중이었다. 그러나 오빠는 연신 도리질이었다. 심지어 눈물까지 흘리고 있었다. 내가 다가가 왜 한국학교가 싫은지 말해 보라고 영어로 말을 건네니, 자기는 한국말을 잘하지 못하기 때문에 다니기 싫다는 것이었다. 어머니를 따라나서기는 했지만 정작 용기가 나지 않는 듯했다. 그렇다고 아들의 등을 떠밀 수는 없는 노릇이기에 어머니도 안절부절못하고 있었다. "학교는 배우는 곳이다. 그래서 모르는 사람이 오히려 환영받는 곳이다. 한국학교는 한국말을 가르치는 곳이다. 한국말을 모르는 학생을 위해서 한국학교가 있다. 오늘 여기에 온 많은 학생들도 사실은 알고 보면 한국말을 모르는 사람이 많다. 혹시 실력이 차이가 나면 기초반에서 시작할 수도 있다" 등등 나름대로 열심히 설득해보니 수긍하는 눈치였다. 마침내 울음을 그치고 나를 따라 들어와서 그날 무사히 등록을 마쳤다.

    그날 이후로 나는 그 학생에게 더욱 관심을 기울였다. 학교 성적도 우수하고 매우 명석한 학생이었다. 바로 이 학생이 서 교수님의 아들이자, 함께 한국학교에 등록했던 한나의 오빠 서한길이었다. 3~4년가량의 시간이 지나고 다시 가을 학기가 시작된 날이었다. 한길이에게 여름 방학 때 무엇을 했는지 물었더니 한국에 다녀왔단다. 그러고 보니 한국말이 유창해졌음이 느껴졌다. 이어서 경주 불국사에 다녀온 이야기며, 토함산에서 석굴암을 보았다는 이야기 등을 줄줄이 늘어놓기 시작했다. 한국에 대해 상당한 자부심이 생겼음을 얼굴에서 읽을 수 있었다. 이후로 시간이 날 때마다 한국에 다녀온 이야기에 관심을 표시하며 한길이의 한국 여행기를 듣곤 했다. 점점 한국어에 대한 자신감이 생기는 한길이의 모습에 기쁘고 뿌듯한 마음이 들었다. 한국 방문을 계획한 부모님의 배려가 더욱 고맙게 느껴졌다. 그 후 한길이는 우리 학교의 고급반까지 다니며 열심히 수업을 듣고, 현재 피츠버그대학교 약학과에 재학 중이다. 한길이를 포함해 사랑한국학교를 거쳐 간 수많은 학생들의 모습은 내 기억 속에 언제나 어릴 때의 그 모습으로 아름답게 증명사진처럼 남아있다.

베란다에서 손을 흔들어 주던 진곤이와 에릭

김진곤 학생도 기억에 오래 남아있는 학생 중 하나다. 진곤이에게는 에릭이라는 남동생이 있는데, 이 두 형제에 얽힌 일화가 생각이 난다.

나는 수업을 마치고 하교하는 학생들을 차로 집에 데려다주곤 하였는데, 혜선이라는 친구를 내려주고 나서 진곤이네 아파트로 향했다. 진곤이와 동생 에릭이 차에서 내릴 때 함께 내려 아파트 베란다 쪽을 보고 기다리면 잠시 후 2층 베란다에 진곤이가 나타나 나에게 손을 흔들곤 했다. 나는 기쁘게 손을 마주 흔들어 주고는 학교로 돌아가 마무리를 하곤 했다. 우리의 수신호는 서로의 안전을 확인하는 말 없는 약속이었다. '선생님, 저 잘 들어왔어요' 하고 손을 흔들면, '그래, 잘 지내거라' 하고 답을 보내는 것이었다. 막상 기쁘게 손을 흔들어 주기는 하였지만 돌아오는 길에 내 마음은 결코 가볍지 않았다. 아니, 많이 무거웠다. 무엇인지 모르겠지만 막연한 슬픔이 가슴을 누르곤 했기 때문이다. 혜선이는 집에 할머니가 계셨기 때문에 걱정이 없었다. 그러나 진곤이네는 달랐다. 부모님께서 뉴저지 뉴왁(Newark) 마켓 스트리트에서 아이스크림 가게를 운영하셨기 때문에 저녁에 부모님이 오시기 전까지 진곤이는 동생 에릭과 단둘이 집에 있어야 했다. 아마 형제는 숙제도 하고 게임도 하면서 놀 것이다. 그러나 엄마가 필요한 어린 학생들을 빈집에 내려놓고 내일이 바쁘다고 돌아서 버리는 나 자신이 너무 무책임하게 느껴졌다. 무언가 더 해주지 못했다는 미안한 생각이 늘 마음 한구석에 남아있었다.

베란다에 나와서 나를 보고 손을 흔들던 진곤이의 모습은 지금도 내 마음속에 남아 있는 한 장의 빛바랜 흑백사진 같다. 그 장면을 생각하면 언제나 내 마음은 회색으로 바뀐다. 그래도 진곤이를 마음속에서 가볍게 놓아줄 수 있었던 것은 이

후 진곤이가 믿음으로 예수님을 만났기 때문이다. 진곤이가 펜실베이니아 포코노(Pocono)에서 있었던 교회 어린이 여름 캠프에 참석했을 때의 일이다. 캠프 담당자였던 나는 '부자와 나사로'라는 인형극을 준비하였다. 함께 준비하던 김 집사님의 아이디어로 비닐을 가늘게 잘라 붉은 조명을 비추고 선풍기로 약한 바람을 만들어 지옥을 실감 나게 표현했었다. 연극이 끝나고 상담 시간이었다. 진곤이는 지옥에 가는 것이 무섭고 싫다면서 오랫동안 울었다. 그리고 예수님을 개인의 구세주로 영접하였다. 그 당시 진곤이의 절규는 아직도 선명하게 내 기억에 남아있다. 지금은 진곤이와 연락이 되지 않지만, 아마 대학을 졸업하고 그리스도인으로서 훌륭하게 사회생활을 해나가고 있으리라 생각한다.

주말 한국학교를 시작하다

1990년 늦봄 주일예배를 마친 어느 날 담임목사님께서는 내게 사역의 일환으로 한국인 자녀들을 위해서 주말 한국학교를 운영하고 싶다고 하셨다. 목사님의 말씀에 따라 내가 학교 운영에 책임을 지고 아내와 함께 가을 학기를 목표로 개강 준비를 시작했다. 첫 학기 등록 학생은 45명이었고, 교사는 나를 포함해 교회 성도님 아홉 분으로 구성되었다. 유치반과 한국어 1, 2, 3반으로 학급을 나누어 수업을 시작하였다. 학년별로는 반을 나누기가 어려워 유치반 두 반을 만들고 한국어 수업은 초급반, 중급반, 상급반으로 편성하였다. 교육에 대해서는 전혀 아는 것이 없었던 내가 무식하면서도 용감하게 일을 맡은 것은 전적으로 아내에 대한 믿음 때문이었다. 아내는 한국에서 유아교육을 전공하고 유치원 교사를 거쳐 오랫동안 유치원 원장으로 일을 했다. 또 다른 이유는 개강 후 딱 1년만 책임지기로 했기 때문이었다. 1년 후에 우리 가족은 한국으로 돌아갈 계획이었다. 그러나 예상과는 달리 귀국하게 되지 않고 나와 아내는 계속해서 한국학교 교사 일을 하게 되었다. 그 후로 교회의 담임목사님이 두 번 바뀌었지만 사랑한국학교는 계속 성장하여 에디슨 지역에서 지명도를 높여 갔다. 어느덧 24년이 흘러 지금은 곧 봄 학기(제48학기) 준비를 앞두고 있다.

한국학교를 시작하면서 가장 처음 부딪친 문제는 교과서였다. 유치부나 1학년 학생들까지는 나름대로 담임선생님들이 기초 한글에 대한 여러 가지 교재들을 열심히 찾아서 준비할 수 있었다. 그러나 중급반과 상급반은 마땅한 교재를 구할 수 없었다. 가까스로 뉴욕 시내의 서점에서 교재를 구입해 주교재로 삼고 상급반은 여러 가지 프로젝트를 중심으로 한글 지도를 시작했다. 이 때문에 학생들에게는 개인별 교과서를 지급하지 못하고 매번 복사물을 만들어서 수업했다. 나는 항상 선생님들의 복사물 상태를 꼼꼼하게 점검했다. 상태가 양호하지 못한 복사물을 받아 수업하게 되면 학생들에게 우리 한국학교 자체뿐만 아니라 한국어와 더 나아가 한국에 대한 이미지를 좋지 않게 심어줄 수 있었기 때문이다.

나는 당시 중급반을 맡아 가르쳤는데, 내가 맡은 반의 학생들은 수업의 흐름이 끊기는 경우가 있어서 미안한 마음이 많이 들었다. 수업 중이라도 다른 반에서 무슨 문제가 생기거나 학부모가 방문하게 되면 교장인 내게 보고가 되고, 나는 수업을 잠시 중단하고 나가봐야 했기 때문이다. 가끔 다른 반 학생이 다쳐도 내가 직접 가서 상황을 확인해야 했기에 학생들에게 자습을 시키고 교실을 비워야 했다. 이런 일은 여러 상황에서 자주 발생했다. 지금은 교장 외에도 조정숙 교감 선생님과 최석태 교무주임 선생님이 계셔서 업무 분담이 잘 되고 있지만, 당시를 떠올리면 내가 가르쳤던 반 학생들에게 참으로 미안한 마음이 든다.

벤치마킹이 시작되다

첫 학기를 무사히 마치고 겨울 방학 중에 허병렬 선생님을 만났다. 허 선생님과의 만남은 나에게 한국학교 사역의 든든한 기초를 쌓는 특별한 계기가 되었다. 뉴욕한국학교 교장이셨던 허 선생님께서는 1991년 1월에 한국학교 교사를 위한 사범대학원 학생 모집 광고를 신문에 내셨다. 학교 수업이 끝난 토요일 오후에 15명의 학생들이 장학금을 받으며 맨해튼에서 선생님의 지도로 2개월간의 과정을 마쳤다. 알고 보니 장학금은 선생님께서 주셨고, 장소 사용료도 스스로 부담하시면서 한국학교 교사 양성을 위해 자신을 희생하셨던 것이었다. 아쉽게도 그 교육과정은 지속되지 못하고 결국 한 번으로 끝이 났지만, 국문학을 전공하지 않은 나에게는 가뭄에 단비와 같았다. 그때 받았던 모든 수업의 내용은 내게 한국어 교사로서의 영원한 지침이 되어주었다. 지금도 나는 당시의 자료들을 보석같이 소중히 간직하며 잘 활용하고 있다. 그중, 당시 공부했던 개정된 한글맞춤법과 개정된 표준어규정은 신임 교사들에게 필독 참고서로 지급하고 있다.

허 선생님께 지도를 받고 난 후로부터 몇 년 뒤, 나는 우리 학교 선생님들과 함께 뉴욕한국학교의 수업 현장을 견학하는 시간도 가졌다. 보는 것보다 더 훌륭한 공부는 없다고 믿었기 때문이다. 뉴욕한국학교에서는 그 당시 학생들에게 컴퓨터에서 한글을 사용하는 훈련을 하고 있었다. 그리고 학부모를 위한 다양한 프로그램이 운영되고 있음도 알게 되었다.

견학을 마친 뒤 나는 선생님들과 함께 학부모를 위한 프로그램에 대해 상의하였다. 우리는 한글 자판을 익히는 일도 참으로 학생들에게 필요한 일이라는 데 공감했지만, 쉽지 않은 도전 과제였다. 그래도 한번 해보자는 심정으로 새로운 가을 학기를 준비하면서 특활 시간에 한글 컴퓨터 교실을 추가하였다. 여름 방학에 한국에 가시는 분을 통하여 '타이핑 마법사' 등 한글 자판 훈련 CD를 20장 정도 구입하고 교회에 광고하여 교육관 3층에 12대의 중고 컴퓨터를 기증받아 설치했다. 학부모 중 한 분이었던 맹 선생님이 초대 컴퓨터 교실 강사로 초빙되어 이전보다 더욱 활발한 학기가 시작되었다. 게임 형식으로 된 한글 자판 익히기 훈련은 상당한 성과를 보이기 시작했다. 받아쓰기도 게임 형식을 겸해 진행했지만, 난이도 조절이 문제였다. 나도 한글 자판이 익숙하지 않아 연습했던 기억이 난다. 지금은 더는 교육관을 사용할 수 없어 컴퓨터 교실은 없어졌지만 랩탑과 와이파이 덕분에 언제나 수업 시간에 컴퓨터를 활용할 수 있게 되었다.

재미한국학교 동북부지역협의회에서 멘토를 만나다

허 선생님의 소개로 나는 재미한국학교 동북부지역협의회에 가입해 앞서가는 다른 한국학교들의 모습을 배우고 다양한 선생님들과 교류할 수 있었다. 특히, 해마다 동북부지역협의회가 여름 방학에 실시하는 교사 연수회는 나와 교사들의 실력 향상에 큰 도움이 되었다. 뉴욕과 뉴저지 일원의 한국학교 교사들이 한자리에서 만나 공동의 관심사를 이야기할 수 있다는 사실이 고무적이었다. 각 학교의 고민이 무엇인지 듣고, 어떤 점은 우리 학교만의 문제가 아니었다는 사실을 알게 되면 오히려 위로가 되기도 했다. 그러나 무엇보다도 기본을 충실하게 익히고 새로운 교수법을 배우게 되는 교사 연수회는 우리를 끊임없이 성장하게 해주는 배움의 터전과도 같았다. 주제 강사로 오시는 분들의 다양한 강의는 지쳐가는 교사들에게 열정을 불어넣기에 충분한 자극의 시간이 되었다. 언제나 열정으로 강의하시는 허 선생님 외에도 특별히 기억에 남는 분은 이화여대 국문학과를 졸업하고 뉴저지한국학교 교장으로 계시던 이경희 선생님이다. 이 선생님의 한국어 문법 강의 시간이 얼마나 재미있고 유익하던지, 나는 열정적으로 강의하시는 선생님의 모습에 반하고 말았다. 문법에 약했던 나는 이 선생님의 강의에 이후로도 세 번이나 더 참석하였다. 남다른 열정으로 꾸준히 한국어 보급에 앞장서서 걸어가고 계신 많은 선배님들께 뒤따르는 우리들에게 훌륭한 표본이 되어주심에 늘 감사할 따름이다.

사랑한국학교를 운영하기 시작한 초기에는 교사들에게 급여를 지급하지 못했다. 여러 가지 사정이 있기는 했지만, 우선 학교가 재정적으로 넉넉하지 못했고, 교회에서도 충분한 지원을 받기가 어려웠다. 교회에서는 헌신이라는 명목으로 교사를 채용하였기에 다른 교회 봉사활동과 같이 무보수가 당연한 분위기였다. 그러나 동북부지역협의회의 이광호 전 회장님을 만난 후에 우리 학교는 교사들에게 소정의 급여를 지급하기 시작하였다. 회장으로서 매우 효율적으로 협의회의 체질을 개선하신 이광호 전 회장님은 선생님들의 처우 개선이 학교의 질을 높이는 길이며, 이는 교장의 임무 중 가장 중요한 일이라 역설하셨다. 유급제로 바뀐 후로는 매년 조금씩이지만 급여를 인상해 오고 있다. 그러나 다른 학교에 비하면 여전히 급여가 낮은 수준이어서 교사들에게 늘 미안한 마음이다.

허병렬 선생님과 이경희 선생님 그리고 이광호 선생님은 내 한국학교 사역의 멘토들이시다. 한국학교 운영에 어려움이 있을 때마다 멘토들에게 자문을 구하며 문제를 해결해나갈 수 있었다. 오랫동안 동북부지역협의회에서 도움을 받아오던 터라 나에게 임원의 일이 맡겨질 때면 차마 거절을 할 수가 없었다. 감사로, 부회장으로 8년간 직책을 맡아 일하던 중에 회장님이 질병으로 자리를 비우시게 되고, 수석부회장도 한국으로 이주하는 일이 동시에 생기면서 2007년 당시 부회장이었던 나는 어쩔 수 없이 회장직을 1년 동안 수행하기도 했다.

미국 파견 근무와 한국학교

나는 한국에서 연세대학교를 졸업하면서 공인회계사가 되어 1978년부터 세화회계법인에 근무하기 시작했다. 그 당시 해외에서 많은 다국적 기업들이 한국에 진출하면서 공인회계사들도 미국의 앞선 회계법인들과 업무 제휴가 필요해졌다. 두 명의 회계사가 연이어 프라이스 워터하우스 뉴욕 사무실에서 임기를 마치고 한국으로 돌아오면서 나는 1989년 8월에 2년의 임기로 뉴욕으로 오게 되었다. 사무실은 맨해튼에 있었지만, 우리 가족은 뉴저지 북부의 팰리세이즈파크에 집을 마련했다. 링컨 터널을 지나는 버스를 타고 맨해튼으로 향하는 출근길은 사뭇 즐거웠다. 일찍 퇴근하는 남편과 함께 시간을 보내주는 아빠 때문인지 아내와 아이들도 점점 미국 생활에 잘 적응해가고 있었다.

미국에 온 다음 해에 시작한 한국학교가 성공적으로 1년을 마칠 즈음, 귀국 준비를 하고 있는데 목사님께서 뜻밖의 말씀을 하셨다. 아무래도 우리 부부가 귀국하면 한국학교는 문을 닫아야 할 것 같다는 것이었다. 마땅한 후임자가 없다고 하시며 미국에 남아 함께 사역해 보는 것은 어떻겠냐고 제안하셨다. 내가 반드시 한국학교에 대해 큰 부담을 느껴야 할 이유는 없었지만, 우리 부부는 이 일에 대해서 하나님의 뜻을 묻는 기도를 시작했다. 우리의 기도는 한 가지였다. 만일 하나님이 우리의 미국 체류를 허락하시면 합법적으로 비자를 받을 길을 열어 달라는 것이었다. 불법 체류자로 미국에 남게 된다면 그것은 하나님이 원하시는 방법이 아닐 것이라는 생각 때문이었다.

기도를 시작한 지 1주일도 되지 않은 어느 날 맨해튼에서 대학 동문 회계사를 만날 일이 있었다. 귀국에 관한 대화를 나누다가 영주권 취득의 필요성을 언급하게 되었는데, 뜻밖에도 그분은 자신의 회계사 사무실을 통해 가능하다는 말을 하는 것이었다. 비록 내가 원하는 방향과는 조금 달랐지만 분명 기도에 대한 응답이었다. 사실 나는 미국에 머물 수 있는 합법적인 기회가 오리라 기대하지 않은 채 여전히 마음으로는 귀국 준비를 해나가고 있었다. 그런데 일이 이렇게 되고 보니 마음이 혼란스러웠다. 귀국과 체류 사이에서 인생 최대의 고민이 생긴 것이다. 그러나 다시 생각해 보면 기도에 대한 응답이 이뤄졌는데, 이것은 응답이 아니라고 애써 무시할 수도 없는 노릇이었다.

고민 끝에 한국의 세화회계법인에 보낼 사직서를 작성했다. 사직서를 양복 주머니에 넣고 다니다가 귀국 예정일을 훨씬 넘긴 후에 마침내 서울로 발송하였다. 뜻밖의 사직서를 받은 서울에서는 난리가 났다. 그러나 한번 결정을 내린 이상 더 고민하는 것은 쓸데없는 노릇이 될 것 같았다. 그리하여 또 한 번의 새로운 가을 학기를 맞게 되었다. 그리고 기대치 않게 나를 따라온 것은 이민 초기에 누구나 겪는 경제적인 어려움이었다.

시련 속의 축복

　미국에 살기로 결정한 후 교회에서 가깝고 월세가 싼 뉴저지 에디슨이란 동네로 이사했다. 서울로 사직서를 부친 두 달 후에 약속에 따라 새로운 회계사 사무실로 출근했지만 상황은 계획대로 흘러가지 않았다. 비자 문제는 해결이 되었지만, 경제적인 문제는 완전히 길이 막히고 말았던 것이다. 그로부터 5년 후 다시 회계사 일을 하게 될 때까지 대충 열 가지의 직업을 이리저리 거쳤다. 어려움을 겪던 중 드디어 은행 잔고가 바닥이 나기 시작했다.

　한국에서 다소 씀씀이가 헤펐던 나는 그때까지도 하나님께서 필요를 공급하신다는 사실을 머리로만 알고 있었다. 그러던 어느 날 성경을 읽다가 말씀을 깨닫고 하나님께 무릎을 꿇고는 내 삶에 하나님의 역사를 인정하겠다는 다짐을 하게 되었다. 시간이 지나면서 은행 잔고가 조금씩 쌓여 갔다. 그 후로는 잔고가 내려간 적이 없었음은 온전히 하나님의 축복이라 여긴다. 젊은 시절 이민 초기에 내가 겪었던 경제적인 어려움으로 인한 경험들은 오늘의 내가 있기까지 그 무엇과도 바꿀 수 없는 값진 교훈이 되었다. 고난과 고통을 통하여 하나님의 공급 질서를 깨닫게 되었다면 고난은 그 자체로서 이미 나에게 축복이었던 것이다. 다시 회계사로서 일자리를 얻게 된 후 시간이 지나면서 10여 년 전부터는 에디슨에 독립된 회계사무실을 얻게 되었고, 지금은 동문 회계사와 합동으로 '하나회계법인'을 설립하여 다른 직원들과 함께 일하고 있다.

꿈과 믿음을 심어가는 사랑한국학교

　지난 가을 학기에는 성인반을 포함하여 98명의 학생이 등록해 열두 학급에서 17명의 선생님과 함께 한국어와 한국문화를 과정대로 잘 마쳤다. 훌륭한 도우미인 8명의 보조교사는 우리 학교 졸업생들이 서로 맡고 싶어하는 자리이기도 하다. 수업은 매주 토요일 한국어 2시간과 특별활동 1시간으로 이루어지는데, 한국문화를 더

"자, 여러분! 가을 운동회가 시작됩니다!" 청팀과 백팀 학생들에게 규칙을 설명하고 계신 박지연 선생님, 2008년 10월

욱 다양하게 소개하는 교육을 하기 위해 새로운 특활 과목들을 꾸준히 개발하고 있다. 태권도는 1학년과 2학년 학생들의 필수과목으로 자리 잡았고, 한자, 주산, 서예, 사물놀이, 한국 기행, 한국 음식, 독도 연구반 등이 추가되었다. 이 밖에, 학생들은 매년 가을 운동회를 통해 친구들과 신나게 뛰놀며 즐거운 시간을 보내기도 한다.

한때는 많은 한인이 프린스턴이 있는 남쪽으로 이주하면서 한인의 수가 감소 추세에 있었다. 학생들의 한국학교 등록 비율도 자연히 함께 줄어들었다. 그러나 최근에는 유치반에 등록하는 학생의 수가 늘어나고 있다. 유치반 3반인 도라지반에는 지금 13명의 학생이 있다. 아마도 2년 전 에디슨에 문을 연 대형 한인 슈퍼마켓이 이 지역의 한인 인구의 증가 요인이 아닐까 짐작해 본다.

사랑한국학교가 이 지역에서 지난 24년간 성장해올 수 있었던 데에는 수많은 선생님의 땀과 기도 외에도 한국의 높아진 위상에 따른 한국어에 대한 인식 변화가 상당한 공헌을 하였다. 다니엘라는 외국계 학생으로 스스로 인터넷을 통해 조금씩 한글을 익혔는데, 한국어를 더 열심히 배워 꼭 한번 한국에 가고 싶다고 하며 우리 학교에 등록을 원했다. 첫해에는 성인반에서 수업하다가 7학년반으로 들어간 후 오랫동안 한국어를 공부하고 있다. 그 후 다니엘라는 자기 조카를 유치반에 등록시

가을 학기 종강식을 마치고 전교생이 기념 촬영을 하다, 2012년 12월

키고 티나라는 친구도 데리고 왔다.

필요에 따라 개설하곤 했던 성인반이 지금은 상설반으로 바뀌었다. 그만큼 수요가 있기 때문이다. 우리 학교에 한번 등록한 학생들은 멀리 이사를 가더라도 계속 출석하며 학교에 대한 강한 애착을 보이기도 했다. 그런 학생들의 모습을 볼 때면 큰 보람을 느낀다. 육체적 피로 때문에 이미 은퇴한 아내의 뒤를 이어 첫째 딸 상아가 직장에 다니면서 유치부의 도라지반을 맡아 3년 동안 수고한 것은 또한 우리 가족의 자랑이기도 하다.

인형극으로 새로운 지평을 열다

어린이 여름 캠프에서 주일학교 선생님 한 분이 손가락 인형극을 시도한 적이 있었다. 천지창조에 관한 내용이었는데 참 재미있었다. 인형극이 어린이들의 상상력을 키워주는 훌륭한 도구라는 것을 새삼 깨달았다. 또한, 새로운 시도가 주는 집중도의 효과를 발견하게 되었다. 그때부터 한국학교에 인형극을 도입하였다. 먼저 인형극에 대한 안내서를 구입하고, 교회의 박 집사님과 상의하여 전문적인 인형극

무대를 제작했으며, 극본은 주로 아내가 담당하기로 했다. 무언가를 만드는 일에 서툴렀던 나에게 박 집사님은 뭐든지 척척 만들어내는 만능 박사와도 같았으며, 아내는 언제나 훌륭한 극본을 만들어냈다. 마침내 1993년 봄 학기 종강식에서 선생님들이 준비한 인형극 '노아의 방주'를 학생들에게 선보였고, 깊은 감명을 주었다. 처음에는 인형 조작이나 성우, 음향 조작 등을 모두 선생님들이 담당하였다. 그러나 시간이 지나면서 학생들도 대부분의 역할에 참여하게 되었다. 부끄러워하던 학생들도 많은 학생들 앞에서 직접 공연을 해보고는 성취감을 느끼기 시작했다. 종합예술이라는 것이 실감이 났다. 엄청난 학습 효과를 눈으로 보는 듯하였다.

여러 차례의 시행착오를 겪어오며 매년 동북부지역협의회에서 주최하는 어린이 예술제에 '햇님달님'이라는 인형극을 처음으로 무대에 올렸다. 관람하던 다른 학교 학생들의 반응은 폭발적이었다. 용기를 얻은 학생들과 선생님들은 계속해서 '혹부리 영감', '새천년 토끼와 거북이', '빈방 없어요', '바보 온달과 평강공주', '소가 된 게으름뱅이' 등의 인형극으로 해마다 예술제에 참여하였다. 이미 사랑한국학교는 인형극으로 소문이 나 있었다. 예술제에는 뉴욕, 뉴저지 및 코네티컷 지역의 많은 한국학교가 참가한다. 언제나 사물놀이, 합창, 연극, 부채춤 등 다채로운 무대가 펼쳐지지만 사랑한국학교의 인형극 순서가 되면 모두 숨을 죽이고 귀를 기울이는

인형극 '바보온달과 평강공주' 공연 중 임금님과 평강공주의 대화 장면('한국학교의 밤' 행사를 가졌던 사랑침례교회 예배당에서), 2003년 6월

것을 보게 되었다. 횟수를 거듭할수록 학생들도 점점 연출에 관한 기술이 쌓이고 있었기 때문이라 생각한다.

인형극에 대한 신선함이 차츰 사라져 갈 즈음 2006년에 '팥죽 할머니와 호랑이'를 끝으로 인형극을 마치고, 그다음 해부터는 새로운 지도교사로 오신 서 선생님의 활약으로 노래극을 시작하였다. 피아노를 전공한 선생님이 직접 노래의 가사와 곡을 쓰고 뮤지컬 형식으로 연습하였다. 처음으로 예술제에 올린 노래극은 '벌들처럼 살아요'였다. 노래극에도 자신감을 갖게 되자 '세종대왕', '이순신', '안중근', '유관순'을 연차적으로 무대에 감동적으로 올릴 수 있었다.

숨은 곳에서 많은 시간을 들이며 참여하기를 싫어하는 학생들과 씨름하는 것은 지도교사로서 정말 힘든 일이었다. 선생님들은 서로 예술제를 맡지 않기를 바라기도 했다. 그것을 잘 아는 나는 선생님들에게 언제나 미안한 마음이 있었다. 모든 학생의 작품과 무대에는 지도교사들의 수많은 땀방울과 헌신적인 노력이 숨어있다는 사실은 두말할 필요가 없다. 그러나 무대 공연을 성공적으로 마치고 나면 선생님과 학생들은 모두 함께 만세를 부른다. 남다른 성취감과 일체감을 맛보는 순간이다. 학생들에게도 이 모든 순간이 어린 시절의 아름답고 환상적인 추억의 한 장면으로 남아있기를 소망해 본다.

'개교 20주년 감사의 밤' 기념행사를 마치고, (앞줄 왼쪽부터) 조정숙, 최숙희, 박지연, 박희정, 필자, 노현주, 현수경, 나정희, 홍상아 (뒷줄 왼쪽부터) 최이선, 박영아, 정지혜, 변현수 담임목사님, 강연희, 김다희, 김희성, 변현숙 선생님, 2010년 11월 20일

셋방살이의 서러움과 하나님의 위로

내 집 없는 불안감은 항상 우리를 힘들게 했다. 그리고 드디어 올 것이 오고 말았다. 미국교회에서 토요일까지 3층 창고를 비우라는 요청이 왔다. 말이 요청이지 사실은 명령이다. 요청을 거절하거나 요청의 부당함에 대하여 우리의 입장을 전달할 수는 없었다. 목요일 오후에 지난 20여 년간 사용해 왔던 창고 정리 계획을 세우기 위해 교회로 갔다. 금방이라도 눈이 내릴 것 같은 날씨에 주차장은 조용했다. 벨을 누르고 한참을 기다렸다. 마침내 미국교회 청년부 목사님이 문을 열어 주었다. 3층을 보러 왔다고 하자 금방 무엇인가 눈치를 채는 듯한 모습으로 자기들의 새로운 계획을 변명이라도 하듯 나에게 설명하기 시작했다. 그리고는 창고와 연결된 교실도 더는 쓸 수 없게 될 것이라 덧붙였다. 낙심하는 마음을 보이고 싶지 않아 짧게 알겠다고 대답하고는 바로 계단을 향했다. 천천히 계단을 올라갔다. 원망하는 마음을 누르기 위해 더욱더 천천히 올라갔다. 계단을 하나하나 오르며 생각해 보니 그동안 이 건물에서 학기마다 100여 명의 학생과 열두 학급이나 되는 주말 한국학교를 운영해 온 것은 그 자체로도 큰 축복이었다. 약간의 불편함 때문에 마음속으로라도 원망한다면 이는 배은망덕한 것이란 생각이 들었다.

또 계단 하나를 내디딘다. 언제나 부드러움으로 우리를 대해주시던 미국교회의 담임목사님은 늘 우리에게 위로가 되었다. 우리가 미리 달력에 일정을 표시하지 못하여 다른 그룹들과 부엌에서 일정이 겹쳤을 때도 얼굴은 붉어지면서도 애써 태연함을 유지하며 직접 조정해 주시던 분이었다. 언젠가는 설을 맞아 민속놀이 마당이 한창 진행되고 있는데, 이 목사님께서 우리 학교 학생 두 명을 밖에서부터 데리고 오셨다. 이 학생들이 교회 지붕 위에 올라갔다는 것이었다. 그 두 학생을 보는 순간 나는 너무 놀라 어쩔 줄 몰랐다. 교회 지붕은 경사가 심하여 아주 위험한 곳이었기 때문이다. 게다가 나는 평소에 그 두 학생을 아주 잘 알고 있었다. 그렇다. 또 사고를 친 것이다. 미국 목사님 앞에 서 있는 내 다리가 심하게 떨리고 있었다. 어떻게 이 상황에서 용서를 구해야 할지 눈앞이 캄캄했다. 그때 목사님은 학생들이 다칠 수 있으니 잘 보호하라는 말씀과 함께 내가 입고 있는 한복이 멋있다고 하시며 돌아가셨다. 눈물이 날 만큼 고마우신 분이며, 얼마나 아름다운 믿음의 배려인지 말로 다 표현할 수 없었다.

정적이 흐르는 큰 교회 건물의 계단을 하나씩 오를수록 지금까지 미국교회로부터 우리 학교가 입은 은혜들이 더 크게 밀려왔다. 우리 교회는 1988년부터 미국교회의 건물에서 예배를 드려오고 있다. 주일 오전에는 미국교회가 건물을 사용하고, 오후 1시부터 한국교회가 같은 건물에서 예배를 드린 후, 다시 오후 6시부터는 미국교회가 저녁 예배를 드린다. 이럴 경우 사실 임대료를 지급해야 마땅한데, 우리는 별도로 임대료를 내지 않고 이용해왔다. 비슷한 방식으로 미국교회 건물을 이용하는 다른 한인교회 중에는 상당한 임대료를 내는 곳도 있는데 말이다. 게다가 토요일 오전은 사랑한국학교가 거의 전체 건물을 사용해 오곤 했다. 교실도 우리가 쓰기에 넓고 충분했다. 더 좋은 것은 체육관이었다. 바닥에 카펫이 깔려 있어 태권도 시간에 활용하며, 우리 학생들이 제일 기다리는 가을 운동회가 있을 때는 청팀과 백팀으로 나누어 마음껏 운동장을 달려도 부상의 위험이 없는 최상의 공간이었다.

또 한 발 계단을 올랐다. 이번엔 파도처럼 하나님의 은혜가 밀려왔다. 그동안 우리의 모든 필요를 넘치도록 채워주신 하나님의 손길이 있었음을 고백하지 않을 수 없었다. 원망하는 마음으로 오르기 시작한 계단이 오르는 동안 오히려 감사함으로 넘쳐나고 있었다.

3층에 올라 불을 켜고 보니 과연 교실 수리를 위한 여러 건축 재료가 여기저기 어지럽게 널려 있었다. 크고 작은 각목과 합판 그리고 페인트 통들이 나를 위협이라도 하듯 노려보고 있었다. 최근 미국교회의 분위기 변화는 청년부를 담당하는 부목사님이 새로 부임하면서 시작되었다. 청년들에게 맞는 문화 공간을 만들어야 한다는 신념으로 벽의 페인트 색깔과 실내조명을 바꾸는 등 교실의 분위기를 확 바꾸어 놓았다. 그런데 문제는 그 교실에 아예 잠금장치를 설치하기까지 한 것이다. 2년 전부터 3층의 절반을 차지하는 큰 교실이 이제는 출입 금지 지역이 된 것이다. 그때 살구꽃반 교실이 사라졌다. 그리고 이제 창고와 함께 지난 학기까지 사용하였던 성인반 교실이 사라지게 되었다. 더 큰 문제는 지난 학기부터 2층의 가운데 교실을 미국교회집사회의 결정으로 미국교회가 언제든지 사용할 수 있는 공간으로 만들면서 토요일 사용도 금지되어 앵두반 교실이 없어졌다는 사실이다. 3층에는 한국학교 비품과 잡동사니들을 보관하는 창고인 동시에 우리 교회의 물건을 보관하던 유일하게 마지막 남은 우리의 공간이 있었다. 이제 어디로 이 오래된 살림들을 분산시켜 보낼지도 걱정이긴 하지만 무엇보다도 그 마지막 공간마저 내어놓아야 한다는 절박함과 함께 왠지 모르는 서글픔이 내 앞을 아른거렸다.

풍성한 공급의 약속을 바라보며

누군가 나에게 한국학교 사역 중에서 가장 힘든 것이 무엇이었느냐고 물었던 적이 있다. 나는 선생님들이 그만둘 때라고 대답했다. 학기를 마칠 때나 새로운 학기를 시작할 때 나를 가장 긴장시키는 전화는 선생님들의 휴직 통보이다. 의무 계약서를 작성하고 한국학교 교사를 시작하지는 않기 때문에 나는 선생님들의 일방적인 선택에 언제나 속수무책이다. 한 학기나 1년만 더 있어 주기를 간청해 보기도 하지만 이미 정해진 이사 계획이나 새로운 업무 일정 앞에서 더는 내가 설 자리가 없다.

몇 년 동안이나 같은 상황에 시달리면서도 기도하며 배운 것은 부족함 없는 하나님의 공급이었다. 20여 년의 세월 동안 단 한 번도 교사가 채워지지 않은 상태에서 학기가 시작된 적이 없었다. 이번 학기에도 성인반 교사를 포함하여 세 명의 교사가 그만두었다. 당연히 보충되어야 하지만, 구체적인 계획은 아직 없다. 그러나 이민 초기에 가르쳐 주신 하나님의 공급 원리를 생각하면 더 이상의 두려움도 없다. 우리 교회는 크지 않기 때문에 교회 내부에서는 더는 교사를 구하지 못하고 외부에서 교사를 구해야 한다. 그러나 학교가 있는 이 지역은 한인 밀집 지역이 아니어서 준비된 교사를 만나는 일이 쉽지 않다. 다행히 뉴브론즈윅(New Brunswick)에 있는 럿거스대학교에 몇 해 전 개설된 한국어과가 있어 대학원이나 박사과정을 공부하는 분들과 연결되고 있는 것이 든든한 울타리이다.

교실도 점점 잃어가고 봄 학기를 위한 교사도 아직 확보되지 못한 상황이지만 오늘도 여전히 "너희 모든 쓸 것을 채우시리라"라고 말씀하신 하나님의 신실하신 약속을 의지하며 흔들림 없이 새해 봄 학기를 향해 힘차게 발걸음을 옮기려 한다. 내 책상 옆에 놓인 프린터에서는 곧 학생들에게 발송될 새해 봄 학기 개강 안내서가 산뜻한 디자인으로 인쇄되어 나오고 있다.

홍태명

중부 뉴저지 에디슨 지역에 있는 사랑한국학교(사랑침례교회 부설)의 초대 교장으로, 1990년부터 주말마다 한국어 교육을 위해 봉사해오고 있다. 한국어정규과목추진회의 재정부장, 이승은 장학위원회 위원장, 재미한국학교 동북부지역협의회 회장, 재미한국학교협의회의 감사와 이사직을 역임하기도 했다. 연세대학교 경영학과를 졸업한 홍태명은 현재 뉴욕에서 하나회계법인의 파트너로 일하고 있다.

hongcpa153@gmail.com

홍태명 선생님 학생 소감문

또 다른 세대에게

홍상아[*] 사랑한국학교 졸업생

　대학교 때 옆 건물 기숙사에 사는 한국 여학생 둘이 있었다. 한 친구는 미국에서 태어나 뉴저지에서 자란 재니스라는 친구였고, 또 한 친구는 어렸을 때부터 조기 유학을 왔던 승연이라는 친구였다. 첫 수업 시간에 다들 돌아가면서 서로가 어디에서 왔는지 소개하는 시간이었다. 재니스는 뉴저지에서 왔다고 했다. 옆 친구가 물었다. "뉴저지 말고 진짜로 어디서 왔니?" 본인은 뉴저지에서 자라왔기 때문에 그렇게 소개했는데 그 친구의 질문 속에 숨겨진 뜻은, 네가 동양인으로 보이는데 혹시 일본, 중국, 한국 가운데 어느 나라 사람이냐는 뜻이 숨어 있었다. 승연이라는 친구 차례가 왔었는데 그 친구는 본인이 서울에서 왔다고 소개했다. 중학교 때부터 미국에서 조기 유학을 했던 친구였다. 이번엔 내가 승연이에게 물었다. "서울 말고 진짜로 어디서 왔니?" 내 질문의 의미는 영어를 참 잘하는 친구 같은데 어디에서 영어를 배웠느냐는 것이었다. 내 순서가 되어서 난 대답했다. 서울에서 태어났고 뉴저지에서 자랐다고.
　승연이가 머리 스타일을 다르게 하고 온 어느 날 내가 한국말로 말했다. "와우,

---

[*] 홍상아는 사랑한국학교 졸업생으로, 현재 사랑한국학교로 돌아와 교사로 활동하고 있다. 조지워싱턴 대학교에서 국제정치학을 공부하고(2004년), 하버드대학교 교육대학원을 졸업(2007년)했다.

엄청 성숙해 보이는데?" 그러자 승연이가 말했다. "어우~ 성숙? 너 그런 말도 아니?" 그 말은 내게 충격과 함께 깨달음을 주었다. 대학교에 다니면서 여러 친구들을 만나게 되었는데, 그들 사이에는 재니스처럼 미국에서 태어나 한국말은 전혀 하지 못하는 교포 친구들도 있었고, 승연이같이 한국에서 온 유학생들도 많았다. 그런데 그 두 그룹 사이에 있는 문화적 차이가 나의 눈에는 선명하게 드러났다. 가장 큰 차이는 언어였다. 내가 한국어로 유학생 친구들과 대화하는 모습만 보았던 어떤 친구들은 당연히 내가 유학생일 것이라고 단정 짓고, 교수들과 능숙한 영어로 대화하는 모습을 보던 어떤 유학생들은 나를 교포로 보았다. 승연이가 내게 그렇게 말을 했던 이유는 두 언어를 유창하게 하는 일이 흔치 않았음을 말해 주는 것이었다.

부모님을 따라 한국학교를 다녔던 게 다행이라고 생각해 본 것은 처음이었다. 어릴 적에 나는 지금 사랑한국학교에 다니는 학생들처럼 한국학교 다니는 것을 별로 좋아하지 않았다. 주 5일 다니기도 귀찮은 학교를 토요일까지 다니기는 정말 싫었던 기억이 나서 요즘 아이들이 불평하면 한편으로는 이해한다. 하지만 계속 다닌 것은 정말 잘한 일이라고 생각한다. 사실 나의 법적 신분은 중요하지 않았다. 내가 한국어를 할 줄 알았기 때문에 유학생들과 관계를 맺는 데 많은 도움이 되었다. 그리고 그들 사이에서 나는 한국 사람이라고 인정을 받았다. 그들은 우리말을 알지 못하는 교포들을 바나나(겉은 노랗고 속은 하얀)라고 불렀고, 어떤 경우에는 한국 사람으로 인정하지 못하는 부분이 있었다. 그 갈등으로 인해 우리말을 잘 알지 못했던 교포 친구들은 숨은 고통이 있었다.

지금도 크게 다르지는 않겠지만, 내가 학교에 다니던 시절에 미국 사회에서 한국 사람은 '미국 사람'으로 인정받지 못하는 부분이 있었다. 아무리 언어가 되고 미국 사람과 관계가 좋았다 한들 결국 겉에 보이는 모습은 동양인의 모습이었기에 본인들과 비슷한 경험과 아픔이 있는 자기들끼리만 어울리곤 했다. 이들에게는 정체성 형성에 있어 본인들이 한국 사람이라는 점이 아주 중요하다. 하지만 유학생들

사이에서는 인정받지 못하는 부분들이 이 두 그룹을 갈라놓았고, 심지어 내가 다녔던 학교에서는 한인 학생회도 두 그룹으로 갈리었다. 우리말을 몰랐기 때문에 우리나라에 대해서 알지 못하는 부분도 물론 있었지만, 우리나라 사람인지 아닌지에 대한 정체성에 관한 고통으로 인해 뒤늦게 한국어를 배우자 했던 친구들도 많았다. 그리고 어렸을 때 한국어를 더욱 열심히 배우지 못했다는 사실을 후회하고 부모님을 원망하는 친구들도 있었다.

대학을 졸업하고 직장으로 갔다. 일터에서는 또 다른 현상을 만났다. 회사에서는 교포냐 유학생이냐를 구분하지 않는다. 그냥 자연스럽게 겉모습이 동양인이면 한국에 대한 혹은 아시아 쪽에 대해 거의 전문가로 보는 경우도 있다. 그래서 개인적으로는 회사 내에서 일본과 연관된 프로젝트를 맡게 된 적도 있다. 그리고 중국, 한국, 일본 등 아시아와 관련된 일은 주로 내게 맡겨졌다. 물론 업무 범위도 자연스럽게 넓어지고 있었다. 한국말과 한글을 알기 때문에 내게 주어진 만남들 속에서는 더 많은 배움들이 가능했다. 사람들과의 만남과 책과의 만남 등을 통해 세상을 보는 시야가 넓어지고 교제권이 늘어남으로 나의 네트워크와 영역도 역시 넓어질 수 있었다. 오늘날과 같은 글로벌 시대에는 영어와 한국어를 동시에 잘하는 사람들이 정말 많이 필요하다.

미국에 사는 한국인으로서 절대 부인하지 못하고 받아들이지 않으면 안 되는 것이 한국 사람이라는 정체성이다. 내가 받아들이고 싶지 않아도 겉모습으로 보이는 것이다. 나의 정체성을 명확하게 이해하는 것이 건강한 자아상을 갖는 데에 중요하다. 정체성, 애국심, 또 언어와 정신을 모두 심어주는 데 내겐 한국학교가 큰 도움이 되었다. 그래서 나는 사랑한국학교를 졸업해서 한국학교 교사로 돌아왔다는 점에 자부심을 갖고 있다. 그리고 어린아이들에게 한국어를 가르칠 수 있어 감사하다. 그 감사를 가장 잘 표현할 수 있는 방법은 또 다른 세대에게 같은 경험을 할 수 있게 한 사람에게라도 돌려주는 일인 것 같다. 그래서 한글을 잘 가르쳐 주는 것도 중요하지만, 한국에 대한 긍지와 자부심을 우리 반 학생들에게 일일이 심어주고 싶다.

지금처럼 앞으로도

김경욱 벤자민 카도조 고등학교 교사

내가 사는 동네는 나무가 많아서인지 몰라도 아침마다 이름 모를 새들의 울음소리가 알람 시계를 대신하여 나를 깨운다. 서둘러 출근 준비를 하면서 오늘도 나에게 주어진 시간을 어떻게 하면 헛되지 않게 아이들을 위해 유용하게 보낼 수 있을까 생각하는 것으로 하루를 시작한다. 1991년 10월 8일부터 드나들기 시작한 교문은 오늘도 같은 모습으로 나를 반겨준다. 나는 하루를 시작하기 전에 항상 오늘 하루도 아이들의 나쁜 점을 들추어내어 비판하기보다는 아이들을 사랑하는 마음이 더 크게 내 마음에 자리할 수 있게 해달라고 기도한다.

4년간 아이들을 키워 대학이라는 미지의 세상으로 보내놓고 나면 늘 마음이 허전하다. 그러나 참교육의 의미는 마음을 열고 그들의 아픈 곳을 진심으로 어루만져주는 것이라고 믿는다. 아마도 그 마음이 나를 23년간 한곳에 머물러 있게 해주었다고 생각한다. 그리고 앞으로도 10년, 아니 20년 후에도 그 마음은 변치 않으리라 확신한다.

기회의 땅으로

18살의 나이에 아무런 준비도, 생각도 없이 부모님과 함께 이민 와서 이곳 뉴욕 땅을 밟은 것이 1981년 3월 29일이었다. 난생 처음 타보는 비행기가 마냥 신기했기에 누군가와, 아니 모두와 헤어진다는 생각은 아무렇지도 않게 느껴졌다. 적어도 비행기가 이륙하기 전까지는 그랬다. 하지만 서서히 비행기가 이륙을 할 즈음 나도 모르게 눈물이 한없이 흘러내렸고, 그런 모습을 보신 어머니께서는 내 손을 꼭 잡아주셨다. 그렇게 많은 양의 눈물을 흘릴 만큼 추억이 있었던 것도 아니고, 이민이라는 큰 결심을 위해 부모님께서 가족회의를 하자고 하셨을 때에도 별다른 의견 없이 그냥 가는 쪽에 한 표를 던졌던 내가 왜 그리 펑펑 눈물을 흘렸는지는 지금도 알 수가 없다. 어린 내가 유일하게 기억하고 있던 것은 명절 때마다 아버지의 손목에 있던 롤렉스 시계가 사라지고, 명절 음식을 준비하라고 어머니에게 돈을 건네주시던 아버지의 모습뿐이었는데 말이다. 아버지께서는 자녀들이 기회의 땅에서 제2의 인생을 살도록 해주시려고 완고하셨던 고집을 뒤로하고 미국행을 결심하셨다고 알고 있다. 쉽지 않은 결정을 하시기까지 얼마나 많은 고민을 하셨을까 생각하면 늘 죄송한 마음뿐이다.

3월임에도 유난히 여름처럼 더웠던 그날, 뉴욕은 내게 아주 낯설게 느껴졌고, 그런 곳에서 나는 아무도 없이 철저하게 홀로 버려졌다는 느낌을 받았다. 그러나 돌이켜보면, 그날이 내 인생에 있어 아주 큰 전환점이 되었다는 것을 훗날 깨달을 수 있었다. 그래서 다른 날은 다 잊어도 1981년 3월 29일 일요일은 평생 잊을 수가 없다.

내가 살아오면서 후회되는 것이 세 가지가 있다. 그중 한 가지가 바로 한국에서의 학창 시절에 왜 그렇게 공부를 열심히 하지 않았나 하는 것이다. 스스로 생각을 해도 전혀 노력을 하지 않았다고 생각한다. 그러나 더 이상 공부를 게을리해서는 안 되겠다는 생각을 확고하게 해준 일이 미국에 온 지 한 달 만에 일어났다. 나는 미성년자였기에 부모님과 함께 이민을 올 수 있었지만, 나의 형과 누나들은 만 18세가 지나 아버지께서 한국에 나가 수속을 다시 해주셔야만 입국이 가능하였다. 때문에 미국에 오신 지 한 달 만에 아버지께서는 다시 한국에 나가셔야 했다.

원래 아버지께서는 말씀이 별로 없으시고, 꼭 필요한 말 이외에는 좀처럼 하지 않는 분이셨다. 그런 아버지께서 한국행을 위해 공항으로 떠나시며 한 장의 편지를 남겨 놓고 가셨다. 밤늦게 일을 마치고 돌아와 보니 책상 위에 놓인 편지에는 "기회의 땅에 데려다주는 것으로 아버지는 너에게 해줄 수 있는 모든 것을 해주었다고 생각한다. 이게 아버지가 너에게 해줄 수 있는 유일한 것이다. 한시도 게으름을 피우지 말고 학업에 정진하기를 바란다"라고 씌어있었다. 이 편지 한 장으로 인해 나는 더 이상 게으름을 피우지 말자고, 방황은 이제 여기서 끝내야 한다고 굳게 결심하였다. 그 이후로 정말 이를 악물고 열심히 영어 공부를 하였다. 하루에 4시간 이상은 자지 않고 열심히 공부하였다. 하지만 뉴욕은 나에게 그리 쉽게 학업의 기회를 주지는 않았다.

한국에서 고등학교를 마치기 전에 이민을 왔기에 고등학교 졸업장이 없었던 나는 고등학교에 입학을 하기 위해 지금은 뉴커머스 고등학교(Newcomers High School)로 이름이 바뀐 롱아일랜드시티 고등학교(Long Island City High School)를 찾아갔다. 하지만 입학 담당자는 내 나이가 너무 많아 입학을 할 수가 없다고 하였고, 대신 나에게 한국의 검정고시에 해당하는 GED(General Education Development) 시험을 보는 길이 훨씬 더 빠르게 대학에 진학할 수가 있을 것이라고 조언해 주었다. 하지만 이 역시 쉬운 일은 아니었다.

세 번의 도전 끝에 겨우 고등학교 졸업장을 손에 쥔 나는 가고 싶었던 뉴욕시립대학교 퀸즈칼리지(Queens College of CUNY)의 문을 두드렸다. 그러나 GED 성적이 아주 뛰어나지 않은 이상 4년제 대학 입학은 할 수가 없어 퀸즈 베이사이드(Bayside)에 위치한 2년제 대학인 뉴욕시립대학교 퀸즈보로 커뮤니티칼리지(Queensborough Community College of CUNY)에 입학하였다. 그게 1984년이었고, 풀타임으로 일을 하면서 2년 만에 졸업을 하였다.

그러다가 1991년 베이사이드에 있는 카도조 고등학교(Benjamin N. Cardozo High

School)에서 ESL 교사로 일을 하기 시작하며 세인트존스대학교(St. John's University)에 편입하여 졸업한 후, 롱아일랜드대학교(Long Island University) 대학원에서 이중언어 전공으로 석사학위를 받는 것으로 길고 힘들었던 학업을 마쳤다. 대학교와 대학원을 다니면서 후회를 정말 많이 했다. 중·고등학교 시절에 공부를 열심히 하지 않았던 것을 말이다. 진작에 이렇게 공부를 했더라면 아마도 이런 어려움은 겪지 않았을 것이라고 수없이 나 자신을 원망하였지만, 그나마 이렇게 무사히 학업을 마칠 수 있었던 것은 주위에서 나를 도와준 여러 고마운 분들 덕분이었다고 생각한다. 대학원에 다닐 때 교육국 장학금을 받을 수 있도록 힘을 써주신 권현주 박사님, 그리고 보이지 않게 내조를 해준 아내가 있었기에 이룰 수 있었다고 생각한다.

한국어를 가르치게 되다

내가 한국어를 가르치게 되리라고는 꿈에도 생각을 하지 못했는데, 먼저 한국어 교육의 중요성을 깨닫게 된 계기가 있었다면 그것은 아마도 1983년에 있었던 KAL기 피격 사건이 아니었을까? 1983년 9월, 미국을 떠나 평화롭게 태평양을 건너 김포공항으로 향하던 대한항공 보잉747 점보 여객기가 항로를 이탈하여 사할린 인근 소련 영토에서 소련 전투기의 미사일 공격을 받아 격추되고 269명의 탑승자 전원이 사망하는 사건이 일어났다. 이 사건이 일어나자 이곳 뉴욕에 위치한 소련 대사관 앞에 많은 한인들이 모여 민간 항공기를 격추한 것에 대해 격분하여 시위를 벌인 적이 있었다. 아버지는 형과 나를 데리고 그 시위에 참가하셨고, 나는 그때 우리 대한민국 동포가 힘을 합쳐 이 머나먼 타국 땅에서 살아남기 위해서는 우리의 힘을 키워나가야 한다는 생각을 하였다. 그리고 이를 위해서는 이곳에서 태어난 2세들이 우리의 언어와 문화를 제대로 알고 배울 수 있도록 해줘야겠다는 생각도 하게 되었다.

그러던 차에 1992년 '우리한국학교'에서 영어와 한국어를 지도하기 시작한 것이 내가 지금까지 한국어 교육에 몸담게 된 계기가 되었다. 우리한국학교는 미국에 일시적으로 체류하는 지상사 및 회원사 자녀들이 한국으로 돌아가 겪게 되는 어려움을 줄여주기 위해 한국의 교육과정과 최대한 연계된 교육을 현지 적응 교육과 함께 실시하고자 설립된 학교이다. 현재 이 학교는 뉴저지 클리프톤(Clifton)에 위치하고 있으며, 한국의 제7차 교육과정을 바탕으로 한국에서 사용하는 교과서를 기본 교재로 삼아 교육하고 있다.

성 바오로 정하상 한국학교에서의 교사 생활*

8년 동안 우리한국학교에서 근무를 하다가 집과 거리가 너무 멀고, 매주 두 아이를 데리고 다니는 것이 아이들에게도 너무 무리가 되던 차에 2001년 현재 근무하고 있는 성 바오로 정하상 한국학교 교무로 스카우트 아닌 스카우트가 되어 일을 시작하게 되었다.

뉴욕의 한인들이 많이 거주하고 있는 퀸즈 플러싱에 위치한 성 바오로 정하상 한국학교는 모국어의 중요성을 우리 2세들에게 심어주고자 했던 故 정욱진 신부님의 뜻을 받들어 1979년에 설립된 역사가 깊은 한국학교이다.

이제 성 바오로 정하상 한국학교가 개교한 지도 어언 35년이 되었다. 10년이면 강산도 변한다고 하는데, 그러고 보면 강산이 세 번하고도 반이나 변한 것이다. 아이가 막 걸음마를 시작하여 성장해 가는 모습을 볼 때, 매일 보면 변화되는 모습을 잘 인식하지 못하지만, 시간이 흐른 뒤 훌쩍 성장해버린 모습에 언제 이렇게 커버렸나 하며 세월이 유수 같음을 실감하게 되는 것과 같은 이치인 듯 하다. 35년이라는 긴 세월 속에 힘들었던 시간과 여러 가지 아픔도 있었겠지만, 그 어려움을 이겨

---

* 편집자 주: 이 글을 쓸 당시(2014년 3월) 김경욱은 성 바오로 정하상 한국학교에서 교사생활을 하고 있었으나, 2015년 1월부터 퀸즈 그레이트넥(Great Neck) 천주교회 한마음 한국학교에서 가르치고 있다.

내고 35년을 앞만 보고 달려온 성 바오로 정하상 한국학교. 이렇게 성 바오로 정하상 한국학교가 35세의 건장한 청년으로 성장하게 된 것은 보이지 않게 수고하여 주신 많은 분들의 희생이 있었기에 가능하지 않았나 생각한다.

    현재 성 바오로 정하상 한국학교는 매년 가을 학기와 봄 학기로 나누어 매 학기마다 16주씩 토요일 오전 9시부터 오후 12시 40분까지 수업을 진행하며, 등록 신청은 학기별로 받고 있다. 한국어 교육에 초점을 맞추어 유치원생부터 고등학생까지 각자의 실력에 맞게 나누어진 반에서 공부하며, 아동문화, 단어 학습, 나의 꿈 말하기, 글짓기, 번역, 사물놀이, 서예, 역사 문화, 동요, 동화, 전통 놀이, 요리 교실 등 다양한 특별활동도 함께하고 있다. 매 학기 공개수업, 학부모 강좌, 교사 및 학부모 연석회의를 통해 학부모님들과의 대화의 문도 열고 있으며, 학년말에는 학습 발표회를 통해 학년을 마무리하고 있다. 또한 교내 행사뿐만 아니라 교외에서 개최되는 영한·한영 번역 대회, 동화구연대회, SAT II 모의고사, 나의 꿈 말하기 대회 등에도 학생들을 꾸준히 참가시키고 있다.

성 바오로 정하상 한국학교
사물놀이 팀의 공연 모습,
2009년 5월

재미한국학교협의회에서 주최하는 '나의 꿈 말하기 대회'는 2005년부터 시작해 매년 미국 동북부 지역 한국학교 학생들을 대상으로 실시하는 행사로, 이 대회에서는 한국을 사랑하고 한국을 가슴에 품은 다양한 한인 2세 학생들의 희망찬 꿈과 포부를 들어볼 수 있다. 참가 학생들은 직접 자신의 꿈을 글로 작성해 발표해야 하는데, 우리 학교 국화반의 김다슬 학생과 무궁화반의 송나래 학생이 각각 대상과 금상을 수상하여 학교의 이름을 널리 알리는 데 한몫을 한 바가 있다. 김다슬 학생은 당뇨로 고생하시는 외할머니를 위해 훌륭한 약사가 되어 외할머니의 당뇨병을 치료할 수 있는 약을 개발하겠다는 꿈을 발표하여 대상을 수상하였으며, 6학년인 송나래 학생은 훌륭한 산부인과 의사가 되어 재미동포 임산부들을 돕고 싶다는 굳은 의지를 보여 금상을 받았다. 또한, 국화반의 홍민지 학생은 제10회 미 동북부 한국어 글짓기 대회에서 한 푼 두 푼 모은 용돈으로 자신을 돌봐준 할머니를 위해 장미꽃을 사드리고 싶다는 아름다운 마음이 담겨있는 글을 써서 대상을 받는 영광을 안기도 하였다.

이외에도 정하상 한국학교의 제1회 졸업생인 성수진 학생은 재미한국학교협의회가 실시하는 SAT II 한국어 모의고사에서 우수한 성적을 거두기도 하였다. 현재 대학에 다니고 있는 성수진 학생은 졸업사에서 미국에 살기 때문에 물론 영어를 잘해야 하지만 우리의 부모님께서 태어나신 대한민국의 말인 한국어를 배우는 것도 중요하다고 후배들에게 따끔한 충고를 아끼지 않았다.

한편, 본교 개나리반 정미희 선생님은 재미한국학교협의회, 백범 김구선생 기념사업협의회, 재단법인 김구 재단이 공동으로 주최해 2011년 5월 개최된 제1회 백범일지 교육안 공모 대회에서 장려상을 수상하기로 하였다. 정 선생님은 겨레의 큰 스승이신 백범 김구 선생의 생애와 나라 사랑 정신을 우리 2세들에게 바르게 알리고 그들이 어떻게 하면 김구 선생의 뜻을 따라 한국을 모국으로서 깊이 사랑할 수 있을지, 또 한국의 발전을 위해 기여할 수 있는 방법을 생각해낼 수 있을지 등의 광

범위한 주제를 재미있고 쉽게 지도할 수 있는 효과적인 교육안을 작성하여 장려상을 수상하는 영광을 안았다.

이렇듯 우수한 교사와 학생들을 배출해 낼 수 있었던 것은 지금까지 우리 학교를 위해 수고하여 주신 모든 신부님들, 교장 수녀님들, 어머니회 그리고 많은 선생님들의 노고가 있었기에 35년을 한결같이 달려올 수 있었다고 생각한다. 35년 동안 수많은 교장 수녀님과 교사진의 변화가 있었지만, 성 바오로 정하상 한국학교의 설립 목적인 한국어 교육과 한국 역사, 문화의 소중함을 심어주려는 노력은 변함이 없이 유지되어 왔고 앞으로도 계속될 것이다.

우리의 자랑스러운 자녀들을 이민자의 나라에서 더이상 소수민족이 아닌 주류 사회의 한 일원으로 자라게 하기 위해 성 바오로 정하상 한국학교는 계속 노력을 아끼지 않을 것이다. 개교 35주년을 기뻐하고 축하하는 것으로 끝날 것이 아니라, 성 바오로 정하상 한국학교는 앞으로 또 다른 큰 기쁨, 더 큰 발전을 위해 노력할 것이다. 그리고 그 약속이 이루어지도록 성 바오로 정하상 한국학교는 자라나는 이민 2세의 한국어 교육을 위해 앞만 보고 달려가리라 믿는다.

카도조 고등학교에서의 교사 생활

나는 현재 카도조 고등학교에서 역사 과목을 가르치고 있지만, 1991년 학교에 처음 근무를 시작할 때에는 ESL반을 맡았었다. 학교는 미국에 갓 이민 온 한국 학생들이 영어를 익히면서 제2 외국어까지 배워야 하는 중압감에서 벗어날 수 있도록 한국어를 제2 외국어 수업으로 대신할 수 있게 해주었는데, 나는 이 반을 담당하였다. 당시에는 제대로 된 교재조차 없었던 시절이라 신문과 기타 여러 자료를 활용하여 독자적인 교재를 개발해 사용하였다. 나는 특별히 갓 이민 온 학생들에게 한국인으로서의 정체성을 심어주기 위해 정말 많은 노력을 기울였다. 한국어 실력이 나보다 훨씬 뛰어난 학생들에게 내가 심어주고 싶었던 것은 한국인의 정서와 문화

뿐만 아니라 자신들의 뿌리를 잊지 않게 해주는 것이었다. 아울러 학생들과 공감할 수 있는 주제의 한국어 글을 읽고 서로의 공감대를 쌓아가면서 동시에 인성 교육도 함께 하려고 노력하였다. 그렇게 학생들의 눈높이에서 그들을 바라보고 이해하려고 애쓰며 수업을 해나가면서 정말 가슴이 벅차 올랐던 적이 한두 번이 아니었다.

몇 가지 보람 있었던 일을 예로 들자면, 집과 학교밖에 모르는 아이들에게 자연의 소중함을 알게 해주고 싶어서 한두 번 정도 부모님의 허락을 얻어 2박 3일의 일정으로 캠핑을 데리고 간 적이 있었다. 나름대로 준비를 철저하게 한 뒤 떠났다고 생각을 했었는데, 도착하면서 문제가 생기고 말았다. 텐트를 준비하면서 텐트를 칠 때 필요한 구조물을 깜빡 잊고 집에 놓고 출발한 것이었다. 도착해서 아이들에게 텐트를 치라고 해놓고 짐을 내리고 있는데, 한 학생이 오더니, "선생님, 텐트 칠 때 필요한 구조물이 어디 있어요?" 하는데, 아차 싶었다. 그러나 이미 엎질러진 물이고 빨리 해결책을 찾아야 했기에, 아이들에게 선생님이 실수로 집에 놓고 왔으니 너희들끼리 아이디어를 내어 텐트를 설치해 보라고 했다. 잠시 후 아이들이 부르는 소리에 고개를 돌려 보니 정식 구조물 없이 주위에 있는 나무를 이용하여 텐트를 설치해 놓고 있었다. 안 되면 되게 하라고 늘 가르쳐 왔었지만, 막상 그럴듯하게 텐트를 설치해 놓은 아이들의 모습을 보면서 마음이 그렇게 든든할 수가 없었다. 아마도 스스로 아이디어를 내어 텐트를 치면서 사소한 것이었지만 깨달은 바가 있으리라 생각한다.

또 한 가지 기억나는 일은 교사가 되고 나서 첫해에 일어났던 일이다. 당시 내가 맡았던 반 학생 중에 유독 나를 아주 힘들게 하는 여학생 두 명이 있었다. 뭐랄까, 말도 안 되는 질문을 해서 나를 당황하게 만들고, 그 질문에 답변을 제대로 해주지 않으면 선생님이 그런 것도 모르냐는 식으로 대놓고 따지곤 하는 것이다. 그래서 그 반에만 들어가면 아직 모든 것이 낯설고 한 데다가 그 학생들의 질문 공세에 답을 해가며 수업을 하느라 진땀을 흘리곤 하였다.

차츰 학교 생활에 적응해가면서 어느 정도 안정을 찾아 가고 있을 무렵 처음 가르친 학생들이 졸업을 하게 되었다. 들뜬 마음으로 졸업식에 참석을 하였고, 졸업생들 중에는 나를 괴롭게 하던 그 두 여학생도 포함되어 있었다. 졸업식의 하이라이트라고 할 수 있는 졸업장 수여식 시간이었다. 학생들은 졸업장을 받아 들고 교장 선생님과 무대 위에서 악수를 한 후, 다시 자기 자리로 들어가 모든 학생이 졸업장을 받을 때까지 기다린 뒤 폐회사를 끝으로 졸업식을 마치게 된다. 그런데 일 년 내내 나를 힘들게 했던 그 학생 중 한 명이 졸업장을 받아 들고는 자기 자리로 돌아가는 게 아니라 내가 서있는 곳을 향해서 걸어오고 있는 게 아닌가? 순간 나는 '졸업식 때까지 나를 힘들게 하려나 보다'라는 생각이 들었다. 그런데 뜻밖에도 그 학생은 내가 서있는 곳을 향해 걸어오면서 닭똥 같은 눈물을 흘리며 한참을 그렇게 내 앞에서 울다가 가는 게 아닌가. 나는 얼어붙은 채로 서서 그 광경을 물끄러미 바라보다가 그 학생을 꼭 껴안아 주었다. 아마 그 학생도 내내 나에게 미안한 마음을 가지고 있었지만 사과할 기회를 놓치고 있다가 졸업식까지 끌고 온 게 아닌가 싶다.

필자(오른쪽에서 두 번째)가 맡고 있는 카도조 고등학교 모의재판 팀 학생들과 함께, 2015년 2월

한 반에 34명을 기준으로 계산을 할 경우, 약 5년간 2개의 반에서 한국어를 지도하였으니 어림잡아 나를 거쳐 간 한국 학생이 대략 700명은 될 것 같다. 게다가 한국어반 말고도 가르친 학생까지 포함한다면 정말 많은 학생이 나를 거쳐갔다고 생각한다. 그리고 23년이 지난 지금 이렇게 되돌아보면 교사라는 직업이 보람이 있기는 해도 다른 한편으로는 굉장히 외로운 직업이라는 생각이 든다. 둥지에서 날려 보내기 위해 새를 기르는 것과 같다고나 할까?

글을 마치며

어느 나라를 막론하고 할아버지가 되면 주변인들에게 손자, 손녀 사진을 보여주며 계속해서 자랑하게 되나 보다. 내 옆자리에 앉아 지갑에서 사진을 꺼내 보여주며 아주 흐뭇한 모습으로 나에게 손주 자랑을 늘어놓기 시작한 한 할아버지가 계셨다. 그 순간 나는 궁금증이 생겨 할아버지께 여쭤보았다. "할아버지, 만약 인생을 처음부터 다시 사실 수 있다면 혹 다르게 사실 생각이 있으세요?" 그러자 할아버지께서는 몇 번을 살아도 당신은 같은 방식의 삶을 살아갈 것이라고 대답하셨다. 할아버지의 대답을 들으며 나 자신은 과연 저 나이가 되었을 때 저렇게 후회 없이 자신 있게 대답할 수 있을까라는 생각이 스쳤다.

그 후로 나는 학생들에게 수업 중에 배운 것을 다 기억하지는 못해도 반드시 딱 한 가지만은 기억해 달라고 당부하곤 한다. 인생에는 리허설이 없다. 그러니 오늘이 너희들 인생의 마지막 날이라 생각하고 게으름 피우지 말고 최선을 다해 살아가라고…….

23년이라는 긴 세월을 나를 필요로 하는 학생들을 위해 달려온 내가 가야 할 길은 여전히 그들을 위한 길이라고 생각한다. 영어로 은퇴를 뜻하는 'retire'라는 단어를 풀이해 보면 다시 타이어를 갈아 끼우고 또 달리는 것이라고 생각한다. 지금까지 그래왔고 앞으로도 아이들을 사랑하는 그 한결같은 마음으로 나는 달리고 또 달릴 것이다. 내가 아이들을 생각하는 것이 그 아이들의 입장에서는 그저 비가 오고 바람이 부는 것처럼 사소하게 느껴질지라도 나는 늘 그 아이들을 품에 안고 가리라 다짐해 본다. 내가 진심으로 사랑하는 아이들과 함께 또 하나의 밝은 미래를 생각하며 아이들의 때 묻지 않은 마음을 진심으로 어루만져 주는 그런 선생님으로.

김경욱

1981년 미국으로 이민 와 우여곡절 끝에 힘들게 학업을 마치고 세인트존스대학교(St. John's University)에서 재정학을 전공, 롱아일랜드대학교(Long Island University) 대학원에서 이중언어학으로 석사학위를 받았다. 현재 퀸즈 베이사이드에 있는 벤자민 카도조 고등학교에서 역사를 가르치고 있으며, 지난 20여 년간 2세 한국어 교육 분야에 몸담아 오며 현재 재미한국학교 동북부지역협의회 15대 회장으로도 활동하고 있다.

kkim103015@yahoo.com

김경욱 선생님 학생 소감문

따뜻한 선생님의 배려

송서윤 벤자민 카도조 고등학교 12학년 학생

2012년 봄, 처음으로 뉴욕에 오게 되었다. 아버지의 직장 일로 인해 가족이 이민을 와야 하는 상황이었기 때문에 나는 한국에서의 고등학교 입학을 취소하고 뉴욕으로 오게 되었다. 충분한 시간적 여유 없이 조금은 갑작스레 결정된 일이기도 했고, 미국에 아는 친척들도 전혀 없는 상태에서 오직 우리 가족만 이민을 온 것이었기 때문에 대학 입시에 관한 정보나 미국 교육에 대해서는 전혀 알지 못한 채 미국에 오게 되었다. 그러나 다행히 미국에 온 뒤 아버지의 지인 분들을 만나면서 미국 생활에 대한 이야기들도 듣고 교육 시스템에 대해서도 조금씩 알게 되었고, 한 달가량 시차와 이곳 환경에 적응한 뒤 베이사이드에 있는 벤자민 카도조 고등학교에 들어가게 되었다. 한국 고등학교와는 달리 미국 고등학교는 새 학기가 9월에 시작되지만, 하루라도 빨리 미국 생활에 적응하고 싶었던 나는 2학기 기말고사 기간쯤이 되는 늦봄에 학교생활을 시작하였다.

한국의 학교에 비해 건물들이 크고 학생 수가 월등히 많은 미국 학교의 모습에 나는 놀랄 수밖에 없었다. 영어를 잘 못 해서 걱정이 많았는데, 다행히 학교에 한국인들이 많아서 친절히 학교 안내를 해주고 학교 규칙에 대해서도 잘 알려주었다. 하지만 영어가 서툴렀던 나는 학교 수업을 따라가기가 쉽지만은 않았다. 선생님의 말씀을 전부 다 이해하지는 못하더라도 수학이나 체육 시간은 눈치껏 따라갈 수 있었지만, 사회나 과학, 비즈니스 컴퓨터 과목은 나에게 상당히 힘든 시간이었다.

그러던 어느 날, 학교 시간표가 조정되면서 김경욱 선생님께서 가르치시는 세계사 수업을 들을 수 있도록 반이 재배정되었다. 물론 한국 선생님이라도 영어로 수업하셨기 때문에 수업 내용을 완전히 이해하기는 어려웠지만, 다른 외국인 선생님들과는 다르게 방과 후에 찾아가서 수업 내용을 다시 여쭤봤을 때 친절하고 따뜻하게 설명해주셨다.

영어로 된 교과서를 읽다 보면 가끔 해석을 잘못해 내용을 다르게 이해하는 경우도 있었는데, 김경욱 선생님께서는 한국어로 된 세계사 책자를 내게 주시면서까지 도움을 아끼지 않으셨다. 김경욱 선생님께서는 나보다 더 늦은 나이에 미국 생활을 시작하셨기에 내가 겪고 있던 어려움과 문제들을 잘 아셨던 것 같다. 그래서일까, 돌이켜보면 정말 나를 많이 생각해주시고 항상 보살펴 주셨다.

선생님으로부터 많은 관심과 도움을 받은 덕분에 나는 뉴욕 주에서 실시하는 학력평가 리젠트 시험을 좋은 점수로 통과할 수 있었고, 이에 조금이라도 보답하고자 선생님 반에서 TA(Teaching Assistant: 수업 조교)를 하며 선생님을 도와드리고 있다.

많은 사람들이 같은 한국 사람이라고 해도 미국 생활을 오래 하다 보면 개인적인 성향으로 바뀐다고들 한다. 하지만 나는 김경욱 선생님을 통해 반드시 그렇지만은 않다는 것을 느꼈다. 나처럼 미국에 이민 와서 여러 가지로 어려움을 겪고 있는 학생들도 충분히 도움을 받으며 지치고 외로울 수도 있는 미국에서의 학교생활을 잘 견뎌낼 수 있으니 희망을 버리지 않았으면 좋겠다.

원광한국학교에서

박진은 원광한국학교 사무국장

뉴욕 원광한국학교와의 인연

　1982년 9월 25일에 설립된 뉴욕 원광한국학교는 원불교에서 운영하는 학교로, 지난 30여 년간 지역 사회와 동포 자녀들에게 한국의 얼을 심어주고자 한국어, 한국 역사, 문화, 명상, 예절, 다도, 태권도, 무용, 사물놀이, 한국 민요, 동요 등을 가르쳐왔다. 봄 학기와 가을 학기로 나누어 연 2회 신입생을 모집하고, 매주 토요일 오전 9시 20부터 오후 12시 40분까지 수업을 한다.

　개교 당시의 입학생은 26명이었다. 송영봉 교장 선생님과 백상원, 이오은, 박용현 선생님이 3개의 반으로 나누어 수업을 시작한 원광한국학교는 해를 더할수록 학생 수가 늘어남에 따라 매 학기 정원 150명을 훨씬 웃도는 입학생이 몰려들었다. 정원 초과로 입학하지 못한 학생들은 대기 명단에 이름을 올려 자리가 날 때를 기다려야 할 정도였다. 학생이 많아지면서 9개 반으로 늘어났고, 강지해, 황선명, 이덕호, 김태영, 최원주, 박용현, 신은진 선생님 등이 새롭게 충원되었다. 규모가 커진 원광한국학교는 뉴욕 원불교 교당의 주요 사회참여 사업 중 하나가 되었는데, 열성적으로 아이들을 가르치는 교사와 헌신적으로 보조 역할을 해주는 교도들 덕분에 뉴욕 지역에서 점차 널리 알려지고 있다.

　내가 원광한국학교와 처음 인연을 맺게 된 것은 1994년에 모스크바에 있는 원광한국학교에 실습 교무로 가게 되면서부터이다. 당시 모스크바 교당의 백상원 교무는 뉴욕 원불교 교당과 원광한국학교를 설립해 자리를 잡게 한 후, 러시아가 개방하자 곧바로 모스크바로 갔다. 백상원 교무는 그곳에서 러시아 원불교 교당과 원광한국학교를 설립하고, 교화와 교육, 한국문화의 전파 목적으로 '제1회 러시아 한민족 잔치'와 '원광 여름학교'를 준비하고 있었다. 나는 행사를 돕기 위해 실습 교무로 초청받아 활동한 것이 인연이 되어, 그다음 해인 1995년에 뉴욕 원불교당으로 발령받게 되어 뉴욕 원광한국학교와 만나게 되었다. 당시 뉴욕 원광한국학교에 대한 첫인상은 정말 한국학교의 좋은 롤모델이라는 것이었다. 커리큘럼도 매우 잘 짜여 있었고, 선생님들은 모두 열정이 넘치며, 학부모님들도 높은 관심과 자부심을 가지고 있는 것이 보였기 때문이다. 20여 년 전에 시작된 뉴욕 원광한국학교와의 인연은 지금까지 이어지고 있다. 앞으로도 계속해서 훌륭한 한국학교로 성장할 수 있도록 오늘도 나는 내가 맡은 임무에 최선을 다하고 있다.

인성교육: 명상과 좋은 습관 기르기

원광한국학교 교육의 가장 큰 특징은 아이들의 인성 교육을 강조하는 것이다. 인성 교육에는 명상을 통해 참된 '나'를 찾아가는 시간과 훌륭한 인격을 갖추도록 하는 좋은 습관 기르기가 있다. 언제나 수업이 시작되기 20분 전에 전체 조회 시간을 가진다. 모든 학생은 강당에 반별로 모여 앉아 명상한다. 요즈음에는 미국 사회에서 명상이 많이 대중화되어가고 있지만, 20년 전에는 조금 생소하고 특이한 일이었다. 명상을 통하여 마음 상태를 고요히 안정시키는 것은 수업에 매우 큰 효과가 있다고 본다. 음악이나 경종 소리에 맞춰 시작하는 명상은 아이들의 들떠있는 마음을 가라앉혀주고 바른 자세를 갖게 해준다.

좋은 습관 기르기는 평소에 실용적인 교육과 훈련을 통하여 자신의 잘못된 습관을 고치고 올바른 습관을 갖도록 하고 있다. 하나의 마음(생각)에서 행동이 일어

바른 자세로 앉아 조용히 명상하고 있는 아이들

나고, 그 행동이 반복되면 습관이 되고, 습관이 반복되면 그 사람의 인격이 되는 것이다. 그래서 좋은 인격을 갖춘 사람은 나날이 자신의 행동을 돌아보면서 올바른 인격을 갖춰가는 것이다. 좋은 습관 기르기에는 반 전체가 하는 공동 수칙과 개인별 수칙이 있는데, 인사 잘하기, 숙제 잘하기, 학교에서 한국말 사용하기, 신발 정리 잘하기, 친구들과 사이좋게 지내기 등이 있다. 무엇보다 좋은 습관 기르기의 중요성을 알리기 위해 원광학교에서는 '좋은 습관 기르기 상'을 마련하여 매년 종업식을 할 때 가장 큰 상으로 시상하고 있다.

뿌리를 찾아가는 역사교육

언어는 단순히 쓰고, 읽고, 말하는 것만이 아니라 문화와 역사, 우리의 뿌리를 알게 하는 것이다. 그래서 언어가 사라지면 문화와 역사도 사라지고, 나아가 우리의 정체성을 찾기 어렵게 된다. 원광한국학교의 학생들은 매주 한국의 역사와 문화를 배운다. 저학년 학생들에게는 주로 한국의 문화를 중심으로 단군 이야기, 태극기, 애국가, 무궁화, 세종대왕, 한글, 이순신 장군, 전통 놀이, 동화나 동요 등을 가르친다. 고학년 학생들에게는 고조선의 역사부터 한국의 현대사까지 두루 가르치는데, 한국 역사는 졸업시험의 필수과목이 되었다.

나는 주로 고학년들을 중심으로 가르쳐 왔다. 어느 날, 한글의 소중함과 각 나라의 언어의 중요성을 이야기하면서 일제 강점기에는 우리의 말과 글을 사용할 수 없었고, 심지어는 이름까지도 일본식 이름으로 바꿔야 했으며, 또한 '위안부'라고 하는 명목으로 강제로 끌려간 여성들의 고통과 아픔이 있었다는 이야기도 들려주었다. 그때 김유정이라는 학생이 이 이야기를 듣고는 매우 분개하면서 일본을 성토했던 일이 지금도 기억난다. 그 일이 있었던 후 그 학생은 방학을 이용하여 한국을 방문하고 오더니 자신이 그런 아픔과 어려움을 극복하고 한강의 기적을 이룬 대한민국의 자손임을 자랑스러워했다. 시간적인 제약 때문에 5천 년의 찬란한 우리의 역사를 깊이 있게 가르치지는 못하지만, 그래도 우리의 역사를 이해하려고 열심히 배우던 초롱초롱한 눈망울들은 지금도 눈에 선하다.

풍년! 풍년이로세!: 뉴욕 동남풍 사물놀이반

대학생 시절에 나는 '동남풍'이라는 사물놀이 동아리에 들어가 활동했었다. '동남풍'은 '겨울 동안 얼어붙은 차가운 세상을 봄에 남쪽에서 불어오는 훈훈한 바람이 녹여내듯이 세상을 풍류로써 따뜻하고 훈훈하게 만들자'라는 뜻을 지니고 있다. 동아리 친구들은 어디에 가든지 동남풍이 불게 하자고 했다. 세월이 흐르면서 러시아 모스크바에 모스크바 동남풍이, 뉴욕에서도 뉴욕 동남풍이 만들어진 것도 동남풍 동아리의 뜻이 이어지는 것이라고 볼 수 있겠다.

지금은 뉴욕에서 사물놀이를 가르치고 배우는 곳이 몇 군데 있지만, 20년 전에는 학생들이 사물놀이를 배울 수 있는 곳이 드물었다. 그래서 한국적인 것으로 학생들이 함께 배워볼 수 있는 것을 찾아보다가 사물놀이반을 열게 되었다. 한국에서 악기와 옷을 주문하였지만, 뉴욕에서 사물놀이를 가르칠 수 있는 전문 선생님을 찾기가 어려워 유학생 중에서 한국 전통음악 전공자를 찾아 시작할 수 있었다.

원광한국학교 사물놀이반 학생들

초창기에는 사물놀이에 관심이 적었으나 재미한국학교 동북부지역협의회에서 주관하는 예술제 1부 행사에서 '풍년 풍년이로세!'를 공연하였을 때 아주 반응이 좋아 협의회에서는 2부에서도 또 공연해 달라고 하여 앵콜 공연까지 하고 돌아왔다. 그 공연을 다녀온 후로는 모두 자부심을 느끼고 더 열심히 사물놀이를 하게 되었는데, 사물놀이가 배우고 싶어 원광한국학교에 들어온 아이들도 있었다. 뿐만 아니라, 뉴욕 메츠 야구 경기장에서의 공연을 비롯해 크고 작은 한인사회 행사에서의 공연과 롱아일랜드 한인 입양아 단체에서 주관하는 여름 캠프에 초대되어 공연하는 등 다양한 활동과 공연으로 한국의 전통문화 알리기에 큰 역할을 해오고 있다.

'쿵따리 샤바라': 학습 발표회

원광한국학교에서는 학기마다 학습 발표회를 하고 있다. 올해로 92기 종업식을 하였는데, 그중에도 기억에 남는 학습 발표회가 있었다. 그때 내가 맡은 단군반은 학교에서 최고 학년의 아이들이 모인 반이었다. 발표할 내용을 상의하는데, 아이들은 그 당시 한국에서 유행하는 최신 가요를 부르고 춤을 추겠다는 것이다. 그동안 학습 발표회에서는 주로 클래식한 고전을 중심으로 공연하던 시기였다. 지금부터 약 18년 전이던 그때는 요즘처럼 K-pop이 그렇게 인기 있었던 것은 아니었다. 그런데 학생들이 클론의 '쿵따리 샤바라'를 공연하겠다는 것이었다. 나는 교사 회의를 통해 다른 선생님들의 동의를 얻고 아이들에게 공연을 해도 된다고 알려주었다. 그 말을 들은 아이들은 곧바로 연습에 돌입해 주말은 물론이고 주중에도 공립학교 일정이 끝나면 한국학교에 모여서 연습을 했는데, 마치 내가 학교에 다녔던 한국의 1970~80년대에 붐 박스(녹음기)를 들고 다니면서 팝송을 듣고 노래를 따라 부르던 생각이 떠올랐다.

열심히 준비하는 아이들을 위해 피자도 사다 나르고 자장면도 먹으면서 준비한 그 공연은 정말 인기가 많았다. 한국말을 서툴게 하는 학생들도 어쩌면 그렇게 춤과 노래는 똑같이 따라하고 부를 수 있었을까? 선생님들, 학부모들, 학생들 모두를 깜짝 놀라게 한 공연이었다. 당시 공연을 주도했던 학생은 지금은 플로리다에서 아이를 낳고 살면서 한국학교 선생님을 하고 있다고 들었다.

현수의 한글날 웅변대회

10월 9일 한글날을 맞아 동포사회에서는 한글 웅변대회가 열렸다. 웅변은 대중 앞에서 발표하는 것이라 자신감을 심어주게 된다. 우승자에게는 큰 상금도 주어지지만 무엇보다도 특히 한국말로 발표하는 것은 한국어 공부에도 많은 도움이 되는 일이어서 관심이 큰 행사였다. 참가 자격은 1학년에서 12학년까지였는데, 우리 학교도 여덟 명 정도의 아이들이 참가하기로 해 녹음테이프에 웅변 내용을 녹음한 것을 들어가며 연습을 도와주었다. 그리고 부모님들께 집에서도 매일 연습을 할 수 있도록 부탁을 하였다.

지금도 웅변대회를 생각하면 떠오르는 한 학생이 있다. 그때 1학년이던 이현수 학생이다. 현수의 부모님은 두 분이 모두 일을 해야 하므로 매우 바쁘셔서 연습을 도와줄 충분한 시간이 없는 분들이었다. 그런데 다행히도 현수에게는 누나가 있었다. 현수는 7살이었지만 누나는 벌써 고등학생으로 한국에서 초등학교 때 미국에 이민 와 한국말을 잘하는 편이었다. 아직 한글을 완전히 읽지 못하는 현수는 누나의 도움으로 웅변 연습을 할 수 있었다. 나는 거의 매일 전화를 하여 얼마나 연습을 했는지 물어보고 열심히 연습하라고 현수를 독려했다. 그러다가 웅변대회가 있기 1주일 전에 학교에 모여서 최종 점검을 하려는데 현수는 목이 완전히 잠겨서 더 이상 연습을 할 수가 없는 것이었다. 선생님 말씀을 얼마나 잘 듣고 연습을 많이 했는지를 짐작할 수 있었다. 집에서 누나도 너무나 많이 연습을 시킨 나머지 목소리가 잠겨 버렸다. 웅변대회가 있던 날, 그토록 열심히 노력한 현수는 당당히 1등을 차지하였다. 고진감래라 하지 않는가……. 노력으로 이루어낸 상을 받게 된 현수와 가족 모두에게 잊지 못할 기쁨을 안겨주었겠지만, 내게도 더없이 기쁘고 보람된 일이어서 두고두고 그날을 잊을 수가 없다.

포코노 여름 캠프

매년 여름, 대부분의 아이들은 7주간의 여름 캠프에 참석한다. 오전에는 주로 한국어, 동화, 영어, 수학 등을 공부하고, 오후에는 사물놀이, 민요, 태권도, 민속놀이, 다도, 한국 음식 만들기, 그림 그리기, 미니 올림픽 등의 활동을 주로 하는 캠프다. 그리고 1주일에 하루는 야외 견학(Field Trip)으로 박물관, 과학관, 볼링장, 식물원, 동물원 등을 견학하고 수영장이나 바닷가에도 간다.

여름 캠프 4주째가 되는 주말에는 2박 3일간 펜실베이니아의 포코노(Pocono)로 캠핑을 가는데, 대부분의 학생이 함께 간다. 처음으로 부모님의 곁을 떠나 친구들과 여행을 떠나는 아이들은 걱정하는 부모님들과는 달리 신이 나서 캠프에 거는 기대감에 잠을 설치기도 한다. 캠핑 가는 날 가방을 메고 온 아이들의 짐에는 집에서 사용하는 베개를 담아 오거나, 인형을 들고 와서 슬며시 웃음이 나오기도 한다.

캠핑은 '스스로 하는 캠핑', '서로서로 도와주는 캠핑'을 테마로 한다. 학생들이 집에서는 부모님의 도움으로 했던 일들을 이젠 스스로 할 수 있는 힘을 기르게 하고, 함께 팀을 이루어 팀워크를 갖게 하기 위함이다. 그래서 서로서로 팀의 일원으로 팀을 위하여 공헌하며 노력하게 한다. 아침에 일어나면 먼저 스스로 세수하고 옷을 입고 이부자리도 정리하도록 한다. 또 팀별로 나눠서 노래자랑, 장기 자랑도 하면서 짜인 프로그램 활동을 하고, 부모님께 감사 편지 쓰기, 호숫가 다녀오며 걷기, 축구와 배구, 물놀이 등을 하며 시간을 보낸다. 어떤 아이는 즐겁게 노느라 고단해서인지 이불에 지도를 만들어 놓기도 하여 재미있는 이야깃거리를 남기기도 한다.

그중에도 제일 재미있는 것은 워터파크에 가는 것이다. 각종 물놀이 기구들이 가득한 워터파크에 가면 파도타기, 튜브 타기, 소용돌이 타기, 스핀싸이클, 낙타 코브 등 정말 신나고 재미있는 것들이 가득하다. 그리고 저녁 시간에는 불고기 파티와 마시멜로를 구워 먹으면서 캠핑의 추억을 쌓는다. 학생들은 커서 대학도 졸업하고 직장을 갖고 일하다가 가끔씩 자기의 남자 친구나 여자 친구와 함께 어린 시절 친구들과 함께 보냈던 포코노 캠핑장을 찾아가기도 한다고 한다. 그리고 그때의 추억을 얘기하며 선생님에게 감사의 인사를 전해오면 그렇게 대견하고 기쁠 수가 없다.

청 · 백전 가을 운동회

한국에서의 초등학교 시절 가을 운동회의 추억을 떠오르게 해주는 원광한국학교의 가을 운동회는 학생과 학부모 그리고 선생님들이 함께 어울려 퀸즈의 키세나 공원(Kissena Park)에서 하였다. 이 운동회에서는 한국 전통 놀이를 중심으로 외다리씨름, 과자 따먹기, 부모님들이 아이를 업고 뛰기, 장애물 경기, 풍선 터트리기 등 다양한 프로그램이 진행된다. 만국기가 펄럭이는 가을의 따스한 햇볕 아래 청백으로 나누어진 아이들은 자기 팀을 위하여 온 힘을 다해 팀의 승리를 바라는 마음으로 응원하는데, 아이들의 천진난만하고 순수하면서도 열정적인 모습을 볼 수 있는 즐거운 날이다.

재미있게 뛰어놀다 아이들은 점심시간이 되면 부모님들이 정성껏 준비해온 맛

있는 김밥이며 계란말이, 솜씨 가득한 반찬들을 먹으면서 행복해한다. 서로 "하나 드셔 보세요!", "이리 오세요!" 하며 나누어 먹다 보면 어느새 배는 들어갈 여유가 없게 된다. 점심 식사를 마친 오후에는 보물찾기를 하는데 이것은 또 하나의 잊을 수 없는 추억이 된다. 한국에서 초등학교 때 소풍 가면 했던 보물찾기를 여기서는 가을 운동회 때 한다. 정말 운 좋은 아이들은 몇 개씩 찾기도 하지만 어떤 아이들은 한 개도 찾지 못한다. 상품을 받기 위해서 노래도 부르고, 장기 자랑도 하고, 인사도 하면서 정겨운 한 때를 보내고 운동회를 마무리하게 된다. 운동회에 참여한 모두가 이렇게 즐겁게 놀고 어울리며 더불어 살아가는 행복을 마음껏 누리기를 바라는 마음이 든다.

'No pain no gain' 겨울 스키 캠프

크리스마스 전후로 정규 학교가 겨울 방학을 하게 되는데, 이때 아이들은 또래들끼리 어울려 어디든지 가보고 싶어한다. 어떤 때는 퀸즈에 있는 가까운 아이스 링크에서 스케이트를 타기도 하고, 어떤 때는 스키를 타러 포코노 캠핑장에 가기도 한다. 부모님들은 일상의 생활에 바빠서 쉽게 시간을 내기가 어렵고, 아이들끼리만 갈 수는 없으니 한국학교에서 주관하여 함께 가는 것이다.

포코노로 스키를 타러 가면 보통 3일간 지내면서 스키를 타는데, 타기 전날 숙소에서 미리 스키 강습을 하며 충분한 준비를 하므로 대부분 잘 탈 수 있게 된다. 처음 스키장에 갔을 때 나는 한국에서 보이스카우트 하던 때 한번 타본 스키를 미국에 와서 오랜만에 학생들과 탄다는 생각에 많이 설레던 기억이 난다. 학생들의 흥분된 모습을 보노라면 나 또한 다시 학창 시절로 되돌아간 기분이 들기도 한다.

한번은 스키를 온종일 타고 저녁이 되었는데, 같이 갔던 어떤 학생들이 "선생님 우리 내일은 스노보드를 타러 가요!" 하는 것이 아닌가. 선뜻 결정을 못 하고 있던 나에게 아이들은 자꾸 모험을 권유했고, 친구에게 배웠다는 학생이 스노보드를 잘 가르쳐 줄 수 있다고도 했다. 그래서 그렇다면 한번 해보자고 했다. 그때만 해도 스노보드를 타는 사람은 많지 않았고, 스키장에 스노보드는 레슨조차도 없던 때였다. 그러나 스노보드를 가르쳐 주겠다던 학생은 자기도 겨우 초보자에 불과한 처지였다. 알고 보니, 자기가 타고 싶은데 자신이 없어서 함께 타자고 했던 것이다. 그날 우리는 오전 내내 스노보드를 타다가 넘어지면 일어나고, 또 넘어지고 구르기를 반복하며 보내야 했다. 하지만 여기서 멈추지 않고 오후에도 계속 탔는데, 겨우 멈추는 것과 회전하는 것을 터득하고 나서야 조금씩 익숙해졌다. 그날 밤, 숙소에 돌아와서는 온몸에 몸살이 나서 결국 그다음 날에는 아무것도 하지를 못했다. 그때 그 스노보드를 처음 타기 시작한 그 아이들은 이제는 잘 타며 즐긴다고 한다. 정말 고통이 없으면 얻는 게 없다는 'No pain no gain'의 진리를 느껴보게 한 겨울날의 스키 캠프였다.

졸업생들의 동문회: 파랑새 모임

파랑새 모임(Bluebird Club)은 한국학교 졸업생들로 구성된 모임이다. 파랑새는 신비롭고 아름다우며 하늘을 자유롭게 날아다닌다. 여기서 파랑새라는 이름은 모리스 마테를링크의 동화 속 '파랑새'처럼 행복을 의미한다. 원광한국학교를 졸업한 한인 이민자들의 1.5세, 2세들은 다른 곳이 아닌 지금 자기가 살고 있는 곳에서 행복을 깨닫고, 서로서로를 소중하게 여기며, 아름다운 세상을 만들어가길 바라는 뜻에서 만들어졌다.

학생들은 졸업하고 나서도 그동안 함께 알고 지냈던 동창들끼리 가끔 모이다가, 차츰 선후배 간에도 만나곤 하면서 생각을 모아 동문회 모임인 파랑새 모임을 만들게 되었다. 파랑새 모임은 원광한국학교에서 졸업시험을 합격하여 졸업장을 받은 학생들이 회원이 될 수 있다. 파랑새 회원들은 원광한국학교를 졸업한 후에도 학교의 연중행사에 참여하여 자원봉사를 하기도 하는데, 민속잔치나 졸업식, 종업식, 학습 발표회 때에 큰 도움을 주고 있다. 뿐만 아니라, 커뮤니티 센터에서 자원봉사를 하는 동문들도 있다. 아마도 이런 아름다운 전통이 잘 이어지는 것은 파랑새 회원들이 졸업식에 참석하여 졸업하는 후배들을 축하해 주고, 새 회원으로 맞아 바비큐 파티 환영회와 여름 캠프를 하고, 민속잔치 자원봉사 등을 해왔기 때문일 것이다. 앞으로도 파랑새 모임을 통해 무엇보다 동문들이 서로서로 소중한 만남의 관계를 유지하면서 더 좋은 동문회로 세상에 도움을 주는 파랑새들이 되었으면 좋겠다.

'뉴욕 어린이 민속 큰 잔치'

뉴욕 원광학교에서 주최하는 주요 행사에는 '뉴욕 어린이 민속 큰 잔치'가 있다. 뉴욕 어린이 민속 큰 잔치는 한국의 전통 놀이를 통해 민족 문화에 대한 감수성을 함양시키고자 1989년 원광한국학교가 주최하여 학생과 학부모를 대상으로 시작한 행사이다. 체험놀이는 설날과 추석, 단오 등의 절기와 명절에 하는 전통 놀이로 윷놀이, 제기차기, 널뛰기 등 한국 놀이 문화에 대한 것들을 다루었다. 재미한국학교 동북부지역협의회 회장을 맡고 있던 이광호 선생님께서 학교의 이 행사에 참석하셔서 축사를 해 주셨는데 선생님은 민속잔치 행사를 보시더니 "이 좋은 프로그램을 동포 사회에 공개하여 함께 참여할 수 있도록 했으면 좋겠습니다"라고 제안을 하셔서 그 이후 동포 사회에 공개하여 큰 잔치를 열게 된 것이다.

한국에서는 5월 5일을 어린이날로 지키는데, 여기서도 어린이날을 5월 첫째 일요일로 하고 그날을 뉴욕 어린이 민속 큰 잔치의 날로 정하여 퀸즈에 있는 플러싱 메도우스 코로나 공원(Flushing Meadows Corona Park)에서 첫 번째 행사를 열었다. 이 행사에 동포 사회의 1천여 명의 학생과 학부모들이 참여하여 첫 번째 행사는 성공적으로 마쳤다. 그다음 해부터는 더욱 구체적으로 프로그램을 개발하여 개인 놀이 마당, 가족 마당, 함께하는 마당, 볼거리 마당, 먹거리 마당 등으로 구분하여 놀이에 참여하고 구경도 하면서 함께 한국 음식을 맛볼 수 있는 장도 마련하게 되었다. 이 행사를 치르는 일에 여러 곳으로부터 후원도 받게 되었는데, 어린이들은 참여한 마당에 따라 자전거, 물총, 장난감 등 풍성한 선물을 받아 가며 즐거워했다. 최근에는 다른 나라의 민속놀이도 함께 소개하고 체험하는 마당을 선보이고 있는데, 20년 가까이 개최해 온 민속잔치는 이제 다민족이 모여 사는 미국 속에 한국 동포뿐만 아니라 타민족의 현지 어린이들까지 참여하는 큰 잔치가 되고 있다.

원광한국학교는 그동안 뉴욕 어린이 민속 큰 잔치를 진행하면서 뉴욕 한인회에서 주관하는 맨해튼 한인 퍼레이드에서 민속놀이 잔치를 진행하였고, 퀸즈 한인회 음력설 퍼레이드에서도 민속놀이 잔치를 진행하기도 했다. 맨해튼 데모크라시 프렙 공립학교에서도 요청을 받아 2014년에 민속놀이마당을 열기도 했다. 또한, 뉴저지 한인회에서 주관하는 추석맞이 잔치에도 참여하여 민속놀이 마당을 열어주면서 지역사회에 우리의 전통문화를 알리고 체험해 보게 하는 데 많은 노력을 하여 왔다.

그러나 뉴욕 어린이 민속 큰 잔치는 해를 거듭할수록 참여자가 늘어나고 행사의 규모가 커짐에 따라 주최 측의 입장에서는 그에 대한 준비에 어려움도 많았다. 영리 목적의 행사가 아닌 순전히 자원봉사자들의 도움으로만 준비하고 치르는 행

2014년 뉴욕 어린이 민속 큰 잔치에서 투호 던지기를 해보는 어린이

사이므로, 최근에는 행사 준비 위원회가 구성되어 진행해도 이 일에만 전념할 수가 없어서 어려움이 많다. 그리고 동포 사회가 경제적으로 많이 어려워진 상태라 기부금을 통한 재정 확보도 힘들어지고 있는 상황이다. 그동안 이 행사에는 원광한국학교를 졸업한 학생들의 자원봉사가 큰 역할을 했고, 학부모님들의 도움과 뉴욕 총영사관 교육원, 문화원, 재미한국학교협의회 등의 후원과 원불교 교도들의 헌신적인 노력이 큰 힘이 되었다. 정말 많은 분의 도움 없이는 이루어질 수 없는 잔치이다. 그동안 도와주신 분과 기관들에게 진심으로 감사할 뿐이다.

사람 농사! 그 거룩한 소명

옛 성현의 말씀 중 "희망이 끊어진 사람은 육신은 살아있으나 죽은 사람이나 다를 것이 없다"는 구절이 있다. 우리의 미래도 희망과 꿈이 없다면 그와 같을 것이다. 나는 우리 미래의 꿈나무들인 원광한국학교 학생들에게 우리의 것을 가르칠 수 있는 기회를 갖게 된 것에 대하여 늘 기쁘게 생각한다.

되돌아보면 힘들고 어려운 때도 있었고, 기쁘고 즐거운 때도 많았다. 모든 것은 새로운 발전을 위한 밑거름이었다고 생각한다. 지금은 모든 것이 빠르게 움직이고 변해가는 시대이다. 이 변화의 물결에 적응해야 하고 그 파도를 잘 타는 자력을 갖춘 학생이 되도록 가르치며 이끌어 주는 원광한국학교가 되도록 부단히 노력해야 한다고 본다.

사람 농사! 그 거룩한 소명을 맡아 원만한 인격과 실력을 갖춘 지도자를 양성하고, 그런 꿈과 희망을 심어주는 일에 함께하고자 한다. 그래서 원광한국학교는 지금도 나에게 꿈과 희망을 주는 은혜로운 일터이다.

박진은

1995년에 미국에 와서 현재 뉴욕 원광한국학교에서 학생들을 가르치면서 사무국장으로도 활동하고 있다. 원광한국학교의 교장, 원불교 미주 동부교구 사무국장, 한인 봉사단체 협의회 회장 등을 역임하였으며, 뉴욕 원광복지관을 설립하였다.

nywcsc@gmail.com

지켜야 할 약속, 잠들기 전에 가야 할 길

허낭자 아콜라한국문화학교 교장

로버트 프로스트(Robert Frost)의 「눈 내리는 저녁 숲가에 멈춰 서서(Stopping by Woods on a Snowy Evening)」라는 시가 있다. 아래는 이 시의 마지막 연이다.

…

숲은 아름답고, 어둡고 깊다.
The woods are lovely, dark and deep,
그렇지만 내겐 지켜야 할 약속이 있고,
But I have promises to keep,
잠들기 전에 여러 마일을 가야 한다,
And miles to go before I sleep,
잠들기 전에 여러 마일을 가야 한다.
And miles to go before I sleep.

그렇다.
우리에게도 지켜야 할 약속이 있고, 잠들기 전에 가야 할 길이 있다.

미국에서의 첫 출발

나는 이화여자대학교에서 독어독문학을 공부하고, 졸업 후 조교 생활을 하면서 언젠가 교수가 되고 싶다는 꿈을 꾸고 있었다. 그러나 결혼을 하고 1971년에 남편과 미국으로 오게 되면서 새로운 인생의 길이 시작되었다. 나와 남편은 미국에서 아름답고 살기 좋다고 알려진 뉴욕 웨스트체스터 카운티 마운트 키스코(Mount Kisco, Westchester)에서 미국 생활을 시작하였다.

미국에 온 지 6개월 후에는 통신 회사인 AT&T에 취직해 직장 생활을 시작하게 되었다. 모든 것이 새롭고 영어가 서투른 나에게 미국 회사에서의 생활은 쉽지 않았다. 회사에서 만나는 미국인 동료들의 얼굴은 모두 비슷해 보여 구분하기가 어려웠고, 그들의 이름을 기억하는 것도 어려웠다. 나는 시민권을 받은 후에도 영어 이름으로 바꾸지 않고 내 원래 이름인 '낭자'를 그대로 썼는데, 그렇다 보니 어떤 이들은 내 이름을 혼동해 '닌자'라고 부르는 웃지 못할 일이 생기기도 했다. 한번은 미국 속어에 익숙하지 않아 엉뚱한 대답을 한 적도 있다. 회사에서 한 달에 한 번 회의를 마치고 음식이 남으면 도기백(doggy bag)을 해서 가져가라고 하는데, 이게 무슨 말인지 이해를 못 하고 "I don't have a dog(나는 개를 키우지 않아요)"라고 답을 한 것이다. 알고 보니 도기백은 글자 그대로 개에게 주기 위해 남은 음식을 싸 가라는 것이 아니라 싸서 집에 가져가라는 의미였던 것을 몰랐던 것이다.

나는 40여 년간 직장 생활을 하면서 오로지 관리자 대행직(acting director)에만 머물렀을 뿐 관리자 직책은 늘 다른 사람에게 주어지는 것을 여러 번 경험했다. 상관에게 불평하며 속상해서 눈물을 흘리기라도 하면 동정은커녕 "그렇게 감정적인 사람이 관리자 자리에 오를 수 있겠느냐?"는 등의 말을 들으며 서러움을 많이 당했다. 내 단점을 극복하고자 남이 노는 시간에 더 열심히 일하고, 밤에는 학교에 다니며, 회사 근무시간에도 학비를 받을 수 있는 여러 학기 동안 스피치 강의(Dale Carnegie Public Speech Course)를 듣고, 뉴욕대학교 교수에게 개인 스피치 레슨도 받는 등 열심히 공부하며 많은 세월을 보냈다.

나는 AT&T와 하르스코 코퍼레이션(Harsco Corporation)이라는 대규모 산업 서비스 업체에서 2012년 2월 말 은퇴하기까지 약 40년 동안 직장생활을 하였다. 그리고 지금은 2013년 10월부터 취미로 배운 한국 전통 매듭을 이용해 생활 장식품을 만드는 강의를 해오면서 한국 전통 매듭 전수에 힘써 오고 있다.

주말 한국학교와의 인연

나는 1972년부터 주말마다 조카가 다니는 뉴욕한국학교에 나가 학부형 대상 강좌와 꽃꽂이를 배웠는데, 이렇게 1주일에 한 번 한국학교에 가는 것은 내게 큰 즐거움을 주곤 했다. 세월이 흘러 1980년, 큰아들이 초등학교에 다니기 시작하면서부터는 더욱 열심히 한국학교에 나가 다른 학부모들과 함께 간식을 준비해 아이들이 공부하는 교실에 가져다주곤 했다. 여름에는 한국학교에서 가는 캠핑에도 가족과 함께 가고, 해마다 개최되던 운동회에서도 신나는 시간을 보내며, 한글날맞이 뉴욕 퍼레이드에 한복을 입고 학생들과 함께 참석하는 등 온 식구들이 한국학교에서 마련한 행사에 즐거운 마음으로 열심히 참여하였다. 참 잊을 수 없는 아름다운 추억이다.

나는 미국에 오기 전 한국 영락교회 성가대에서 봉사하였다. 내가 43년 전 미국에 처음 왔을 때는 맨해튼 컬럼비아대학교 건너편 116가 브로드웨이에 있는 뉴욕감리교회가 한인들의 유일한 교회였는데, 매주 1시간 15분 이상을 운전하여 교회에 다녔다. 1989년 최효섭(소파 아동문학상을 받으신 분) 목사님께서 시무하시던 교회를 사직하고, 뉴저지에 개척교회를 여신다고 하여 온 가족이 그분을 따라 아콜라 연합감리교회를 다니기 시작하였다. 그 후에 교회학교 교장으로 있으면서 1시간씩 한국어를 가르치기 시작하였다. 교육관을 증축한 후에는 대부분의 학교가 흔히들 붙이는 '한글학교' 또는 '한국학교'라는 이름 대신 '한국문화학교'라고 이름을 지었다.

이는 학생들이 단순히 한국어를 깨우치는 것을 넘어 한국의 문화를 몸에 익히는 것을 학교의 목표로 여긴 원로 목사님의 뜻에 따른 것이었다.

오늘날 재미 한인사회에는 한인 2세의 수가 상당히 늘어났다. 앞으로 한인 3세와 4세의 시대가 올 날도 머지않았는데, 그들에게 한국 사람으로서의 정체성을 심어주기 위해서는 어떻게 해야 할 것인가? 물론 한국인 친구가 있고 한인 교회에 나가 자기와 똑같은 얼굴을 자주 보다 보면 어느 정도 자신의 소속감을 느낄 것이다. 그러나 미국은 다양한 문화가 공존하는 복합 문화권이며 흩어지는 사회이다. 가령 한국계 2세 젊은이가 직업 관계로 한인이 거의 살지 않는 지방으로 가게 되었다고 하자. 접촉하는 사람, 언어, 문화가 한국과는 전혀 연관이 없는 상황에서 이 청년은 과연 어디에 소속감을 느끼게 될 것인가? 모름지기 그는 '잃어버린 세대'가 될 것이다.

한국의 문화를 이해하고 자신을 한국인이라고 생각할 수 있으려면 한국문화를 배울 뿐만이 아니라 가능하면 그것을 자연스럽게 느낄 수 있도록 자주 노출되어야 한다. 이를 위해서는 다양한 한국의 문화와 음악, 미술, 사상 등에 접촉해야 하는데, 이 모든 노력의 첫걸음은 말과 글을 배우는 것이다. 춘향전을 읽고 그 속에 흐르는 '정'을 이해하며, 멀리 들리는 퉁소 소리를 듣고 애절한 사랑을 느끼고, 한국 춤을 감상하며 가느다란 선의 율동이 풍기는 아름다움을 알 수 있게 되면 한국적인 것을 호흡하기 시작한 것이다. 이런 문화 체험은 해외에 사는 차세대 한인이라고 해서 불가능한 것이 아니며 그것을 시작하는 입구가 바로 한국문화학교이다. 모든 한국문화학교가 더욱 폭넓은 문화의 마당이 되어야 한다.

잠들기 전에 여러 마일을 가야 한다

1994년 이사회에서 아콜라한국문화학교 교장으로 선출되었다고 연락받았다. 나는 학교를 세워본 경험이 없었으므로 막막한 마음에 고민하다가 한국어 교육가

이신 허병렬 선생님께 자문을 구하였다. 선생님께서는 많은 조언을 해주셨는데, 특히 "나는 미국 사회에서 많은 경력을 쌓았지만 돌이켜보면 한국학교에서 봉사했던 일들이 가장 보람된 일이었다"라고 하셨던 말씀이 기억에 남는다. 같은 해 7월에는 시카고에서 개최된 재미한국학교협의회(NAKS) 학술대회에 참석해 다른 학교 선생님들의 강의를 들으며 많은 아이디어를 얻었고, 뉴저지에서 성공적으로 교과과정을 정립해 운영하고 있는 몇몇 학교를 방문해 보기도 했다.

"교육은 교사의 자질을 능가할 수 없다"는 어느 교수님의 말씀을 떠올리며 수많은 이력서 중에서 실력과 인품을 두루 갖춘 교사들을 선별해 채용하였다. 그리고 개학 전 교사 연수회를 하고 학생들이 교과과정을 효율적으로 이수할 수 있도록 반 편성을 한 다음, 학사 예정표와 교사 업무표를 마련하는 등 만반의 준비를 하고 첫 학기를 시작하였다.

다행히도 첫 학기부터 많은 등록생이 몰리고 학부모반도 활발히 운영되었으나 그 과정이 순탄하지만은 않았다. 절반 이상의 학생들이 아콜라교인이 아닌 외부에서 온 학생들이었는데, 교육관 증축으로 임시 트레일러에서 수업을 하다 보니 학생들에게 위험하다는 이유로 학생들이 점점 줄기도 하였다. 더 많은 학생이 학교에 나올 수 있도록 우리 학교는 금요반을 신설해 운영하기 시작하였다. 아무래도 토요일에는 정규학교에서 하는 방과 후 활동이 많다 보니 주말 한국학교에 나오지 못하는 학생들이 더러 있었기 때문이다.

현재 아콜라한국문화학교는 금요일 오후 6시부터 8시까지, 토요일 오전 9시부터 12시 10분까지 수업을 하고 있으며, 한 학기(14주) 동안 학생들은 한국어, 한국 역사, 한국 문화, 서예, 고전 무용, 사물놀이, 음악, 태권도를 다양하게 배우고 있다. 성인을 대상으로 한 학급과 학부모를 위한 특별반도 개설해 운영하고 있으며, 나 역시 교장직과 더불어 성인반 교사로서 학생들을 가르치고 있다.

토요반 예능 발표회에서 부채춤을 선보이고 있는 어린 학생들의 모습, 2014년 12월

　매년 아콜라 교회 호산나 성가대에서는 아콜라한국문화학교를 후원하기 위한 '가곡의 밤' 행사를 개최하는데, 이때 학생들도 합창과 무용 공연을 통해 찬조 출연을 하곤 한다. 다채로운 순서로 진행되어 매년 기다려지는 '가곡의 밤'은 많은 한인이 참석해 고향을 그리며 향수에 젖는 축제로 자리매김해가고 있다.

　2007년 NAKS 동북부지역협의회의 12대 회장으로 당선돼 활동하던 당시 다양한 협의회 행사가 개최되고 있었지만 좀 더 참신하고 한국인으로서의 정체성을 심어줄 수 있는 행사가 없을까 고민하고 있었다. 마침 아콜라 교회의 한 장로님께서 한국문화학교에 1만 달러의 후원금을 주셨는데, 이에 한국 KBS에서 진행 중인 '도전 골든벨'이란 퀴즈 프로그램을 모티브로 하여 '한국 역사·문화 퀴즈 대회'라는 행사를 마련하였다. 행사의 운영 방식은 골든벨 퀴즈 프로그램과 동일하게 대회에 참가한 모든 학생이 문제를 동시에 풀고, 답을 맞힌 학생만 자리에 남아 최종 우승자 한 명에게 대상을 수여하는 형태로 했다. 2007년에 시작해 매년 개최해오고 있는 이 퀴즈 대회는 참가한 학생, 교사, 학부형 모두가 다 함께 한국의 역사와 문화를 공부할 수 있는 계기를 마련해준다는 긍정적인 평가를 받고 있다.

한국 역사·문화 퀴즈
대회에 참가해 문제를
풀고 있는 학생들, 2012년
12월

돌이켜보면 그동안 힘든 일도 많이 있었지만, 언제나 최선을 다해 내 맡은 임무를 해내고자 노력하고 있다. 매달 갖는 연구수업과 교사 연수회를 통해 외부 특별 강사를 초청하는 등 교사 훈련에 힘쓰고 있으며, 더욱더 창의적인 프로그램을 개발하려고 노력하고 있다. 교사들은 주중에 이메일로 나에게 매주 교안을 작성하여 보내는데, 주말의 귀중한 시간이 헛되지 않도록 열심히 수업 준비를 하기 때문인지 교실을 방문해서 보는 수업과 공개수업은 내 마음을 늘 흐뭇하게 한다. 그래서일까 우리 학교는 자랑스럽게도 지난 3년간 뉴욕 총영사관으로부터 미국 동북부 지역 한국역사문화 우수시범학교로 선정되었다.

학기 시작 전에
교내 교사 연구회를 통해
새 학기를 준비 중인 교사들,
2014년 8월

가끔은 주말에 나 자신만을 위한 시간을 만끽하고 싶어 한국문화학교 교장직을 그만둘까 하는 생각이 들 때도 있다. 그러나 아직도 내가 할 수 있는 일과 해야 할 일이 많기에 나는 오늘도 열심히 이 길을 걷고 있다.

나에게도 지켜야 할 약속이 있고,
잠들기 전에 가야 할 길이 있기에…….

허낭자

한민족의 언어, 역사, 문화 등을 모두 아우르는 뿌리 교육에 열정을 가지고 1995년 아콜라한국문화학교가 개교한 이래 현재까지 교장으로 봉직하고 있다. 그동안 재미한국학교협의회의 이사 및 감사를 역임한 바 있으며, 동북부지역협의회의 12대 회장으로 활동하기도 했다. 한민족 교육에 대한 철저한 사명감과 투철한 봉사 정신으로 2014년 뉴저지 한인 상록회가 주최한 제13회 '효행상 시상식 및 문화축제'에서 한민족상을 수상하기도 했다.

hurnangja@hotmail.com

편저자 소개

민병갑

뉴욕시립대학교 퀸즈칼리지와 대학원 사회학과에서 석좌교수로 재직 중이며, 재외한인사회연구소의 소장을 맡고 있다. 그는 한인 이민자 및 한인 2세들에 관한 5권의 영어저서와 10권의 편저서를 출판하였다. 그의 저서 중 *Caught in the Middle: Korean Communities in New York and Los Angeles*(1996)는 두 개의 최우수 도서상을 받았으며, 또 다른 책인 *Preserving Ethnicity through Religion in America: Korean Protestants and Indian Hindus across Generations*(2010)도 세 개의 최우수 및 우수 도서상을 받았다. 민병갑은 2012년에 미국사회학협회(ASA)의 이민연구분과로부터 '평생공로상'을 수상하였으며, 뉴욕 지역 한인단체 및 여러 대학 연구기관으로부터도 한인 커뮤니티를 위한 그의 노력을 인정받아 다양한 상을 받았다.

pyonggap.min@qc.cuny.edu

임세정

임세정은 2012년부터 재외한인사회연구소에서 연구원으로 근무해오고 있으며, 현재 뉴욕시립대학교 대학원(CUNY Graduate Center) 사회학과 박사과정에 다니고 있다. 한국외국어대학교 중국어과를 졸업했으며, 동 대학원 문화콘텐츠학과와 뉴욕시립대학교 퀸즈칼리지 사회학과에서 석사학위를 받았다.

syim@gradcenter.cuny.edu